Der Zen-Buddhismus der Rinzai-Schule, wie er inzwischen auch im Westen praktiziert wird, verdankt seine heutige Form einem Mann, der als einer der Giganten in der Geschichte des Zen gilt: dem japanischen Meister Hakuin Ekaku. Er reformierte im 18. Jahrhundert das seit dem 14. Jahrhundert niedergegangene Zen, gab ihm neue Anstöße und hauchte ihm mit seiner von skurrilem Humor durchtränkten Kritik der »Bonzen« seiner Tage und seinem kompromißlosen Willen zur Wahrheit neues Leben ein.

»Authentisches Zen« ist die erste deutsche Übersetzung eines der Hauptwerke von Hakuin, dem »Sokkō-roku Kaien-fusetsu«, einer Sammlung von Darlegungen über die Essenz der Zen-Praxis. Er prangert darin mit beißender Ironie die intellektualisierende Verwässerung der Zen-Praxis an, die sich heute im westlichen Zen ebenso abzeichnet wie im japanischen Zen der Zeit Hakuins. Indem er die gängigen Mißverständnisse des Zen-Geistes zertrümmert, legt er den lebendigen Kern authentischer Zen-Praxis frei, die allein zur Erfahrung von *Satori*, der Erleuchtung, führen kann.

Hakuin Ekaku (1685–1768, auch Hakuin Zenji genannt) war der einflußreichste Meister der japanischen Zen-Tradition und wird als der Vater des modernen Rinzai-Zen bezeichnet. Von ihm stammt der »Preisgesang des Zazen«, der in westlichen Zen-Zentren ebenso wie in den Klöstern Japans rezitiert wird, und mit dem *Sekishu* (»Was ist das Klatschen *einer* Hand?«) schuf er eines der bekanntesten Zen-Kōan. Hakuin war nicht nur ein herausragender Zen-Meister, sondern auch ein bedeutender Maler, Kalligraphie-Meister und Bildhauer; seine Tuschebilder gehören zu den berühmtesten Werken der Zen-Malerei.

Selbstporträt von Meister Hakuin

Meister Hakuin

Authentisches Zen

Herausgegeben von
Norman Waddell

Aus dem Amerikanischen
von Dietrich Roloff

Fischer
Taschenbuch
Verlag

Spirit
Herausgegeben von
Stephan Schuhmacher

Deutsche Erstausgabe
Veröffentlicht im Fischer Taschenbuch Verlag GmbH,
Frankfurt am Main, Juni 1997

Die amerikanische Originalausgabe erschien
unter dem Titel »The Essential Teachings of Zen Master Hakuin«
im Verlag Shambhala, Boston
© 1994 Norman Waddell
Für die deutsche Ausgabe:
© 1997 Fischer Taschenbuch Verlag GmbH, Frankfurt am Main
Satz: Fotosatz Otto Gutfreund GmbH, Darmstadt
Druck und Bindung: Clausen & Bosse, Leck
Printed in Germany
ISBN 3-596-13333-5

Gedruckt auf chlor- und säurefreiem Papier

Inhalt

Einführung
von Norman Waddell.................. 11

Authentisches Zen
Eine Übersetzung des *Sokkō-roku Kaien-fusetsu*
von Zen-Meister Hakuin Ekaku

Vorwort des Genshoku
(worin er die Umstände darlegt, die zur Veröffentlichung des
Sokkō-roku Kaien-fusetsu geführt haben)........... 29

Den Fuchs-Sabber des Xu-tang auflecken.......... 38

Die giftigen Abfälle der Meister der Vergangenheit 51

Authentisches Zen....................... 74

Von der Schwierigkeit, den Buddhas und Patriarchen unsere
Dankesschuld zu erstatten 108

Der wahre und unübertragbare Dharma........... 137

Anmerkungen........................ 166
Anhang
1. Hinweise zur Aussprache der chinesischen Eigennamen . 189
2. Verzeichnis der Namen von Zen-Patriarchen, -Meistern
   und -Mönchen sowie Vertretern sonstiger buddhistischer
   Schulen 192
3. Verzeichnis der zitierten Texte 197

»Irgendwo in der Provinz Mino habe ich einmal eine Zikade dabei beobachtet, wie sie ihr altes Kleid abgestreift hat. Zuerst schaffte sie es, ihren Kopf frei zu bekommen, dann kamen ihre Vorder- und Hinterbeine zum Vorschein, eins nach dem anderen. Nur ihr linker Flügel blieb stecken, gefangen in der toten Haut. Es sah nicht so aus, als würde sie ihn je herausziehen können. Wie ich so die Zikade bei dem Versuch ihrer Selbstbefreiung beobachtete, trieb mich ein Gefühl des Mitleids, ihr mit dem Fingernagel nachzuhelfen. Hervorragend, dachte ich mir, jetzt bist du frei und kannst deinen Weg fortsetzen. Doch der Flügel, den ich berührt hatte, blieb geschlossen und wollte sich nicht öffnen. Diese Zikade würde niemals fliegen können, wie sie es hätte tun sollen. Als ich so auf sie herabschaute, schämte ich mich über mich selbst und bedauerte von ganzem Herzen, was ich getan hatte. Wenn Ihr darüber nachdenkt, werdet Ihr feststellen, daß die heutigen Zen-Lehrer bei der Anleitung ihrer Schüler ganz genauso verfahren. Ich habe gehört und mit angesehen, wie sie junge Menschen von außergewöhnlicher Begabung in ihre Hände bekommen – junge Menschen, die eigentlich dazu bestimmt sind, die tragenden Säulen und Firstbalken unserer Schule zu werden – und sie zu guter Letzt mit Hilfe ihrer törichten und untauglichen Methoden in ein schwachsinniges und für immer unfertiges Etwas verwandeln. Das ist genau der Grund für den Niedergang unserer Zen-Schule, der Grund, weshalb die Zen-Gärten dabei sind, zu verdorren.«

                Hakuin in einem Brief an den Laien Kōkan

Einführung

Norman Waddell

Der Zen-Meister Hakuin Ekaku, 1685–1768, der Verfasser der nachfolgenden Darlegungen, ist die bedeutendste Gestalt des japanischen Rinzai-Zen. Während seines langen Lebens, das er als einfacher Priester eines winzigen Landtempels verbracht hat, hat Hakuin im Alleingang eine Richtung des Zen reformiert und zu neuem Leben erweckt, die sich, von einem kurzen Zwischenspiel im voraufgegangenen Jahrhundert abgesehen, für einen Zeitraum von annähernd dreihundert Jahren in einem Zustand spiritueller Lethargie befunden hatte. Dabei legte er zugleich den Grund für eine Methode der Zen-Schulung, die es seiner Schule ermöglicht hat, als eine lebendige spirituelle Kraft bis in die heutige Zeit hineinzuwirken. Als Hakuin starb, hatte er Zen für die Japaner der modernen Welt neu definiert. In der jüngsten Zeit sind auch seine Leistungen als Maler und Kalligraph gewürdigt worden und haben ihm eine – über seine Bedeutung auf dem Gebiet der Religion hinausreichende – Anerkennung als einer der vielseitigsten und originellsten Künstler der Edo-Zeit (1600–1868) eingebracht.

Der japanische Titel des vorliegenden Buches, *Sokkō-roku Kaien-fusetsu*, klingt auf Deutsch ziemlich unbeholfen: »Einleitende Reden zur Vorbereitung auf Zen-Darlegungen über die Aufzeichnungen der Lehren des Sokkō« (wobei es sich bei »Sokkō«, chinesisch: Xi-geng, um den Spitznamen eines chinesischen Priesters aus der Zeit der Song-Dynastie handelt, und zwar des Xu-tang Zhi-yu, 1185–1269, dessen japanischer Name Kidō Chigu lautet). Dieses Buch gilt als eines der wichtigsten Werke Hakuins und zugleich, trotz seiner Schwierigkeit, als eine der besten Einführungen in seine Zen-Lehre. Geschrieben in Kambun, das heißt in einem Chinesisch, wie es die Japaner gelesen und geschrieben haben, besteht es aus einer Reihe von »allgemeinen Reden« oder informellen Darlegungen (*fusetsu*) über Zen, die Hakuin seinen Schülern zu Beginn einer großen Zusammenkunft gehalten hat, eines Treffens, das er im Frühjahr 1740 in seinem Heimattempel, dem Shōin-ji, veranstaltet hat. Die formellen Zen-Darlegungen (*teishō*) anläßlich dieses Treffens waren den »Aufzeichnungen der Lehren des Sokkō« gewidmet, ein Meister, den Hakuin als Beispiel der authentischen Zen-Tradition, die er selbst zu bewahren trachtete, ganz besonders geschätzt hat. Üblicherweise hatten die informellen Darlegungen, wie sie zu Beginn einer solchen Zusammenkunft gehalten wurden, den Zweck, die Schüler in ihrer Übung zu bestärken, zur Vorbereitung auf die nachfolgende Übungsperiode einschließlich der mehr formellen Lehrvorträge oder Teishō.

Doch Hakuin nahm die Gelegenheit wahr, eine ausführliche und umfassende Abhandlung zum Thema Zen vorzutragen. Sie umfaßte nahezu sämtliche seiner grundlegenden Anschauungen über Lehre und Übung im Zen und verkündete zugleich seine feste Entschlossenheit, die falschen Ansichten und Verfahrensweisen zu korrigieren, in die sich die Zen-Schule seiner Meinung nach verirrt hatte und die unmittelbar für ihren tiefgreifenden Verfall verantwortlich waren. Hakuin forderte die Zen-Gemeinschaft auf, zum wichtigsten Bestandteil der Zen-Praxis, der Kōan- oder »Kanna«-Übung (der Betrachtung des Kōan), zurückzukehren, die aufgrund der Bemühungen von Meistern wie Xu-tang Zhi-yu im China der Song-Dynastie vorgeherrscht und die Grundlagen für das Goldene Zeitalter des japanischen Zen im 13. und 14. Jahrhundert gelegt hatte.

Hakuins Bestreben war, seine Schüler davon zu überzeugen, daß das Zen, wie es zu seiner Zeit überall in den Tempeln und Klöstern gelehrt wurde, falsch und daher unwirksam war, und daß nur authentische Erkenntnis zur Freiheit führt, gewonnen auf dem Weg der Selbst-Wesensschau (*kenshō*), der Erleuchtung. Sein Vorgehen bestand darin, unter Rückgriff auf die Beispiele herausragender Zen-Gestalten der Vergangenheit, aber ebenso auch auf die eigene Erfahrung, die er im Laufe seines langen religiösen Ringens gemacht hatte, darzulegen, daß sich diese Freiheit auf keinem anderen und leichteren Wege erlangen läßt als der totalen Hingabe des Schülers an ein

Programm intensiver und energischer Kōan-Schulung, die strikt auf Erleuchtung abzielt und in einem späteren Stadium sogar noch darüber hinausgeht.

Alle wichtigen Themen der Zen-Lehre Hakuins, wie sie in seinen späteren Schriften wieder und wieder hervortreten, werden hier zum ersten Mal ausgesprochen: die Notwendigkeit, sich die »Gift«-Worte der Alten, ihre Kōan, vorzunehmen und mit unbeirrbarer Entschlossenheit und der Haltung unermüdlichen Forschens sich in sie hineinzuarbeiten, bis schließlich der »Große Tod«, der Durchbruch zur Erleuchtung, erfahren wird; die Notwendigkeit, die anfängliche Einsicht durch Fortsetzung der Übung über das Kenshō hinaus zu vertiefen und ausreifen zu lassen – die sogenannte Nach-Erleuchtungsübung; die Notwendigkeit, ein eigenes Erleuchtungswort zu produzieren, um »spätere Schüler-Generationen in Schwierigkeiten zu bringen«; und schließlich die scharfe Verurteilung der damaligen Zen-Lehrer, die er für den Verfall des Zen verantwortlich machte, insbesondere derjenigen, die Praktiken der »Schule des Reinen Landes« in ihre Ausbildung aufgenommen hatten oder die Lehre der »Schweigenden Meditation« favorisierten. Dabei darf nicht unerwähnt bleiben, daß Hakuin den Terminus »Schweigende Meditation« oder »Schweigende Erleuchtung«, der ja sonst zur Kennzeichnung der Verfahrensweise des Sōtō-Zen verwendet wird, ganz allgemein zur Verurteilung praktisch aller zeitgenössischen Zen-Lehren benutzt.

Als Hakuin diese Reden verfaßte, war er 52 Jahre alt, in der Vollblüte seiner Kräfte. Daß sich sein Ruf zu diesem Zeitpunkt bereits weit über die Grenzen seiner Heimatprovinz Suruga verbreitet hatte, läßt sich daraus ersehen, daß sich vierhundert Schüler aus allen Teilen des Landes im Shōin-ji versammelt hatten, um an der großen Versammlung des Jahres 1740 teilzunehmen. Dieses Treffen markiert einen Wendepunkt in Hakuins Entwicklung. Von da an widmete er sich bis zum Ende seines Lebens mit wilder Energie und Entschlossenheit der Durchführung seines Programms zur Reform der Zen-Schule. Wie durchschlagend sein Erfolg war, läßt sich daran ermessen, daß das Rinzai-Zen zum Zeitpunkt seines Todes lebendig und in voller Blüte war, gestärkt von einer Vitalität, wie es sie seit Jahrhunderten nicht mehr gekannt hatte.

Die Methode der Zen-Übung, wie Hakuin sie während der zweiten Hälfte seiner Laufbahn entwickelt hat, wurde von einer ungewöhnlich großen Zahl talentierter Nachfolger weitergeführt und systematisch ausgebaut. Es sind uns die Namen von fünfzig Männern bekannt, die von ihm die Bestätigung erhalten haben; doch es heißt, daß es davon wahrscheinlich mindestens doppelt so viele gegeben hat. Heutzutage führen fast alle Rinzai-Meister ihren Stammbaum auf ihn zurück. Die Rinzai-Schule ist heute im Grunde die Schule Hakuins.

Die Quellen von Hakuins Zen

Das erste Zen-Kloster in Japan wurde in den ersten Jahrzehnten des 13. Jahrhunderts gegründet. In den folgenden 175 Jahren gelangten mehr als zwanzig Zen-Linien nach Japan und haben sich dort fest etabliert, entweder durch chinesische Priester, die vom Festland herübergekommen waren, oder durch japanische Mönche, die sich in China geschult hatten und die Bestätigung von ihren chinesischen Meistern empfangen hatten. Von Hakuins Standpunkt aus war die weitaus wichtigste dieser Übertragungslinien diejenige, die von einem japanischen Schüler des Xu-tang Zhi-yu mit Namen Nampo Jōmyō, 1235–1309, in Japan eingeführt worden war, besser bekannt unter seinem postum verliehenen Titel »Daiō Kokushi«.

Nampo war 1259 im Alter von 24 Jahren nach China gereist. Nachdem er für eine Reihe von Jahren unter Xu-tang geübt hatte, einige davon als Aufwärter des Meisters, erlangte Nampo Erleuchtung und empfing Xu-tangs Bestätigung. Als er im Begriffe war, nach Japan zurückzukehren, schrieb Xu-tang ihm zu Ehren ein Abschiedsgedicht. Es schließt mit der Zeile: »Meine Nachfahren werden jenseits des Ostmeeres von Tag zu Tag zunehmen.« Dieser Satz wurde später in den japanischen Zen-Kreisen als »Kidōs Prophezeiung« bekannt.

Daiō kehrte 1267 nach Japan zurück und lehrte für mehr als 40 Jahre in Klöstern auf Kyūshū, in Kyōto und Kamakura. Er hatte viele fähige Schüler, darunter einen, der sich aufs höchste ausgezeichnet hat, Shūhō Myōchō (1282–1338), bekannt unter seinem Ehrentitel »Daitō Kokushi«. Von Daitō hieß es, er habe eine Tiefe der Verwirklichung erreicht, die noch diejenige seines Lehrers Daiō übertraf. Daitō wurde später zum Gründer des Daitoku-Klosters (Daitoku-ji) in Kyōto und hinterließ zwei Haupt-Dharma-Erben, Tettō Gikō (1295–1369), der ihm als Abt des Daitoku-ji nachfolgte, und Kanzan Egen (1277–1360), der später das Myōshin-ji gründete, gleichfalls in Kyōto. Das erste Jahrhundert in der Geschichte des Daitoku-ji brachte eine Handvoll berühmter Zen-Priester hervor, darunter Ikkyū Sōjun (1394–1481) und Takuan Sōhō (1573–1645); doch im Laufe des 17. Jahrhunderts nahm der Einfluß der Dharma-Linie des Daitoku-ji ab, überschattet von den Linien der anderen großen Klöster in Kyōto. Um diese Zeit begann auch der Aufstieg der Myōshin-ji-Linie, zu der auch Hakuin gehörte, zur führenden Dharma-Tradition. Myōshin-ji-Priester, die zum größten Teil wie Hakuin selbst in kleineren Provinztempeln lehrten, beherrschten das Rinzai-Zen durch die gesamte Edo-Zeit hindurch.

Für Hakuin waren es vor allem vier Priester, die in direkter Linie die authentische Zen-Tradition kraftvoll repräsentierten: Xu-tang, Daiō, Daitō und Kanzan. Diese Männer waren Gestalten von zentraler Bedeutung. Sie hatten die einzige überlebende Lehrtradition, die das orthodoxe Zen der großen chinesischen Meister fortführte, nach Japan gebracht und dort dauerhaft etabliert. Bald nach Xu-tangs Tod hatte die ursprüngliche Lehre dieser Traditionslinie in China einen rapiden (Hakuin hätte gesagt, einen katastrophalen) Verfall erlebt, weil sie von einer immer stärkeren Übernahme von Praktiken der Schule des Reinen Landes in die Zen-Schulung korrumpiert worden war.

So hatte in der Tat Daiō dadurch, daß er von Xu-tang die Dharma-Übertragung empfangen und sie nach Japan gebracht hatte, diese Zen-Tradition vor dem Aussterben bewahrt. Hakuin selbst schrieb in einer Randbemerkung, die er in seinem Exemplar der »Aufzeichnung der Zen-Lehren des Daiō« notiert hatte, zu dem einzigartigen Verdienst des Daiō:

> Daiō war der einzige Priester, der die wahre, unübertragbare Essenz erlangt hat, die von den großen Meistern der Tang-Zeit weitergegeben worden ist. Er war der japanische Bodhidharma. Der Grund, weshalb Bodhidharma zusammen mit vielen anderen Zen-Patriarchen von allen Linien des chinesischen Zen verehrt worden ist, liegt darin, daß er derjenige war, der die Schule des Buddha-Geistes aus Indien nach China gebracht hat. Und weil Daiō nach China gegangen und von dort mit der direkten Übertragung des Zen-Dharma durch Meister Xu-tang zurückgekehrt ist, ist er von allen 24 Meistern, die das Zen in Japan eingeführt haben, der bei weitem herausragendste. Und aus diesem Grunde habe ich selbst seit meinen Anfängen als junger Priester, wann immer ich Räucherwerk geopfert habe, es niemals versäumt, einen Teil davon zur Ehren des Daiō zu verbrennen.

Nach Hakuins Lesart der Zen-Geschichte bewahrte das Zen des Daiō seine ursprüngliche Kraft ungefähr bis ins 15. Jahrhundert. Dann ging es schnell nieder, und zwar in dem Maße, wie Literatur und Gelehrsamkeit an die Stelle echter religiöser Übung traten. Irgendwie blieb es gleichwohl am Leben – »ein dünner, brüchiger Faden« –, bis im 17. Jahrhundert ein bedeutender Abt des Myōshinji namens Gudō Tōshoku (1579–1661) die Bühne betrat und dem Zen des Daiō neues Leben einhauchte. Und durch einen »Dharma-Enkel« dieses Gudō mit Namen Shōju Rōjin (1642–1721) hat dann Hakuin die Übertragung empfangen. Die Lehren dieses nur schattenhaft wahrnehmbaren Meisters, die ausschließlich in den ausführlichen Zitaten auf uns gekommen sind, die Hakuin in seine eigenen Schriften aufgenommen hat, sind von Shōjus tiefem Kummer über den traurigen Zustand des zeitgenössischen Zen erfüllt. »Wahre Meister«, so soll er gesagt haben, »sind schwerer ausfindig zu machen als Sterne am Mittagshimmel.« Er hat Hakuin davon überzeugt, daß das Zen »in den Staub sinken« und für immer aussterben werde, falls es ihm nicht gelänge, einen Dharma-Erben hervorzubringen, der die orthodoxe Übertragung weiterführen könne.

Was vor allem seinen Widerspruch herausforderte, das war das

Zen-Establishment der damaligen Zeit: »vom rechten Glauben abgefallene« Priester, die »das Land heimgesucht, sich selbst an die Schaltstellen der Macht gebracht und schamlos und mutwillig der Zen-Tradition den Rücken gekehrt hatten«. Hakuin selbst hatte auf seinen Reisen als junger Mönch mehr als genug von diesen Männern getroffen. Er unterscheidet drei allgemeine Typen unter den Zen-Lehrern seiner Zeit: die »Tu-nichts«-Zen-Leute, die Zen-Leute der »Schweigenden Meditation« und die »Nembutsu«-Zen-Leute. Diese drei Bezeichnungen werden üblicherweise auf die Anhänger der Rinzai-, der Sōtō- und der Ōbaku-Schule angewandt; doch Hakuin macht gewöhnlich keine Anstalten, zwischen diesen drei Kategorien zu differenzieren. In seinen Augen machen sich alle unterschiedslos der Schwächung des Zen schuldig, indem sie für passive und quietistische Schulungsmethoden Partei ergreifen.

Indem sie ihre Schüler dazu anhielten, nichts zu tun als in schweigender Meditation dazusitzen und Praktiken wie die Rezitation des Namen Buddhas (*nembutsu*) mit dem eigentlichen Zen zu verbinden, oder indem sie den Gebrauch der Kōan in der Zen-Schulung einschränkten oder gar gänzlich abschafften, hatten solche Lehrer ihre Schüler um genau das betrogen, was in Hakuins Augen die entscheidende Bedingung für den Erfolg ihrer Bemühungen war: ein »starker, vorwärtstreibender Elan des Suchens, der keine Ruhe läßt, bis« Satori erreicht ist«. Zwar war Hakuin bereit zuzugestehen, daß die Rezitation des Nembutsu für Schüler von geringerer oder gar mittelmäßiger Begabung angemessen sein kann; doch für diejenigen Zen-Schüler, die zur »höchsten Stufe des höchsten Ranges« buddhistischer Schülerschaft gehören, hieß die Übernahme solcher Methoden nichts Geringeres, als sich in spirituellen Dingen ein für allemal geschlagen zu geben. Wenn das geschehe, so erklärte Hakuin,

> ... dann werden wir mit ansehen müssen, wie all die bedauernswerten Mitglieder der jüngeren Generation – Leute von überragender Begabung, die die Anlage haben, große Dharma-Säulen zu werden, würdig, mit den gefeierten Zen-Gestalten der Vergangenheit Schulter an Schul-

ter zu stehen – halbtoten alten Trotteln hinterherlatschen, mit teilnahmslosen greisen Großmüttern im Schatten herumsitzen, mit den Köpfen wackeln und mit geschlossenen Augen endlose Litaneien von »Nembutsu« intonieren ...
Wo lassen sich dann noch Kinder finden, die fähig wären, den lebendigen Herzschlag der Buddha-Weisheit weiterzugeben? Wer soll dann noch zu einem Baum werden, der kühlen, erfrischenden Schatten spendet und so den Menschen späterer Zeiten einen Ort der Zuflucht bietet? All die authentischen Bräuche und Traditionen der Zen-Schule werden dann verschwinden. Die Saat der Buddhaschaft wird dahinwelken, wird hart und trocken werden.

Das Leben Hakuins

Hakuin wurde in dem winzigen Bauerndorf Hara geboren, das an der Tōkaidō-Straße am Fuß des Fujiyama lag, und hat dort auch, bis auf die Jahre, die er als Zen-Pilger durchs Land gewandert ist, sein ganzes Leben verbracht. Nach allem, was wir über ihn wissen, zeigte er bereits in einem sehr frühen Alter eine ausgeprägte Neigung zur Religion. Mit fünfzehn (nach japanischer Zählung, nach der man bei der Geburt ein Jahr alt ist) begann er an dem benachbarten Zen-Tempel, dem Shōin-ji, sein geistliches Leben. Der leitende Priester, Tanrei, der auch die Tonsur durchführte, war ein Freund der Familie. Er gab dem jungen Novizen den geistlichen Namen »Ekaku«, den er bis in seine Dreißiger benutzen sollte, bis er, inzwischen selbst zum Leiter des Shōin-ji bestellt, den Zunamen »Hakuin« annahm. Vier Jahre später gab sein Lehrer die Einwilligung zu einer Pilgerreise, damit er sich unter anderen Zen-Lehrern rings im Lande weiterbilden könne. Hakuins Wanderschaft dauerte 14 Jahre und führte ihn durch die meisten Gebiete der Hauptinsel Honshu und hinüber zur Insel Shikoku, zu Meistern aller drei Zen-Richtungen.

Nach den Jahren der Wanderschaft, in denen er den Rat und die Unterweisung vieler Zen-Lehrer suchte, doch meistens für sich allein geübt hat, zog er sich im Alter von 31 Jahren in eine abgelegene Einsiedelei in den Bergen der Provinz Mino zurück, entschlossen zu einer letzten und äußersten Anspannung seiner Kräfte, um den endgültigen Durchbruch zu erreichen. Während dieses Aufenthaltes in Mino erreichte ihn die Nachricht, daß sein Vater auf Leben und Tod erkrankt war und sich wünschte, der Sohn möge nach Hause zurückkehren und sich im Shōin-ji niederlassen, der zu dem Zeitpunkt vakant war und einen neuen Priester brauchte. Hakuin willigte ein, wenn auch widerstrebend. Die Jahre seiner Pilgerschaft waren damit vorüber.

Der Tempel, den Hakuin geerbt hatte, war nicht nur klein und unbedeutend – »der Nebentempel eines Nebentempels« –, er war außerdem verarmt, seine Gebäude verwahrlost und in einem Zustand fortgeschrittenen Verfalls. Das *Hakuin Nempu*, eine Geschichte seines geistlich-religiösen Lebens, zusammengestellt von seinem Schüler Tōrei, entwirft ein ungefähres Bild, wie es damals im Shōin-ji aussah:

> Der Shōin-ji war in einen Zustand nahezu unbeschreiblichen Verfalls geraten. Nachts schienen die Sterne durch die Dächer. Die Böden waren ständig von Regen und Tau durchnäßt. Der Meister mußte einen Regenmantel aus Stroh tragen, wenn er durch den Tempel ging und seinen Pflichten nachkam. Er brauchte im Innern der Haupthalle Sandalen, wenn er dort Zeremonien abhalten wollte. Das Tempelvermögen war in die Hände von Gläubigern gelangt, die Ausstattung des Tempels war vollständig verpfändet... »Ungefähr das einzige, was hier der Rede wert ist«, sagte er, »ist das Mondlicht und das Rauschen des Windes.«

Der Shōin-ji blieb für Hakuin Wohnsitz und Zentrum seiner Lehrtätigkeit – bis zu seinem Tod 50 Jahre später. Ein weiterer Abschnitt aus Tōreis Biographie beschreibt Hakuins Alltag während der ersten zehn Jahre seines Lebens im Shōin-ji:

> Unbeirrbar übte er mit aller Kraft. Er ertrug die größte Not, ohne je von seiner einfachen und dürftigen Lebensweise abzugehen. Er hatte sich von jeder festen Zeiteinteilung für Sūtra-Rezitation oder andere Tem-

pelrituale freigemacht. Wenn die Dunkelheit hereinbrach, pflegte er in eine alte, verfallene Sänfte zu kriechen und setzte sich auf ein Kissen, das er auf den hölzernen Boden der Sänfte legte. Dann kam einer von den Jungen, die in dem Tempel lernten, hüllte den Körper des Meisters in ein Futon und zurrte ihn in dieser Position mit Seilen fest. So harrte er reglos aus, wie ein Bild des Bodhidharma, bis am folgenden Morgen der Junge wiederkam und ihn losband, damit er sich erleichtern und etwas Essen zu sich nehmen konnte. Derselbe Vorgang wiederholte sich jede Nacht.

Hakuin hatte sein erstes Erleuchtungserlebnis im Alter von 24 Jahren, während seiner Pilgerschaft. In den darauffolgenden Jahren wurden ihm weitere Satori-Erfahrungen zuteil, »große und kleine, mehr als sich zählen lassen«. Sie vertieften seine ursprüngliche Erleuchtung und weiteten sie aus, doch noch immer fühlte er sich nicht wirklich frei. Er war nicht in der Lage, seine Einsicht in sein tägliches Leben zu integrieren, und fühlte sich eingeengt, wenn er versuchte, sein Verständnis anderen mitzuteilen. Die entscheidende und endgültige Erleuchtung, die seine lange religiöse Suche zu ihrem Ende brachte, ereignete sich in einer Frühlingsnacht des Jahres 1726, seinem 41. Lebensjahr.

Er las damals gerade das »Lotos-Sūtra«, und zwar das Kapitel über die Parabeln, wo der Buddha seinen Schüler Shāriputra davor warnt, die Freuden der Erleuchtung ichbezogen auszukosten, und ihm die wahre Aufgabe eines Bodhisattva enthüllt, die darin besteht, die Übung weiter fortzusetzen, noch über die Erleuchtung hinaus, und dabei andere zu belehren und ihnen zu helfen, bis schließlich alle Wesen die Erlösung erlangt haben. Hakuin beschreibt den entscheidenden Augenblick in seiner Autobiographie »Wilder Efeu«:

Am Fundament des Tempels ertönte das wiederholte Zirpen einer Grille. Kaum hatten diese Geräusche das Ohr des Meisters erreicht, war er ganz Erleuchtung. Zweifel und Unsicherheiten, die ihn seit Anfang seiner religiösen Suche belastet hatten, lösten sich plötzlich auf und waren verschwunden. Von diesem Augenblick an lebte er in einem Zustand großer Befreiung. Das erleuchtete Tun der Buddhas und Patriarchen, das Dharma-Auge, das die Sūtras durchschaut – sie waren jetzt sein, ohne den geringsten Zweifel, ohne daß irgend etwas fehlte.

In Tōreis Biographie wird diese Erfahrung als das zentrale Ereignis in Hakuins religiösem Leben hervorgehoben. Bis dahin war Hakuins Übung auf die Suche nach der eigenen Erleuchtung ausgerichtet gewesen. Von jetzt an zielte sie darauf ab, anderen zu helfen, gleichfalls Befreiung zu erlangen. Und dabei machte er vollständigen und rückhaltlosen Gebrauch von der außerordentlichen Fähigkeit, die ihm jetzt zugewachsen war, nämlich »mit der anstrengungslosen Freiheit der Buddhas zu predigen«.

Während seiner späten Dreißiger und Vierziger duldete Hakuin eine kleine, aber stetig wachsende Zahl von Schülern um sich. Sein Ansehen wuchs allmählich und verbreitete sich, bis er in seinen frühen Fünfzigern, als er diese »Einführungsreden« hielt, allgemein bekannt und sogar in den Hallen des großen Myōshin-ji in Kyōto geachtet war. Die Versammlung des Jahres 1740 machte Hakuin nach dem Zeugnis Tōreis zum führenden Zen-Meister im ganzen Land.

Mönche, Nonnen und Laien aus allen Teilen des Landes begannen, im Shōin-ji zusammenzuströmen. Sie kamen aus allen Gesellschaftsschichten und allen Milieus. Der Shōin-ji, der kaum in der Lage war, die eigenen Bedürfnisse zu decken, konnte nicht einmal einer kleinen Zahl von Schülern Platz bieten, geschweige denn den Hunderten, die fortan herbeiströmten, um sich unterweisen zu lassen. Die meisten von denen, die sich einfanden, waren gezwungen, sich anderswo eine Unterkunft zu suchen.

Sie schliefen und übten in Privathäusern und verlassenen Wohnungen, ungenutzten Tempeln und Hallen, verfallenen Schreinen und unter den Dachvorsprüngen von Bauernhäusern. Einige kampierten sogar unter freiem Himmel, im Anblick der Sterne. Die ganze Gegend meilenweit rund um den Tempel herum hatte sich in ein großes Zentrum der Zen-Übung verwandelt. Es war eine ganz neue Art buddhistischer Versammlung, gestaltet und aufrechterhalten von den Mönchen selbst.

Die Aufzeichnungen über dieses Treffen sprechen von der großen Ehrfurcht, mit der die Schüler Hakuin behandelt haben. Tōrei erinnert sich an ihn als an »eine steile Klippe, die plötzlich vor ihm aufragte«, an »die Gegenwart von etwas Bedrohlichem, das im Tempel herumschlich wie ein großer Ochse, hierhin und dorthin starrend mit den Augen eines wütenden Tigers«. Eine Ahnung von dem Schrecken, den Hakuin in die Herzen seiner Schüler gesenkt haben muß, kann man vor dem Standbild Hakuins empfinden, das in einem Schrein in der Gründerhalle des Shōin-ji steht. Auch heute noch blickt es furchterregend auf den Betrachter.

Von allen Neuankömmlingen blieben nur diejenigen Schüler, die mit derselben unerschütterlichen Motivation zum Üben hergekommen waren, die auch Hakuin selbst angetrieben hatte. In einem Vorwort zu Hakuins »Müßigen Gesprächen auf einem nächtlichen Boot« – für die ein anonymer Schüler genannt »Hungrig-und-Kalt, der Meister der Armuts-Einsiedelei« als Verfasser zeichnet, bei dem es sich offenkundig um Hakuin selbst handelt – findet sich eine berühmte Stelle, die ein lebendiges Bild vom Leben im Shōin-ji entwirft:

> Von dem Augenblick an, da die Mönche die Schwelle des Shōin-ji überschritten hatten, ertrugen sie frohgemut den giftigen Sabber, mit dem der Meister sie bespuckte, und hießen die brennenden Schläge seines Stockes willkommen. Die Schüler blieben für zehn, ja zwanzig Jahre, und der Gedanke an einen Abschied kam ihnen gar nicht erst in den Sinn. Einige hatten sich sogar entschlossen, dort ihr Leben zu beenden und Staub unter den Kiefern des Tempels zu werden. Gerade sie waren die schönsten Blumen in den Höhlen des Zen, unerschrockene Helden in den Augen der ganzen Welt... Sie mußten Hunger am Morgen gewärtigen und Eiseskälte bei Nacht. Sie ernährten sich von Weizenspreu und rohem Gemüse. Sie bekamen nichts zu hören als die mörderischen Schreie und Beschimpfungen des Meisters, nichts zu fühlen außer den knochenbrecherischen Schlägen seiner wütenden Faust, seines rasenden Stockes. Sie sahen Dinge, die tiefe Furchen in ihre Stirn gruben, sie hörten Dinge, die ihren Leib von Schweiß triefend machte. Es gab da Szenen, die sogar einem Dämon Tränen in die Augen getrieben und

einen Teufel dazu gebracht hätten, um Erbarmen zu flehen. Bei ihrem Eintreffen waren diese Mönche bei blendender Gesundheit, mit rosiger Haut; doch bereits nach kurzer Zeit sah ihr Leib dünn und ausgemergelt aus, verhärmt ihre Gesichter... Keinen von ihnen hätte man auch nur für einen Augenblick länger festhalten können, wenn sie nicht völlig in ihrer Suche aufgegangen wären, Männer, die sich selbst weder Gesundheit noch das Leben gönnten.

Doch Hakuin war nicht immer nur der funkensprühend dreinblickende Meister, der den Herzen seiner Schüler Angst und Schrecken einjagt. Er war ebenso ein Mann von großer Herzenswärme, von Freundlichkeit und Humor, der das Leben seiner Mitdörfler teilte und voll tiefen Mitgefühls für ihre Nöte war. Wenn er einmal nicht damit beschäftigt war, seine regulären Schüler anzuleiten, dann versuchte er durch Schreiben und Malen über die Grenzen des Tempels hinaus zu wirken und die Bauern, Fischer und anderen Menschen seiner Heimatregion zu bilden und sie näher an die Wahrheit der buddhistischen Lehre heranzuführen.

Die biographischen Berichte über Hakuin zeigen, daß die Intensität seiner Lehrtätigkeit während der letzten 25 Jahre seines Lebens deutlich zugenommen hat. Er gab regelmäßig im Shōin-ji und anderen Tempeln der Umgebung Darlegungen über eine große Auswahl von Sūtras und Zen-Texten. Von wieder anderen Tempeln und Laiengruppen überall im Land ergingen Einladungen an ihn, in denen er aufgefordert wurde, Zusammenkünfte zu leiten. Er unternahm bereitwillig Reisen, die ihn für Tage oder auch Wochen vom Shōin-ji fernhielten, um all diesen Bitten zu entsprechen. Zusätzlich wandte er sich von seinen Sechzigern an mehr und mehr dem Schreiben und Malen sowie der Kalligraphie zu, um seine Botschaft unter die Leute zu bringen; dabei schuf er Arbeiten in einem ungewöhnlich breiten Spektrum von Themen und Gattungen.

Es war für Zen-Priester nichts Ungewöhnliches, sich künstlerischem Schaffen zu widmen. Ja, man erwartete sogar von ihnen, daß sie zumindest fähige Kalligraphen waren. Doch in Hakuins Fall nahmen diese Fertigkeiten eine viel größere Bedeutung an. Sie wurden zu einem zentralen Bestandteil seiner Lehre und einem der wichtigsten Kennzeichen seines Zen.

Er hinterließ mehr als fünfzig Schriften, die von schwierigen Zen-Abhandlungen und spezialisierten, in chinesischer Sprache abgefaßten Kommentaren für Zen-Schüler bis zu einfachen Liedern, Gedichten und Litaneien reichten, in denen er seine Zen-Botschaft auf eine sehr umgangssprachliche Art und Weise formuliert hat, um sie auch dem gemeinen Volk zugänglich zu machen. Ein anderes Charakteristikum, das sich durchgängig in seinen Werken findet, ist seine häufige und ausführliche Bezugnahme auf die Umstände seiner eigenen religiösen Erleuchtung. Er benutzt Einzelheiten seines eigenen Lebens in genau derselben Weise, wie er die Geschichten über die Zen-Meister der Vergangenheit benutzt – nämlich um seine Schüler bei ihrer Übung zu ermutigen, indem er ihnen von den Schwierigkeiten erzählt, die andere im Verlauf ihrer Zen-Schulung erlebt und überwunden haben.

Hakuin hat sowohl in der Malerei als auch in der Kalligraphie Besonderes geleistet, wobei die Zahl seiner Arbeiten in die Tausende gegangen sein muß. Auch sie gehören zu seinen Reden und Predigten, sogar mit einer noch direkteren und allgemeineren Anziehungskraft. Seine Bilder stellen viele traditionelle Zen-Themen dar wie zum Beispiel Bodhidharma, Shākyamuni und andere Gestalten der Zen-Geschichte. Doch er hat auch, inspiriert vom Volksglauben, von Märchen, wie sie auf dem Lande erzählt wurden, aber auch aus seiner eigenen, fruchtbaren Einbildungskraft heraus, neue Themen erfunden. Seine große Vielseitigkeit und sein Einfallsreichtum treten ebenso in seiner Kalligraphie zutage. Obwohl er sich dabei einer Vielzahl von Stilen bedient hat, besitzen seine kühnen Kompositionen, erfüllt von der massig-wuchtigen Kraft seiner großformatigen Schriftzeichen, eine sogar unter Zen-Künstlern einzigartige Fähigkeit, innere Zen-Erfahrungen aufs Papier zu bannen. Wenn man vor ihnen steht, ist man als Betrachter zutiefst beeindruckt von ihrer Urkraft und deren unheimlicher Tiefe.

Der verstorbene Yamada Mumon Rōshi, der dem Myōshin-ji als Abt vorgestanden hat, hat einmal geschrieben: »Es gab da in Hakuins

Heimatprovinz Suruga die Redensart: ›Suruga hat zwei Dinge von überragender Größe, den Fujiyama und den Priester Hakuin.‹ Ich glaube, daß diese Redensart in nicht allzu ferner Zukunft abgeändert werden wird zu ›Japan hat zwei Dinge von überragender Größe, den Berg Fuji und den Priester Hakuin‹.«

In den letzten zwanzig Jahren sind eine Reihe kommentierter Ausgaben von Hakuins japanischen Schriften erschienen; dahingegen ist bis in jüngste Zeit wenig getan worden, um auch seine bedeutenden Werke in chinesischer Sprache wie das *Sokkō-roku Kaien-fusetsu* und das *Kaian-kokugo* leichter zugänglich zu machen. Um so größer ist der Dank, den ich Gishin Tokiwa schulde, dessen Übersetzung des *Sokkō-roku Kaien-fusetsu* ins moderne Japanisch (Hakuin, *Daijo butten* 27, Chuokoron-sha, Tōkyō 1988) erschien, als ich mich gerade abmühte, meine englische Übersetzung ebendieses Textes abzuschließen. Professor Tokiwas Werk hat mir meine Arbeit sehr erleichtert und wesentlich einfacher gemacht, als sie sich andernfalls gestaltet hätte. Seiner Hilfe verdanke ich auch, daß ich mir eine Photokopie der ersten Ausgabe des *Kaien-fusetsu* aus der Sammlung seltener Bücher der Bibliothek der Hanazono-Hochschule besorgen konnte. Dieses Exemplar ist über und über mit Anmerkungen und Erläuterungen von Hakuins eigener Hand beschrieben, die für mich von unschätzbarem Wert gewesen sind, um zu ermitteln, was Hakuin tatsächlich hat sagen wollen.

Ich möchte auch Herrn Daisaburo Tanaka aus Tōkyō für seine großzügige Erlaubnis danken, Arbeiten aus seiner großartigen Sammlung von Bildern und Kalligraphien Hakuins reproduzieren zu dürfen, sowie aus dem gleichen Grund dem Ryūtaku-ji in Mishima, dem Ryūkoku-ji in Akashi und der Familie Hisamatsu in Gifu: Sie alle haben mir gleichfalls gestattet, Arbeiten aus ihrem Besitz in dieser englischen Ausgabe wiederzugeben.

Authentisches Zen

Eine Übersetzung des
»Sokkō-roku Kaien-fusetsu«
von Zen-Meister Hakuin Ekaku

Vorwort des Genshoku

(worin er die Umstände darlegt, die zur Veröffentlichung des
»Sokkō-roku Kaien-fusetsu« geführt haben)

Im zwölften Monat des dritten Jahres der Regierungslosung Kampo
(1743) empfing ich, Genshoku, nach dem Abendessen, mit dem das
diesjährige Rōhatsu-Sesshin zu Ende gegangen war, einen Besucher,
der mir erklärte:

Ich höre, daß Hakuins Dharma-Reden bald veröffentlicht und damit den
Schülern des Zen zugänglich werden sollen. In manchen Kreisen heißt
es, der wahre Grund für ihre Veröffentlichung sei der, daß Hakuin sich
Ansehen als Zen-Lehrer verschaffen wolle. Diese Leute sind eifersüchtig auf ihn, und ihre Kritiksucht geht so weit, daß sie ihm am Ende wirklichen Schaden zufügen werden. Doch ganz gewiß sind sie mit ihrer Unterstellung im Unrecht. Der wahre Grund für die Veröffentlichung dieser
Dharma-Reden muß woanders liegen. Habt Ihr als sein Aufwärter nicht
das Gefühl, daß Ihr diesen Grund offen aussprechen und damit Euren
Lehrer davor bewahren solltet, durch solches hämische Gerede zu Schaden zu kommen?

Ich antwortete ihm: »Ja, ich weiß, was so geredet wird. Manche
Leute kennen keinen besseren Zeitvertreib, als andere herabzusetzen.
Doch wenn sie ihre Unterstellungen auf jemanden wie meinen Meister richten, dann verfehlen sie ihr Ziel vollständig. Wenn er sich von
solch ungebührlichen Absichten leiten ließe, könntet Ihr dann auch
nur für einen Augenblick annehmen, daß achtzig herausragende
Mönche, die Stützen der Zen-Schule von morgen, in Hütten rund um
seinen Tempel kampieren würden? Und daß sie aus ihrer tiefen Verehrung für ihn die profane Welt ganz und gar hinter sich ließen?
Warum sollten sie hier ausharren und dabei all die Widrigkeiten auf
sich nehmen, die hier auf sie warten? Für mich persönlich war es von
dem Augenblick an, da ich dem Meister zum ersten Mal begegnet bin,
vollkommen klar, daß er absolut kein Interesse daran hat, sich selbst

einen Namen zu machen. Doch da Ihr darum gebeten habt, will ich um Euretwillen darlegen, wie es dazu gekommen ist, daß dieses Werk jetzt veröffentlicht wird:

Im Frühjahr des fünften Jahres der Regierungslosung Gembun (1740) gab der Meister dem fortwährenden Drängen seiner übers ganze Land verstreuten Schüler nach und gab eine Reihe von Darlegungen über die »Aufzeichnungen der Lehren des Sokkō«. Damit trommelte er einen Rhythmus, der den alten Melodien des Sokkō [Xu-tang] frisches Leben eingehaucht hat.

Vorbereitungen für diese Darlegungen waren schon im voraufgegangenen Winter in Gang gekommen. Nach dem zeremoniellen Mahl anläßlich der Wiederkehr des Todestages Bodhidharmas am 5. Tag des 10. Monats hielten die zwanzig oder mehr zerlumpten Mönche, die in Hütten rings um den Shōin-ji lebten, eine Besprechung ab und kamen dabei zu dem Entschluß, den Tempel für eine Vortrags-Versammlung instand zu setzen. Gemeinsam führten sie die notwendigen Reparaturen aus, so daß der Shōin-ji auch eine Gruppe von Gastschülern aufnehmen konnte.

Sie stützten alte, wacklige Gebäude ab, sie gruben den Schacht des alten Brunnen wieder frei, sie besserten Türen und Fenster aus und reparierten zerbrochene Dachbalken. Während die Brüder Taku, Tetsu, Sha und Sū voller Begeisterung an diesen schwierigen Aufgaben arbeiteten, begab sich Bruder Kyū ringsum auf die Suche, um eine größere Menge an Getreide und Bohnen zu sammeln, und Bruder Chū machte die Runde in den Nachbardörfern und erbettelte Gemüse. Der Rest arbeitete in Schichten und mühte sich fieberhaft ab, den ganzen Tag hindurch und sogar bis tief in die Nacht.

Der Meister selbst wahrte Abstand, während all das vor sich ging. Er nahm seine beiden Aufwärter Jun und Kō, schlich sich mit ihnen davon und suchte Zuflucht im Genryū-ji in Kashima. Dort blieb er für ungefähr 10 Tage, dann wechselte er in den Myōzen-ji in Fujuwasa. Und schließlich begab er sich nach Yoshimizu in Suruga, wo er bei Ishii Gentaku unterkam, einem Laien, der dort in völliger Abgeschiedenheit lebte. Er hielt sich ungefähr einen Monat bei Gentaku auf. Während der ganzen Zeit, die er dort verbrachte, hat er sich einem tiefen und gesegneten Schlaf hingegeben, es sei denn, er wurde ab und zu mal herausgerufen, um irgendwelche Besucher zu empfangen. Sein Schnarchen hallte durch das ganze Haus wie Donnergrollen. Es erschütterte die Fundamente und entfesselte Staubstürme in den Dachsparren. Er schlief mit dem Gesicht nach unten und lag zusammengerollt da wie eine große satte Schlange. Besucher, die unangemeldet eindrangen, starrten ihn fassungslos an.

Die beiden Aufwärter Jun und Kō waren ganz verzweifelt. Sie drangen flehentlich auf den Meister ein: »Bruder Chū hat uns eine große Verantwortung aufgebürdet. Wir sollen dafür sorgen, daß Ihr uns einige Dharma-Darlegungen diktiert, die geeignet sind, die jüngeren Mönche in ihrer Übung anzustacheln. Wir sollen sie niederschreiben und mit zum Tempel zurückbringen, so daß sie der Bruderschaft vorgelesen werden können. Das würde ihnen ein bißchen Erholung verschaffen nach all der Arbeit, die sie inzwischen geleistet haben.«

Der Meister nickte, und ein feines Lächeln umspielte seine Lippen. Doch dann drehte er sich einfach um und fing aufs neue an zu schnarchen. Jun und Kō traten wieder und wieder zu ihm hin wie kleine Kinder, die ihre Eltern um die Einlösung eines Versprechens anbetteln, und baten ihn eindringlich, auf seinen Schlaf zu verzichten und endlich damit anzufangen, die Darlegungen zu diktieren.

Schließlich richtete er sich auf. Er schloß die Augen und begann mit ruhiger und leiser Stimme zu sprechen. Zuerst kamen in der Mitschrift fünf Reihen von Schriftzeichen zustande, dann zehn. Er sprach die Worte gerade so, wie sie ihm in den Sinn kamen. Nachdem Kō sie niedergeschrieben hatte, machte sich Jun daran, sie zu überarbeiten. Der Meister diktierte Satz für Satz, ohne sich groß um Abfolge oder Ordnung zu kümmern. Kōs Pinsel brachte sie unermüdlich zu Papier. Meister und Schüler arbeiteten wie eine Person, völlig vertieft in die gemeinsame Aufgabe. Als sie die Einsiedelei des Laien Gentaku verließen, waren fünfzig Blatt Papier ganz mit Schriftzeichen bedeckt.

Der Laie Gentaku bemerkte zu Hakuin: »Als die drei besten Beispiele der Zen-Literatur gelten bisher die ›Worte der Unterweisung des Wan-an Dao-yan‹ (1094–1164), die ›Briefe des Da-hui Zong-gao‹ (1089–1163) und die ›Dharma-Unterweisung des Fo-yan Qing-yuan‹ (1067–1120). Doch welcher Zen-Meister, Wan-an und Da-hui eingeschlossen, hat je solch ein undurchdringliches Gestrüpp von Ranken und Schlingpflanzen zusammengezaubert, wie Ihr es hier habt?«

Daraufhin klatschten beide, Gentaku und der Meister, in die Hände und lachten lauthals.

Der Meister kehrte noch im elften Monat zum Shōin-ji zurück. Es war der Tag vor der Wintersonnenwende. Er lud uns Mönche zum Tee ein, um uns seine Anerkennung für die geleistete Arbeit auszudrücken. Wir saßen im Kreis um ihn herum und genossen es, uns zu unterhalten und Tee zu schlürfen. Jun und Kō, die nebeneinander saßen, holten die Dharma-Darlegungen des Meisters hervor und begannen, sie uns im Kerzenlicht vorzulesen. Wir nahmen sie offenen Herzens in uns auf, ja wir fühlten uns so überglücklich, als tanzten wir ausgelassen durch den Raum. Doch unser Jubel war bald vergessen, je weiter wir uns in das Vorlesen vertieften, das sich über mehrere Nächte hinzog.

Monate später, gegen Ende des Frühjahrs-Treffens, als der Meister seine Darlegungen über die »Aufzeichnungen der Lehren des Sokkō« beendet hatte, drängten sich all die vielen Leute, die an dem Treffen teilgenommen hatten, um ihn und verneigten sich tief vor ihm. Wir nutzten diese Gelegenheit und baten ihn um die Erlaubnis, den Text seiner Dharma-Reden als Buch veröffentlichen zu dürfen.

Doch augenblicklich verlangte er mit lauter Stimme nach jemandem, der ihm Feuer bringen sollte. Wir waren aufs höchste erschrocken, aus Sorge um die Sicherheit des Manuspkripts; doch Jun und Kō besaßen die Geistesgegenwart, es schnell aufzurollen und in der Robe des einen zu verstecken. Wir brachten die Angelegenheit noch des öfteren zur Sprache, wann immer sich uns dazu eine günstige Gelegenheit bot. Doch nunmehr ignorierte uns der Meister ganz einfach. Seit diesen Ereignissen sind drei Jahre vergangen.

Im Herbst desselben Jahres suchten unsere beiden Mönchsältesten Chū und Yaku den Meister in seinen Räumen auf und erklärten:

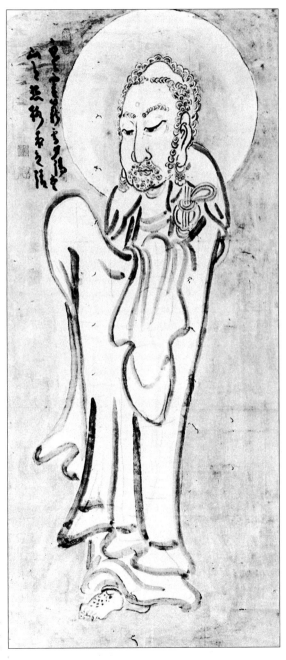

Shākyamuni kommt nach einer Zeit der Meditation vom Berg herab.

»Zen-Übung in der Aktivität ist der Zen-Übung in der Stille eine Million mal überlegen.«

Der Zen-Meister Lin-ji (jap.: Rinzai)

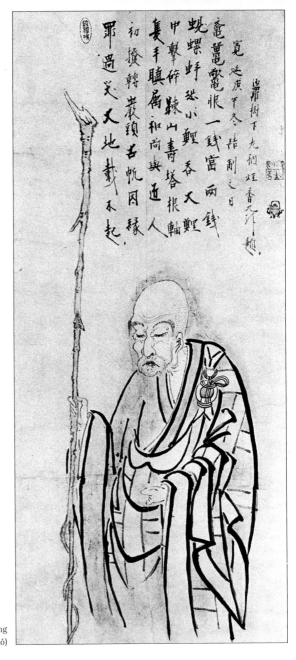

Der Zen-Meister Xi-geng (jap.: Sokkô)

Hakuin als der Glücksgott Hotei beim Üben von Zazen

»Drachenstab«. Hakuin verlieh solche Gemälde eines Stabes manchmal Schülern als Bestätigung, daß sie ein Kôan »gelöst« hatten – oft das Kôan: »Was ist der Ton des Klatschens *einer* Hand?«

»Mu«

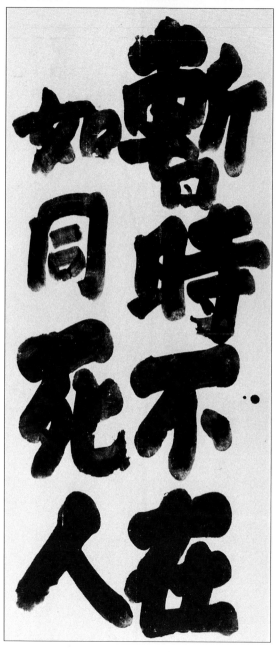

zu Abb. rechts o
»Warum weiß der Burs
in der Einsiedelei ni
was draußen vor
ge

zu Abb. rechts u
Der Berg
vom Shôin-Te
aus gese

»Bist du niemals auch
nur für einen Augen-
blick DORT, so
gleichst du einem
Toten.«

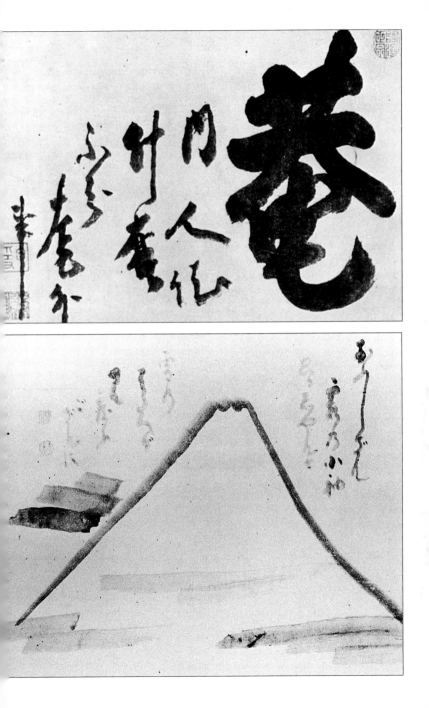

»Beharrlichkeit«

Wenn Eure Dharma-Reden veröffentlicht werden, könnte sich zweierlei ereignen, das Euch mißfallen dürfte. Doch wenn sie nicht veröffentlicht werden, dann wird das einen alles andere als wünschenswerten Effekt auf diejenigen Schüler haben, die sich der Zen-Übung widmen. Für jemanden, der sich in die Zen-Übung vertieft hat, ist der WEG eine lebendige Angelegenheit von lebensentscheidender Wichtigkeit. So einer wird sein Augenmerk nicht nur auf die Worte richten, wenn er das Buch liest. Für jemanden hingegen, der es als Literatur liest, ständig auf Ausschau nach falsch gebrauchten Wörtern oder falsch geschriebenen Schriftzeichen, ist der WEG weder lebendig noch lebenswichtig. So jemand wäre zweifelsohne imstande, genau die Art von Fehlern zu finden, nach der er sucht. Das ist das eine, was Euch mißfallen dürfte.

Ein kluger Mann hat einmal geschrieben, daß ein Baum, der zu solcher Höhe emporwächst, daß er alle übrigen Bäume des Waldes überragt, ganz gewiß von den Winden zerzaust werden wird. Und wenn ein Mensch etwas vollbringt, das ihn weit über die anderen erhebt, ist es unvermeidlich, daß er zur Zielscheibe ihrer Anfeindung werden wird. Wenn Eure Dharma-Reden gedruckt sind, wird es für jedermann offenkundig sein, daß Ihr Eure Priesterkollegen um Kopf und Schultern überragt. Ganz bestimmt wird es dann einige geben, die Euch dafür kritisieren werden, daß Ihr der Veröffentlichung Eurer Reden zugestimmt habt. Einige werden sogar, geplagt von Neid, finster mit den Zähnen knirschen und versuchen, Euch Schwierigkeiten zu bereiten. Das ist das Zweite, was Euch mißfallen dürfte.

Doch auch wenn das Buch nicht veröffentlicht wird, wird es sicherlich nichtsdestotrotz gelesen werden. Zukünftige Schüler werden sich darum streiten, ein handgeschriebenes Exemplar in die Hände zu bekommen, um sich für ihren eigenen Gebrauch Abschriften davon machen zu können. Und damit werden sie immer weitermachen, gleichgültig, was für Maßnahmen ergriffen werden, um eben das zu verhindern. Aufs ganze gesehen werden sie damit, daß sie solchermaßen ihre Pinsel schwingen, wertvolle Zeit und Kraft verschwenden, die sie lieber auf ihre Übung verwenden sollten. Das ist der Grund, weshalb ich gesagt habe, daß andererseits die Nicht-Veröffentlichung von Nachteil für die Schüler sein werde, die sich auf die Übung des WEGES eingelassen haben.

Was die beiden ersten Mißlichkeiten angeht, so kann man mit ihnen fertig werden, indem man sich ganz einfach dazu entschließt, die Kritik geduldig hinzunehmen. Doch wenn das Werk nicht veröffentlicht wird, wird eine große Zahl von Schülern es irgendwie schaffen, das Buch gleichwohl abzuschreiben, und dabei kostbare Zeit und Kraft verschwenden. Veröffentlicht hingegen, mag es wohl seitens der Gelehrten Tadel auf sich ziehen. »Es hätte nicht veröffentlicht werden dürfen!«, werden sie erklären; »Ihr hättet diese Reden gar nicht erst halten dürfen!« Das wäre für uns, als Eure Schüler, schon sehr schmerzlich. Doch es ist nichtsdestoweniger wahr, daß es viele Wege gibt, Zen-Schülern zu helfen und dem Dharma gute Dienste zu erweisen. Der Zen-Meister Da-hui hat das getan, indem er die Druckstöcke des *Hekiganroku* [chin.: *Bi-yan-lu*] verbrannt hat, und Ihr würdet es tun, indem Ihr Eure Dharma-Reden veröffentlicht. Wer könnte sagen, welche dieser beiden Handlungen das größere Verdienst darstellte?

Nachdem der Meister uns bis zu Ende angehört hatte, antwortete er:

Ich bin mir all dessen, was Ihr da gesagt habt, wohl bewußt. Doch die Dharma-Reden, von denen Ihr da ständig sprecht, sind nur ein Haufen närrischen Geschwätzes. Ich habe sie ohne nachzudenken so dahingesprochen, ganz aus dem Augenblick heraus. Ich befand mich noch im Halbschlaf. Was ich gesagt habe, enthält Erinnerungslücken und strotzt von Flüchtigkeitsfehlern. Ich kann unmöglich zulassen, daß etwas Derartiges gedruckt wird. Die Leute würden nur darüber lachen. Vielleicht kann ich später einmal Eurer Bitte entsprechen, nachdem ein kluger und sachkundiger Gelehrter es gründlich durchgesehen und die Fehler beseitigt hat.

Diese Worte gaben uns neuen Mut. Bruder Tōko machte sich sofort an die Arbeit und fertigte noch eine zweite, saubere Abschrift an. Chō und Yaku begannen heimlich, den Text auf Fehler hin zu überprüfen. Als sie damit fertig waren, steckte Bruder Chū ihn in seinen Ärmel und reiste damit in die Provinz Totomi, um sich an Herrn Ono zu wenden. Der zeigte sich hocherfreut, als Chū ihm von unserem Vorhaben erzählte, und bot uns seine volle Unterstützung an.

Als nächstes begab sich Chū zum Keirin-ji im östlichen Mino, um den Priester Jōshitsu aufzusuchen. Nachdem er sich ehrerbietig vor Jōshitsu verbeugt hatte, weihte er ihn in unsere Pläne ein. Dann bat er ihn eindringlich, ein Vorwort zu dem Buch zu schreiben und das Manuskript auf Fehler hin durchzusehen. Jōshitsu lehnte mit großer Entschiedenheit ab. Chū aber gab nicht auf. Jōshitsu weigert sich noch dreimal, doch schließlich, nach der fünften Bitte, stimmmte er zu. Chū verließ ihn mit dem Gefühl eines Mannes, der den unschätzbaren Juwel erlangt hat, der unter dem Kiefer des Schwarzen Drachens sitzt.

Von Mino aus wanderte Chū weiter zur Hauptstadt Kyōto. Unterwegs traf er durch einen wundersam glücklichen Zufall auf Kinokuniya Tōbei, einen Buchhändler von der Numazū Poststation nahe beim Shōin-ji. Als Kinokuniya von dem Plan hörte, die Worte des Meisters zu drucken, zollte er unserem Vorhaben von ganzem Herzen Beifall und versprach, alle Möglichkeiten zu nutzen, die ihm zu Gebote stünden, um uns zu helfen, das Projekt zu fördern. Mit dieser seiner freundlichen Hilfe dauerte es nicht mehr lange, bis das Schneiden der Druckstöcke und die Drucklegung der Dharma-Reden zu Ende gebracht waren.

Dann schickte uns Chū einen Brief aus Kyōto, in dem er uns alle aufforderte, »Räucherwerk zu opfern, mit Blickrichtung zum östlichen Mino, und mit zusammengelegten Händen um gutes Gelingen zu beten«.

Ja, ohne Herrn Kinokuniya hätte Bruder Chū niemals einen so vollen Erfolg erringen können, auch wenn er Hunderte oder auch Tausende Male nach Kyōto und zurück gereist wäre. Und wenn Kinokuniya nicht damals dem Bruder Chū begegnet wäre und statt dessen müßig weitergewandert wäre, um in der Hauptstadt weltlichen Vergnügungen nachzugehen, hätte das Verdienst, das er jetzt erlangt hat und das ihn direkt zur Buddhaschaft hinführt, niemals zustande kommen können. Und was noch wichtiger ist: Auch wenn die beiden sich mit aller Ernsthaftigkeit bemüht hätten – wenn das Manuskript nicht von einem klugen Lehrer wie Jōshitsu einer gründlichen Prüfung unterzogen worden wäre, so hätte es niemals die Qualität besessen, die es Chū überhaupt erlaubt hat, es nach Kyōto mitzunehmen. In der Tat läßt sich sagen, daß das vorliegende Werk sich allein dem Zusammentreffen aller vier Voraussetzungen verdankt – dem Einsatz Chūs, der Hilfe Kinokuniyas, Jōshitsus Vorwort und seiner Überarbeitung.

Zurück im Shōin-ji berichteten wir dem Meister von allem, was sich fern in der Hauptstadt abgespielt hatte. Er war entgeistert. Für mehrere Tage schien er sich in einem Zustand von Schock zu befinden. Dann erklärte er uns, er wünsche, daß sofort jemand nach Kyōto aufbreche, um die Drucklegung zu stoppen. Nachdem wir uns miteinander beraten hatten, gingen wir zu ihm und sagten: »Es würde Tage brauchen, um nach Kyōto zu kommen, und selbst wenn wir dort angekommen wären – Kyōto ist eine so große Metropole, in der es über hunderttausend Häuser geben soll! Wie könnten wir da Chū ausfindig machen und ihm unsere Nachricht überbringen?«

»Wie bedauerlich!«, seufzte der Meister betrübt. »Es war ein dummer Fehler, den ich da vor ein paar Jahren begangen habe, als wir uns im Hause des Laien Gentaku aufgehalten haben. Ich wollte damals nur Kōs Gejammere ein Ende machen. Und jetzt sitze ich hier und möchte mir selbst in den Bauch beißen! Ach, diese meine Dharma-Reden! Sie werden meinen Namen unter die Leute bringen und zugleich dazu führen, daß eben diese Leute mich verdammen!«

Dies ist eine kurze Zusammenfassung dessen, was ich, Genshoku, gesehen und gehört habe, als ich an der Seite unseres Meisters Dienst tat.

Mein Besucher sagte daraufhin: »Das Werk ist noch nicht einmal veröffentlicht, und schon zerreißen sich die Leute das Maul darüber. Glaubt Ihr nicht, Ihr solltet alles tun, was in Eurer Macht steht, um dieser Kritik von vornherein den Wind aus den Segeln zu nehmen, indem Ihr niederschreibt, was Ihr mir da soeben erzählt habt, und es gleichfalls veröffentlicht?«

Ich antwortete ihm: »Als sein Aufwärter habe ich die Pflicht, den Meister zu beschützen, ungeachtet dessen, was mit mir selbst geschieht. Es gibt daher keinen Grund, mich dem zu widersetzen, was Ihr mir anratet«.«

Und so habe ich dies hier niedergeschrieben. Meine alleinige Absicht dabei ist, denen entgegenzutreten, die meinen Lehrer kritisieren wollen.

Der Aufwärter Genshoku zündete Räucherwerk an und verfaßte dieses Vorwort nach dem zeremoniellen Mahl zur feierlichen Erinnerung an Buddhas Erleuchtung. Im dritten Jahr der Regierungslosung Kampo (1743).

Den Fuchs-Sabber des Xu-tang auflecken

Vor langer Zeit, zu Beginn der Jian-yan-Ära (1127–1131) der Südlichen Song-Dynastie, hat der Zen-Priester Yuan-wu Ke-qin, der im Ling-quan-yuan-Tempel auf dem Berg Jiashan in Li-zhou residierte, eine Reihe von Darlegungen herausgebracht, in denen er die »Einhundert Beispiele« des Xue-dou Chong-xian kommentiert hatte.[1] Sein Priesterkollege Da-ping Hui-qin schrieb ihm daraufhin einen vorwurfsvollen Brief, in dem er einen weit schrofferen Ton anschlug, als man es bei seinem eigenen Fleisch und Blut hätte erwarten dürfen.[2] Doch Yuan-wu sah ein, daß die Kritik Da-pings berechtigt war, und hörte damit auf, derartige Kommentare zu schreiben. Das sollte uns eine deutliche Lehre sein.

Warum schicke ich mich dann aber an, all den Fuchs-Sabber aufzulecken, den der Priester Xu-tang Zhi-yu in den zehn Klöstern, in denen er tätig gewesen ist, ausgespuckt und hinterlassen hat?[3] Warum schicke ich mich an, dreist den hohen Sitz zu besteigen, von dem herab die Lehre verkündet wird, den Fliegenwedel (*hossu*) in der Hand und bereit, die Würde einer ganzen Halle voller Mönchsältester herabzusetzen?

Nun, der Wind meines Karma hatte mich zu Beginn der Kyōhō-Ära (1716–1763) hierher in diesen halbverfallenen alten Tempel verschlagen. Und so bin ich die letzten 20 Jahre, ganz ohne eigene Schüler, hiergeblieben. In dieser Zeit haben mich viele Zen-Schüler aus allen Ecken des Landes besucht und mich gebeten, Reden und Vorträge über Sūtras und Zen-Schriften zu halten. Manche von ihnen brachten mir Listen mit Unterschriften, die die Namen von Hunderten von Schülern enthielten. Andere reichten ihre Bitten in Gestalt ausgefeilter Aufsätze ein, die 20 oder 30 Reihen von Schriftzeichen lang waren! Das alles muß mindestens dreißigmal passiert sein. Ich kann Euch gar nicht sagen, wie mich das in meinem Schlaf gestört hat!

Einige wenige dieser Schüler waren von brennendem Eifer und echter Entschlossenheit erfüllt. Sie machten die Runde bei allen möglichen Zen-Lehrern und baten sie, sich bei mir für sie zu verwenden. Sie gingen auch zu Laien-Anhängern und beschwerten sich über meine Unnachgiebigkeit. Ich mußte erkennen, wie sehr sie sich darauf versteift hatten, ihr Ziel zu erreichen. Ich war bereit, alles zu tun, was ich konnte, um ihren Wünschen und Bedürfnissen zu entsprechen. Doch mein Tempel ist nun einmal völlig verarmt. Die Vorratsborde in der Küche sind leer. Ich glaube, vom höchsten Norden bis zum tiefsten Süden unseres Landes kann es niemanden geben, der nicht über die Armut hier im Shōin-ji Bescheid weiß.

Zugleich aber bin ich zutiefst betrübt über den jähen Niedergang, den die buddhistische Übung in den letzten Jahren erfahren hat, sowie über den traurigen Verfall des Dharma. Die Generation der jungen Mönche ist eine Horde von Schmarotzern, unverantwortliche und zügellose Rabauken. Wenn sie hier im Shōin-ji neu ankommen, kann ich nicht umhin, sie wegen ihrer ruhigen und bescheidenen Art zu mögen. Dann kann ich immer nur meinen Kopf neigen vor ihrer aufrichtigen Ergebenheit und festen Entschlossenheit. Ich denke jedesmal: »Sie sind echte Mönche, fest entschlossen, zur Erleuchtung durchzubrechen. Ihre Gedanken sind nur auf eines ausgerichtet: auf die Große Angelegenheit von Leben und Tod.«

Doch bevor auch nur ein Monat vorbei ist, kehren sie den vorbildlichen Normen und Bräuchen der Vergangenheit den Rücken, als handelte es sich um einen Haufen Dreck. Die altehrwürdigen Tempelvorschriften bedeuten für sie nicht mehr als einen Klumpen ausgetrockneten Schlamms. Sie schließen sich zu Gruppen zusammen und rennen rücksichtslos durch das Tempelgelände, streunen durch den Garten und die Gänge, schreien mit lauter Stimme hinüber und herüber und treiben sich singend und summend in Durchgängen herum. Sie achten nicht im geringsten auf das, was ihre Vorgesetzten ihnen sagen. Mönchsälteste und Tempel-Meister sind nicht imstande, sie im Zaum zu halten.

Sie zerschneiden das Brunnenseil, mit dem der Eimer an der Wand festgemacht ist. Sie heben die Tempelglocke aus der Verankerung und stellen sie auf den Kopf. Sie werfen die große Tempeltrommel um. Wann immer sich ihnen die Möglichkeit bietet, schleichen sie sich aus dem Eingangstor davon. Heimlich wie Diebe stehlen sie sich nachts aufs Tempelgelände zurück, durch Öffnungen, die sie selbst in die Außenmauern geschlagen haben. Sie versammeln sich direkt vor der Haupthalle, tollen herum und singen schamlose Lieder, die sie in der Stadt aufgeschnappt haben. Sie schwärmen wie Ameisen über den Hügel hinter dem Tempel und stören andere mit ihrem wilden Händeklatschen und Herumgetobe. Sie stellen scharfe Sicheln in dunklen Korridoren auf, wo der Nichtsahnende in sie hineinlaufen muß, türmen in Durchgängen große Wassergefäße auf, die die anderen zwangsläufig umstoßen müssen. Sie lösen die Bodenbretter über dem Abtritt, so daß derjenige, der sich auf sie hinhockt, in die Exkrementen-Grube stürzen muß. Sie machen den Küchenmönchen das Leben schwer, indem sie das Feuerholz mit Wasser überschütten, so daß es nicht mehr dazu taugt, morgens damit die Öfen anzuzünden. Sie tingeln durch die nahegelegenen Teehäuser und Weinläden und geben sich vergnügt niederen Ausschweifungen hin.

Mögen da auch tausend Leute in einem Tempel sein, die sich mit nicht erlahmendem Eifer ihrer Übung hingeben – weil sie sich für die gesamte Zeit der Klausur nicht aus dem Tor hervorwagen, weiß draußen niemand etwas von ihren glanzvollen Erfolgen. Die Tunichtgute hingegen, die mit ihrem widerwärtigen Zeitvertreib die Straßen der Stadt unsicher machen, mögen nicht mehr als zwei oder drei auf einmal sein – doch weil sich ihr Treiben im hellen Tageslicht vor aller Augen abspielt, bleiben ihre schwarzen Sünden niemandem verborgen.

Ach, wegen der geistlosen und unverantwortlichen Taten einer Handvoll Mönche müssen Zehntausende ihrer Kollegen ihre traurige Berühmtheit teilen. Jade wird zusammen mit gewöhnlichen Steinen in denselben Schmelzofen geworfen; Gold und Eisen werden zu einem gemeinsamen Klumpen zusammengeschmolzen. Es ist so weit gekommen, daß buddhistische Mönche von wohlmeinenden Laien männlichen und weiblichen Geschlechts verachtet werden. Dank der Krawallmacher sind sie neuerdings genauso willkommen wie ein kotbedecktes Schwein oder ein räudiger Hund mit eiternden Wunden. Die Leute auf den Straßen verdammen sie. Sogar die herrenlosen Samurai zerreißen sich den Mund über ihre himmelschreienden Missetaten.

Es ist zum Weinen, welchen Schaden die jungen Radaubrüder anrichten. Im Nu ist Würde und Autorität des Buddha-Weges dahin, ist der strahlende Glanz der Dharma-Lehre ausgelöscht. Ein ganzer Trupp von Yaksha-Teufeln, 8000 Mann stark, wird sich auf sie herabstürzen und sämtliche Spuren dieses Gelichters vom Angesicht der Erde tilgen! Die Heerschar der Deva-Götter wird ihre Namen aus den heiligen Dharma-Listen streichen!

Ich habe immer angenommen, ich könnte mein Leben der Aufgabe widmen, das Geschenk des Dharma vorbehaltlos an alle Menschen weiterzugeben und die Lehre, wie sie uns von den Buddhas der Vergangenheit hinterlassen ist, noch einmal zum Blühen zu bringen. Wie hätte ich oder sonst jemand den beklagenswerten Verlauf vorhersehen können, den die Dinge genommen haben? Auch nur daran zu denken, daß Banden von diesen erbärmlichen Bonzen einen Schaden solchen Ausmaßes an den alten, hochehrwürdigen Praktiken ihrer eigenen Dharma-Vorfahren anrichten!

Noch nie hat man solche Szenen, solche Auftritte in solch wildem Durcheinander zu sehen bekommen! Man könnte glauben, sich auf einem Schlachtfeld zu befinden oder ein Rudel Hirsche vor sich zu haben, das wie verrückt über sumpfiges Gelände hin und herspringt. Was da passiert, würde sogar die Leber eines Fei Lian zum Zittern bringen, würde selbst die Zähne eines Wu Lai klappern lassen in panischer Angst.[4] Arroganz in jeder Form. Jede auch nur denkbare Nuance von Wahnsinn und Verrücktheit! Diese Burschen haben nicht nur keine Achtung vor den Errungenschaften, die ihre Vorgänger ihnen hinterlassen haben; sie betrügen voller Überheblichkeit auch noch spätere Schüler um ihr rechtmäßiges Erbe. Sie sind nicht zufrieden, bis sie nicht die Dharma-Fahnen zu Boden getrampelt und das heilige Tempelgelände völlig durcheinandergebracht haben.

Sie sind die wahren Dharma-Verdammten – diejenigen, die man zu Recht als »hoffnungslos unbelehrbar« bezeichnen kann. Sie sind Glaubensfeinde, die sich in buddhistische Gewänder verstecken, Avataras des Bösen selbst, Inkarnationen des Erzfeindes Papiyas, die sich in die Welt einschleichen.[5] Sie werden ihre Sünden selbst dann noch mit sich schleppen, wenn sie sterben; denn sie sind dazu bestimmt, in die Schreckensorte der Hölle hinabzustürzen, wo unaussprechliche Qualen auf sie warten. Wenn es erst einmal soweit ist, gibt es für sie keine Möglichkeit zur Reue mehr, keine Möglichkeit, die entsetzlichen Taten zu sühnen, die sie begangen haben, auch wenn sie das wollten.

Ihre Lehrer oder Eltern haben ihnen Reisegeld gegeben und sie losgeschickt, um ihre Zen-Schulung zu betreiben. Wenn diese Respektspersonen das verächtliche Leben sähen, das ihre Schüler oder Kinder jetzt führen – könnt Ihr auch nur für einen Augenblick glauben, daß sie darüber erfreut wären?

Neulich haben sieben oder acht meiner bewährten Schüler, Männer, mit denen ich zusammen gelebt und geübt habe, gemeinsame Anstrengungen unternommen, um den Tempel für diese Zusammenkunft instand zu setzen. Sie haben Erde herbeigeschafft, Schutt und Steine beiseite geräumt. Sie haben Wasser geschöpft, die Gemüsegärten in Schuß gebracht. Sie haben Hunger und Kälte erduldet, haben ein gerüttelt Maß an Schmerz und Leid erfahren. Sie haben bei Tagesanbruch begonnen, die Gewänder vom Tau durchnäßt; und wenn sie von der Arbeit zurückgekehrt sind, standen schon die Sterne am Himmel. Sie haben an der Mönchsunterkunft gearbeitet, am Brunnen, an den Öfen in der Küche, an Abort und Badehaus. Zehntausend Mühsale, ungezählte Schwierigkeiten. Ja, schon vom bloßen Zuschauen brach einem der Schweiß aus. Tränen traten einem in die Augen, wenn man von ihren Taten auch nur hörte. Und wenn man bedenkt, daß die Mönche in jeder anderen Übungshalle im Land dasselbe leisten... Eine solche Zusammenkunft ist nun einmal nichts, was sich so leichthin aufziehen läßt.

Doch dann, nachdem alle Vorbereitungen abgeschlossen sind, fallen diese Schmarotzer über uns her, die sich nicht einmal die Hände schmutzig gemacht haben, erregen Ärger jeder Art und wollen dieses Treffen völlig auf den Kopf stellen. Was in aller Welt geht in den Köpfen solcher Menschen vor? Drachenkönige und Götter, die über den Dharma wachen, heulen auf in Wehklage. Die lokalen Erdgötter lodern vor Wut und Groll. Solche Mönche hat es schon immer gegeben. Zu allen Zeiten haben sie sich hervorgewagt. Doch von keinem hat man je gehört, daß er die ihm bestimmte Lebensspanne unbeschadet überstanden hätte. Selbst wenn ihnen nicht von ihresgleichen übel mitgespielt wird, gibt es für sie keine Möglichkeit, der Strafe des Himmels zu entkommen. Sie nähern sich unaufhaltsam ihrer dreifachen Weggabelung.[6] Und deshalb sollten sie eigentlich das große Zittern bekommen!

Ich habe Mönche dieser Art noch nie ausstehen können. Sie taugen nur zum Futter für wilde Tiger, daran gibt es keinen Zweifel. Ich hoffe nur, daß einer sie in kleinste Fetzen zerreißt. Diese bösartigen Diebe – auch wenn man täglich sieben oder acht von ihnen umbrächte, so bliebe man doch gänzlich frei von Schuld. Warum nur sind wir so mit dieser Seuche geschlagen? Weil wir die Gärten unserer Vorfahren vernachlässigt haben. So sind sie heruntergekommen. Das grüne Laubwerk des Dharma ist verdorrt und nur Ödland zurückgeblieben.

Es gibt ja in unserer Zen-Schule eine alles entscheidende SCHRANKE, die jedermann passieren muß. Ein Wald von Stacheln und Dornen, durch den wir hindurch müssen. Doch diese Burschen wissen nicht einmal, daß es so etwas überhaupt gibt. Sie sind derlei noch nicht einmal in ihren Träumen begegnet.

Heutzutage kann man achtbare Mönchsälteste finden, voll qualifizierte Zen-Lehrer, die sich weigern, die Verantwortung für die Schulung einer großen Schar von Schülern zu übernehmen, weil das darauf hinausläuft, daß sie es mit diesen Krawallmachern zu tun bekommen. Sie ziehen sich lieber an einen ruhigen Flecken zurück, wo sie »ihre Spuren verwischen und ihr Licht verbergen« können, und verwandeln sich selbst in Winter-Fächer und Hunde aus Stroh. So kommt es, daß ein Priester, selbst wenn er es durch authentische Übung zur Meisterschaft im Zen gebracht hat, sich weigern wird,

Schüler anzunehmen, gleichgültig, wie inbrünstig sie ihn bedrängen. Er kehrt ihren Bitten den Rücken zu und ist es zufrieden, ein dürftiges Leben voller Unbequemlichkeiten zu führen, ganz für sich allein, ungeachtet all der Not, die Hunger und Kälte mit sich bringen. Nachdem er so sein Leben in sorgenfreier Untätigkeit hat verstreichen lassen, schwindet er schließlich in seiner kleinen Einsiedelei in irgendeiner abgelegenen Ecke des Landes unbemerkt dahin.

Wie sehr hat das bei mir ins Schwarze getroffen! Ja, es sind genau diese Priester, denen man die Schuld geben muß! Sie sind dafür verantwortlich, daß die Banner des Dharma untergraben werden. Sie sind es, die die wahre Art und die wahre Übung unserer Schule zerstören. Ich hatte Priester, die sich weigern, auf die Bedürfnisse von Schülern einzugehen, stets verabscheut; doch lange Zeit habe ich so dahingelebt, ohne der Sache größere Aufmerksamkeit zu schenken. Und dann, vor kurzem, dies: Eine Gruppe vorbildlicher Priester aus verschiedenen Teilen des Landes hatte sich zusammengetan, um etwas gegen die Verweigerung der Lehrer und ihre Folgen zu unternehmen. Und zu meiner nicht geringen Beschämung muß ich eingestehen: Sie sind zu mir gekommen! Sie haben mich dafür ins Gebet genommen, daß ich meiner Verpflichtung zur Lehre nicht genüge.

Die eifrigen und wirklich interessierten Mönche, die nach einem Lehrer hungerten, sind durch diese Wendung der Dinge sehr ermutigt worden. Sie begannen daraufhin mit ihrem Überfall: Sie strömen jetzt zu mir aus allen Landesteilen, wie Wespenschwärme, die aus einem zerstörten Nest hervorstürmen, wie Scharen von Ameisen, die von ihrem Ameisenhaufen zum Angriff ausschwärmen. Manche sind wie zartwangige Säuglinge, die nach der Mutterbrust suchen. Andere sind wie finstere Minister, darauf angesetzt, aus der Bevölkerung das Letzte herauszuquetschen. Mir fällt keine Ausrede mehr ein, mit der ich sie wieder loswerden könnte. Ich habe nicht die Kraft, sie immer wieder wegzuscheuchen. Ich finde mich selbst in einer schmalen Ecke reglos eingeklemmt, alle Fluchtwege sind mir abgeschnitten.

Wie gründlich ich auch mein eigenes Leben überprüfe, ich kann nichts daran entdecken, was es erforderlich machte, einen guten Ruf zu verteidigen. Ich habe nichts Bemerkenswertes zustande gebracht, das die Wertschätzung anderer auf sich ziehen könnte. Ich habe keine Ahnung davon, Gedichte zu verfertigen. Ich verstehe nichts von Zen. Ich bin der unbeholfenste und faulste Mensch, den Ihr finden könnt. Ich treibe müßig so dahin und tue nur, was mir Spaß macht. Ich schlafe und schnarche nach Herzenslust. Kaum bin ich aufgewacht, da nicke ich schon wieder ein, wie ein stumpfsinniger Reisstampfer, versunken in seine Tagträume. Man kann zwischen mir und einem echten Zen-Meister nicht viel Ähnlichkeit entdecken. Nicht ein Charakterzug ist an mir, der jüngere Mönche zur Nachahmung reizen könnte. Niemand ist sich all dessen deutlicher bewußt als ich selbst. Ich sehe diese meine Mängel mit beständigem Abscheu, doch ich weiß nicht, was ich dagegen tun könnte. Ich fürchte, ich bin ein hoffnungsloser Fall!

Es wäre eine leichte Sache für die niederträchtigen Mönche von heute, einen stammelnden, blinden alten Bonzen wie mich unterzukriegen, der zu gar nichts taugt. Sie könnten dieses Treffen stören, es in ein Chaos verwandeln, ja seinen vorzeitigen Abbruch herbeiführen. Wenn das passierte, würde ich einfach warten, bis sie wieder weg sind, und mir jemanden nehmen, hinter ihnen aufzuräumen. Dann würde ich den Laden dicht machen und meinen Schlaf genau dort wieder aufnehmen, wo ich ihn unterbrochen habe. Ich würde keineswegs in Verzweiflung versinken.

Andererseits versteht es sich natürlich, daß es schon eine schöne Sache wäre, wenn wir es dank der Anstrengungen meiner altgedienten Schüler schafften, das Treffen ohne Zwischenfälle zu überstehen – doch selbst das würde mich nicht in einen Freudentaumel versetzen. Ich spüre kein großes Verlangen, mir Kommentare zu irgendwelchen Zen-Texten auszudenken. Ich bin durchaus nicht scharf darauf, auf dem hohen Sitz zu hocken und von dort oben herab Vorträge zu halten. Ich hoffe nur, daß die ehrenwerten Meister überall im Lande, einige davon frühere Mitschüler von mir, meinen trägen Lebenswandel übersehen und mich nicht zu sehr verachten. Wenn einer oder zwei von ihnen hier vorbeikommen, werde ich sie zu den Hügeln hinter dem Tempel führen. Wir können dann ein paar Zweige und abgefallene Blätter sammeln, ein Feuer anzünden und uns einen Tee kochen. Es wäre schon schön, uns auf diese Weise zu amüsieren, unbelastet von Arbeit oder irgendwelchen Pflichten, und uns geruhsam über die alten Zeiten zu unterhalten. Es wäre wunderbar, so einen oder zwei Monate zu verbringen und dabei die Freuden einer derartig reinen und sorgenfreien Lebensweise auszukosten.

Zugleich muß ich zugeben, daß es da ein oder zwei Dinge gibt, von denen ich schon möchte, daß Mönche, die sich darauf eingelassen haben, in die Tiefen des Zen einzudringen, darum wüßten.

Als der Wunsch, nach dem WEG zu suchen, erstmals in mir zu brennen begann, ließ ich mich von den Geistern der Hügel und Ströme treiben, die zwischen den hohen Bergspitzen von Iiyama zuhause sind. Und so stieß ich tief in den Wäldern von Narasawa auf einen heruntergekommenen alten Lehrer, der in einer Bergeinsiedelei lebte. Er war unter dem Namen Shōju Rōjin bekannt, als »der alte Meister der Shōju-Klause«. Sein Priestername lautete Dōkyō Etan. Sein Dharma-Großvater war Gudō Kokushi und sein Dharma-Vater Shidō Mu'nan.[7] Shōju war ein blinder alter Bonze, randvoll von tödlicher Gehässigkeit. Und er war durch und durch echt und authentisch.

Dieser Shōju erklärte seinen Schülern immer wieder:

Der Verfall unserer Zen-Schule begann gegen Ende der Südlichen Song-Dynastie. Zur Zeit der Ming-Dynastie war die Übertragung bereits gänzlich versiegt und zusammengebrochen. Jetzt findet sich das, was von ihrem echten Gift übriggeblieben ist, nur noch bei uns in Japan. Doch auch hier sind nur noch Reste vorhanden. Es ist, als wollte man den Mittagshimmel nach Sternen absuchen. Und was euch betrifft, ihr stinkenden, blinden Glatzköpfe, ihr schäbigen kleinen Einfaltspinsel, ihr würdet nicht einmal im Traum darauf kommen.

Ein andermal sagte er:

»Ihr seid doch nur Schwindler, alle, wie ihr da seid! Ihr seht zwar aus wie Zen-Mönche, aber ihr habt keine Ahnung vom Zen. Ihr erinnert mich an die Geistlichen in den Schulen, doch ihr versteht selbst nicht, was ihr anderen beibringen sollt. Einige von euch sehen aus wie Vinaya-Mönche, doch die Regeln der Disziplin [Skrt.: *vinaya*, jap.: *ritsu*] übersteigen euer Fassungsvermögen. Da besteht sogar eine gewisse Ähnlichkeit mit den Anhängern des Konfuzius, doch ihr habt zweifellos auch die Lehre des Konfuzius nicht begriffen. Was seid ihr denn nun wirklich? Ich will es euch sagen: Große Reissäcke, die man in schwarze Gewänder gesteckt hat!«

Einmal hat er uns auch folgende Geschichte erzählt:

Es gibt da eine SCHRANKE von entscheidender Wichtigkeit. Vor ihr sitzt eine Reihe strenger Beamter. Jeder von ihnen hat die Aufgabe, die Fähigkeiten derer zu prüfen, die die SCHRANKE passieren wollen. Wenn du ihren Anforderungen nicht genügst, lassen sie dich nicht durch.
Da kommt nun ein Mann, der erklärt, er sei ein Stellmacher. Er setzt sich hin, macht ein Rad und zeigt es den Beamten, die ihn daraufhin passieren lassen. Eine zweite Person erscheint, ein Künstler. Er zieht einen Pinsel hervor, malt für die Beamten ein Bild und wird durch die Schranke hindurch komplimentiert. Eine Sängerin darf passieren, nachdem sie den Refrain von einem der gerade beliebten Lieder gesungen hat. Auf sie folgt ein Priester, der einer der Schulen des Reinen Landes angehört. Er intoniert laut das Nembutsu – *Namu-Amida-butsu, Namu-Amida-butsu* – und die Schranke öffnet sich und er kann seinen Weg fortsetzen.
Endlich erscheint ein weiterer Mann. Er ist in ein schwarzes Gewand gekleidet und behauptet, er sei ein Zen-Mönch. Einer der Wächter an der SCHRANKE bemerkt zu ihm, daß »Zen die Krönung des Buddha-Weges« sei. Und dann fragt er ihn: »Was ist Zen?«
Alles, was der Mönch daraufhin zustande bringt, ist, mit leerem Blick benommen dazusitzen und wie ein Haufen Reisig dreinzuschauen. Ein Blick auf den Angstschweiß, der ihm unter den Achseln hervorrinnt, genügt den Beamten, und sie tragen ihn blitzschnell als einen üblen Schwindler in ihre Listen ein, als ein höchst verdächtiges und absolut unerwünschtes Subjekt. So steht er am Ende als ein armer Teufel von

Außenseiter da, verurteilt zu einem erbärmlichen Leben diesseits der SCHRANKE. Was für eine klägliche Wendung der Dinge!

Shōju hat uns auch folgendermaßen ins Gewissen geredet:

Eines zukünftigen Tages werdet ihr Kerle wahrscheinlich alle einen eigenen Tempel besitzen. Mal angenommen, ihr erhaltet eine Einladung von einem eurer Gemeindemitglieder, das euch bittet, ihn in seinem Haus zu besuchen. Ihr geht zusammen mit eurem Hauptmönch und einigen von euren Schülern hin und werdet in einen großen Raum gebeten. Ihr findet Lagen von dicken, weichen Kissen vor, auf denen ihr Platz nehmen sollt, und Schüsseln, auf denen sich die seltensten Delikatessen häufen, sind vor euch aufgestellt. Ihr sitzt in bester Laune da und nehmt ohne jeden Skrupel von den Speisen, weil ihr glaubt, daß ihr als Mönchsältester auf eine solch gastliche Bewirtung rechtmäßig Anspruch habt. Ihr beendet euer Essen und amüsiert euch köstlich inmitten des lauten Gesprächs und ausgelassenen Gelächters. Plötzlich spricht einer der Anwesenden euch an. Er bringt eine schwierige Zen-Frage zur Sprache, eine von der Sorte, die auf die Stirn eines jeden Zen-Mönches tiefe Furchen gräbt. Euer Gesprächspartner regt ganz beiläufig an, ihr solltet ihm doch eine Erklärung vortragen. Was für eine Antwort werdet ihr in einer solchen Situation geben? Euer Herz wird vermutlich anfangen wild zu pochen, bis zum Hals hinauf, und aus eurem Körper bricht stinkender Schweiß hervor. Eure Verzweiflung wird sich wie ein schwarzes Leichentuch über die gesamte Halle legen.
Weil ihr also Mitglieder der Zen-Schule seid, solltet ihr euch ernstlich in eure Übung vertiefen. Andernfalls werdet ihr, ohne es zu merken, die Saat eurer eigenen Schmach und Schande aussäen. Es läßt sich ja leider nicht voraussagen, wann ihr in eine so grauenhafte Notlage kommt. Daran auch nur zu denken, jagt einem Angstschauer über den Rücken.

Shōju hat uns auch ermahnt:

In jüngster Zeit erhalten die Mönche das Kōan MU[8], um sich daran zu üben. Bei entsprechendem Eifer und der nötigen Konzentration mag ja einer von ihnen – oder auch nur ein halber – bei seinem Meister durchkommen.[9] Doch sobald er seinen ersten kleinen Durchbruch zu Wege gebracht hat, denkt so ein Schüler schon nicht mehr an seinen Meister. Er verfällt statt dessen auf die Idee, er habe sich selbst erleuchtet, und läuft herum und brüstet sich damit vor allen, die es hören wollen – ein sicheres Zeichen, daß er immer noch ins Samsāra eingesperrt ist. Dann geht er dazu über, auf eigene Faust irgendwelche Ansichten über verschiedene Gegenstände auszubrüten, die mit Zen zusammenhängen. Und wenn er sie genügend hegt und pflegt, können sie aufs Prächtigste gedeihen. Doch die Gärten der Patriarchen befinden sich trotzdem noch weit jenseits seines Horizonts.

Wenn ihr aber wirklich den Grund erreichen wollt, aus dem wahrer Frieden und Trost erwachsen, dann werdet ihr euch, je mehr eure Einsicht wächst, um so härter anstrengen. Je weiter ihr kommt, desto mehr werdet ihr noch weiter vorwärtsdrängen. Und wenn ihr schließlich die letzte Wahrheit der Patriarchen-Meister schaut, dann wird kein Fehl daran sein – sie ist dann so klar und eindeutig, als läge sie genau hier auf der Innenfläche eurer Hand. Warum das so ist? Ihr betreibt ja schließlich eure Nagelpflege auch nicht bei Kerzenlicht![10]

Es gibt da im Osten der Provinz Shinano eine reiche Familie. Sie hat ihren großen Reichtum über mehrere Generationen hinweg angehäuft, bis ihr Einfluß sich mit dem des Daimyō von Shinano messen konnte. Ihr Wohnsitz ist so geräumig und die Familie umfaßt so viele Mitglieder, daß eine Glocke nötig ist, um alle zum Essen zusammenzurufen. Gelegentlich empfangen sie Besuch von den Großen und Mächtigen, doch aufs Ganze gesehen führen sie ein ruhiges, angenehmes und unauffälliges Leben – so zurückgezogen, daß niemand zu wissen schien, womit denn diese Familie ihr Geld verdient. Dann wurde in den letzten Jahren das Personal um eine große Anzahl junger Diener erweitert. Die errichteten eine Reihe von Wassermühlen, die man Tag und Nacht arbeiten hören kann. Ohne Unterlaß rollt eine Prozession von Reiskarren durch das Tor. Sie sind nunmehr zehnmal so reich wie zuvor. Es geht das Gerücht, daß sie täglich fast 200 000 Liter Reiswein brauen.

Ein alter Mann, der in der Nähe lebt, verfolgte diese Entwicklungen aufmerksam. Er sagte: »Gebt acht auf meine Worte! Der Reichtum dieses Hauses wird nicht mehr lange anhalten. Was ihr jetzt seht, sind die Anzeichen, daß es mit ihm zu Ende geht. Wenn die Dinge im Innern entarten, bläht sich der äußere Anschein gewöhnlich zu solcher Pracht und Größe auf. Die Mitglieder dieses Hauses mögen sich für eine Weile dem Verkauf von Reis oder Heilkräutern zuwenden und so versuchen, die Situation zu retten. Doch ihr werdet sehen: In nicht allzu langer Zeit werden sie gezwungen sein, den Familiensitz zum Verkauf anzubieten.«

Als Shōju diese Weissagung des alten Mannes hörte, tat er einen tiefen Seufzer: »Ist es das, was er meint? Unsere Zen-Schule ist seit der Song-Ära in fortwährendem Verfall begriffen. Das ist so weitergegangen bis zum Untergang der Ming. Und doch waren die Übungshallen stets voll von Mönchen und boten den Anschein, als wüchsen und gediehen sie. Es ist genau so, wie der alte Mann gesagt hat.«

Nach diesen Worten standen ihm die Tränen in den Augen.

Ich habe hier ein paar kurze Beispiele für die Unterweisungen des alten Shōju angeführt, so, wie ich mich an sie erinnere, in der Hoffnung, daß sie euch eine ungefähre Vorstellung vermitteln von der Wut, den Scheltworten und Beschimpfungen, aber auch von den lautstarken Ermutigungen, die er bei seinen täglichen Unterweisungen einzusetzen pflegte, und ebenso einen Eindruck von der tiefen Besorgnis und dem schmerzlichen Bedauern, denen er oft Ausdruck gab, wenn er über den gegenwärtigen Zustand der Zen-Schule sprach.

Die giftigen Abfälle der Meister der Vergangenheit

Der Priester Yue-zhou Qian-feng sagte zur Versammlung seiner Mönche:

»Dieser Dharmakāya kennt drei Arten von Krankheiten und zwei Arten von Licht. Kann mir irgendeiner von euch das erklären?«
Yun-men trat vor und sagte: »Warum weiß der Bursche im Innern der Klause nicht, was draußen vor sich geht?«
Qian-feng brüllte vor Lachen.
»Euer Schüler hat da noch seine Zweifel«, sagte Yun-men.
»Woran denkst du dabei?«, fragte Qian-feng.
»Das zu klären ist Eure Sache«, entgegnete Yun-men.
»Wenn du so einer bist«, erwiderte Qian-feng, »dann, möchte ich sagen, bist du wirklich ein Hausloser.«[1]

Jeder, der die Aufzeichnungen der Aussprüche des alten Xu-tang lesen möchte, muß zuerst diese Worte der Zen-Meister Qian-feng und Yun-men verstehen. Wenn du den Sinn des Dharma-Gefechtes zu erfassen vermagst, das sich da zwischen diesen beiden großen Zen-Meistern zugetragen hat, dann hast du das Recht zu sagen: »Ich habe den alten Xu-tang von Angesicht zu Angesicht gesehen. Ich bin eingedrungen in die verborgenen Tiefen.«

Wenn du seinen Sinn jedoch nicht erfassen kannst, dann ist dein Verständnis, selbst wenn du die Geheimnisse der Fünf Häuser und Sieben Schulen des Zen beherrschst und die verborgene Bedeutung der 700 Kōan durchdringst, nichts anderes als leere Theorie, Gelehrtheit ohne jedes Leben. Es wird dir von keinem wie auch immer gearteten Nutzen sein.

Was andererseits die verschiedenen Unsitten betrifft, auf die die heutigen Schüler verfallen sind, wie etwa das Aufschreiben müßiger, ja unsinniger Spekulationen, die sie von ihren Versagern von Lehrern zu hören bekommen, oder daß sie die Aufzeichnungen, die andere sich gemacht haben, abschreiben und wie Spickzettel an den Rand von Zen-Büchern kleben und obendrein derartige Informationen leichthin nach allen Seiten an ihresgleichen weiterreichen, zu allem Überfluß noch mit eigenen willkürlichen Bemerkungen ausgeschmückt – muß ich etwa noch darauf hinweisen, wie nutzlos ein solcher Zeitvertreib ist?

Während des letzten Jahrhunderts hat ein chinesischer Priester namens Yuan-xian Yong-jiao [der während der Chong-zhen-Ära gegen Ende der Ming-Dynastie (1628–1644) tätig gewesen ist] eine Interpretation des obigen Dharma-Gefechts vorgetragen, doch seine Erläuterungen gehen so weit am Ziel vorbei, daß sie nicht nur Qianfengs Absichten mißdeuten, sondern darüber hinaus auch eine grobe Beleidigung für Yun-men darstellen.

Die Priester von heute nehmen sich eine Zeile aus dem Gedicht vor, das Xu-tang als Kommentar zu diesem Dharma-Gefecht geschrieben hat, mischen aufs Geratewohl ein paar von den Bemerkungen Yongjiao's darunter und bedienen sich dann dieses Gemenges, wenn sie in ihren Tempeln Zen-Vorträge halten. Und damit glauben sie schon das letzte Wort in dieser Sache gesagt zu haben. Sie bringen dann ihre Erläuterungen auch noch zu Papier und reichen sie an ihre Mönche weiter. Diese Schüler mit ihrem noch ungeöffneten Zen-Auge haben keine Ahnung davon, daß das, was ihnen da ausgehändigt wird, alles nur stinkender Dreck ist, der ihren wahren Geist unter sich begraben muß, eine gefährliche Waffe, die der lebendigen Weisheit, die sie immer schon in sich tragen, eine tödliche Verletzung beibringen wird.

Und doch stürzen sich die Mönche einer über den anderen, nur um diese Aufzeichnungen in die Hände zu bekommen. Sie verfertigen Abschriften davon, betrachten sie als regelrechte Kostbarkeit, hüten sie wie ein dunkles Geheimnis und lassen keinen anderen auch nur in die Nähe kommen. Sie übertragen die Kommentare auf schmale Papierstreifen und kleben sie als Randbemerkungen auf die gedruckten Seiten von Zen-Schriften und nehmen lächerlicherweise an, daß derlei ihnen helfen werde, die wahre Bedeutung des betreffenden Textes zu verstehen.

Einer dieser Papierstreifen, den ich zufällig zu Gesicht bekam, war mit folgenden Bemerkungen beschrieben:

Im 4. Kapitel einer Sammlung von Zen-Aufzeichnungen mit dem Titel *Chan-yu nei-ji* findet sich eine Dharma-Darlegung, die der in der Ming-Zeit tätige Priester Yong-jiao seinen Mönchen während der Dezember-Übungsperiode gegeben hat:
Qian-feng sagt, daß der Dharma-Leib drei Arten von Krankheiten kennt und zwei Arten von Licht. Er sagt auch, daß es da einen Durchlaß gibt, durch den man über diese Hindernisse hinwegkommen könne. Nun, auch wenn ich darüber meine Augenbrauen verlieren muß, will ich euch doch die wahre Bedeutung der Worte Qian-feng's erläutern.[2]
In der Regel versperren euch die Berge und Flüsse, die große Erde, Licht und Finsternis, Form und Leere und all die anderen zahllosen Phänomene die Sicht und sind insofern Hindernisse vor dem Dharmakāya. Das ist die erste Krankheit, von der Qian-feng spricht.
Wenn ihr dazu übergeht, die Leere aller Dinge zu erkennen, und anfangt, das wahre Prinzip des Dharmakāya verschwommen zu erfassen, dabei aber noch nicht in der Lage seid, euer Anhaften an den Dharma hinter euch zu lassen, dann ist das die zweite Krankheit.
Wenn ihr imstande seid, hindurchzudringen und den Dharmakāya zu erreichen, ihr jedoch bei eurer neuerlichen Erforschung feststellt, daß es keine Möglichkeit gibt, ihn fest im Griff zu behalten, keine Möglichkeit, ihn zu behaupten oder anderen aufzuweisen, dann bleibt damit die Anhaftung an den Dharma immer noch bestehen. Und das ist die dritte Krankheit.
Die erste Krankheit ist eine Art von Licht, das nicht ungehindert hindurchdringt. Die zweite und die dritte Krankheit sind gleichermaßen eine Art von Licht, das ebenfalls nicht mit ungehinderter Freiheit eindringt.

Wenn ein Schüler sich durch die erwähnte Öffnung hindurchgezwängt hat, ist er über alle diese Behinderungen hinaus und fähig, die drei Krankheiten und zwei Arten von Licht klar zu erkennen, ohne jeden Bedarf an auch nur dem geringsten bißchen weiterer Anstrengung.

Kompletter Unsinn! Willkürlich unterscheidendes Gefasel erster Güte! Als ich das las, haben meine Hände unwillkürlich das Buch zugeschlagen. Ich habe meinen Augen nicht getraut, habe sie fest zugemacht und bin dagesessen, durch und durch entsetzt. Wie kann denn irgend jemand glauben, solche kläglichen Bemerkungen seien fähig zu klären, was es mit dem Zen letztlich auf sich hat?

Yun-men's Satz: »Warum weiß der Bursche im Innern der Klause nicht, was draußen vor sich geht?« – welches Prinzip soll der erläutern? Mit was für Anmerkungen willst du den versehen? Denke auch nicht einen Augenblick lang: »Ich habe zwar begriffen, was Qianfeng sagen will, doch was Yun-men meint, entzieht sich meinem Verständnis.« Die Äußerungen, die diese beiden großen und ehrwürdigen alten Meister hier miteinander ausgetauscht haben, sind ein Paar unvergleichlicher Schwerter, die gekreuzt in den Himmel aufragen. Sie sind die scharfen Fänge eines grimmigen Tigers, der Rüssel des Elefantenkönigs, die Milch einer Löwin, eine Tonne voller Gift, der Schwanz des Zhen-Vogels, eine Feuersbrunst, die die ganze Welt zerstört. Wenn du vor ihnen zögerst, wenn du ihretwegen den geringsten Zweifel hast, wirst du feststellen müssen, daß du ganz allein mitten in einem riesigen Moor stehst, das mit ausgebleichten Schädeln übersät ist. Äußerungen wie diese sind die Krallen und Reißzähne der Dharma-Höhle, göttliche Amulette, die dir dein Leben rauben. Sie stehen wahrhaftig als zeitlose Beispiele für alle da, die in den Hainen des Zen wohnen.

Ich habe Yong-jiao als einen herausragenden Lehrer des Sōtō-Zen rühmen hören. Ein direkter Erbe des Meisters Wu-ming Hui-jing vom Shou-chang-Tempel, soll er beim Wiederbeleben der wichtigsten Elemente des Zen des Dong-shan großen Erfolg errungen und nicht minder erfolgreich dem wahren Zen des Sechsten Patriarchen neuen Lebensodem eingehaucht haben. Er ist einer der Drachen seines Zeitalters genannt worden, dessen bloße Namensnennung die Leute bereits dazu bringe, in feierlicher Ehrerbietung aufrecht dazusitzen.

Wenn all das so stimmt, wie können wir uns dann die unausgegorenen und beklagenswert unangemessenen Worte erklären, die wir gerade gelesen haben? Wenn das *Chan-yu nei-ji* tatsächlich von Yong-jiao's eigener Hand stammt, dann war das, was er im Zen erreicht hat, von höchst zweifelhaftem Wert. Möglicherweise trägt er aber gar keine Schuld. Vielleicht hat jemand anders, haben irgendwelche verantwortungslosen Priester ihre eigenen Ideen heimlich in Yong-jiao's Werk eingeschmuggelt, in der Hoffnung, sie würden dadurch Glaubwürdigkeit gewinnen, daß sie sie als die Äußerungen eines berühmten Priesters ausgeben.

Wie dem auch sei, jeder, der versuchen wollte, uns solche spitzfindigen Wahnvorstellungen als die letzte Etappe des Zen-Weges anzudrehen, kann weder dem alten Qian-feng noch dem großen Meister Yun-men jemals begegnet sein, nicht einmal im Traum. Er verdient es nicht, ein Lehrer der Menschen genannt zu werden. Er sollte sich niemals einbilden, »er habe keinen Bedarf an auch nur dem geringsten bißchen weiterer Anstrengung«. Wie viele Tausende, Zehntausende, ja Millionen von bißchens an weiteren Anstrengungen er auch immer aufzuwenden sich vornähme – es wäre alles umsonst.

In der Vergangenheit ist ein Mensch, nur weil er ganze zwei falsche Wörter von sich gegeben hat – »Fällt nicht« –, für fünfhundert Leben in die höhlenschwarze Finsternis der Existenz eines wilden Fuchses hinabgestürzt.[3] Mach dir da nichts vor: Sobald ein Lehrer es sich gestattet, auch nur eine einzige falsche Bemerkung von seinen Lippen kommen zu lassen, und damit seinen Schülern, die sich darauf eingelassen haben, die Tiefen des Zen zu erforschen, das Augenlicht raubt, ist sein Schicksal bereits besiegelt. Er hat damit eine Sünde von einer noch schwärzeren Sorte begangen, als wenn er die Körper aller Buddhas der zehn Richtungen bluten machte.

Bei all diesen Äußerungen meinerseits denkt bitte nicht, daß ich mich lediglich müßiger Kritikasterei hingäbe, oder daß ich dabei von Eigennutz bestimmt wäre. Der einzige Grund, weshalb ich mich derart äußere, ist der, daß ich es hasse mitanzusehen, wie diese falschen und irrigen Ansichten immer weiter um sich greifen und spätere Generationen von Schülern in ihrem Fortschritt zur Erleuchtung behindern. Sie sind ein schlechter Einfluß, der die wahre und ursprüngliche Essenz der Alten verdirbt, die Haine des Zen verdorren läßt und den Zen-Gärten alle Lebenskraft nimmt. Was kann solchen Menschen bloß durch den Kopf gehen?

Man sagt, daß die Zen-Gärten in China während der Ming-Dynastie so heruntergekommen sind, daß die echten Bräuche und der wahre Stil unserer Schule vollständig erstickt sind. Das erscheint mir durchaus glaubhaft. Hier in unserem eigenen Land pfeift die Zen-Schule gleichfalls auf dem letzten Loch. Es ist wahrhaftig eine schreckliche Situation.

Ich möchte, daß ihr Edelgeborenen, die ihr die verborgenen Tiefen des Zen auslotet – ich möchte, daß ihr wißt, daß die eingangs zitierten Worte, die Qian-feng zur Unterweisung an seine Mönche richtet, sehr schwierig sind, sogar schwierig im höchsten Grade. Nur so solltet ihr über sie denken, und niemals anders. Leckt nicht an einem Fuchs-Sabber wie diesem Mist, den Yong-jiao gerade eben vor euch ausgespien hat. Konzentriert euch vielmehr unverwandt und zielstrebig darauf, euch in den Sinn der Worte Qian-fengs zu verbeißen. Und plötzlich, ganz unerwartet, werden eure Zähne in sie eindringen. Euer Leib wird in kalten Schweiß ausbrechen. In diesem Augenblick wird das, was Qian-feng sagen will, restlos klar werden. Ihr werdet das unendliche Erbarmen erkennen, das in seiner Unterweisung enthalten ist. Ihr werdet ebenso die zeitlose Erhabenheit der Antwort des Yun-men erfassen. Und ihr werdet voll und ganz die entscheidende Wahrheit verstehen, die Xu-tang in seinem Lobgesang zu diesem Dharma-Gefecht eingefangen hat. Ihr werdet Yong-jiao's Erklärungen als das Gespinst von Absurditäten erkennen, das sie sind, und euch in völliger Übereinstimmung mit der Verurteilung finden, die ich über sie ausgesprochen habe. Was für ein überwältigender Augenblick wird das sein!

Einer der vorbildlichen Meister der Vergangenheit hat einmal gesagt:

> Heutzutage wird sogar ein kampfgestählter Mönch, der die Anfangsstadien der Einsicht hinter sich gebracht hat und während seiner Schulung unter verschiedenen Lehrern weit herumgekommen ist, in seinen willkürlichen Ansichten unrettbar befangen bleiben, es sei denn, er stößt irgendwann auf die hinterhältigen und niederträchtigen Methoden eines echten Meisters. Er mag sich unbeirrt anstrengen, den WEG zu verfolgen, er mag sogar damit fortfahren, bis er alles, selbst sein hohes Ziel und alle Gedanken an sein eigenes Wohlergehen vergessen hat, und dann ehrfürchtig weitermachen, und dabei auf Schritt und Tritt das Erreichte weiter sieben und verfeinern. Doch alles, was er so erreicht, ist, daß er sich in lieb und teuer gewordene Vorstellungen aus eigener Herstellung einkleidet: dreckige, sich eng anschmiegende Gewänder, die sich, wie er feststellen muß, unmöglich abstreifen lassen. Sobald aber der Zeitpunkt eingetreten ist und die Voraussetzungen sich erfüllt haben, daß er damit anfangen kann, andere zu unterweisen, und wenn er sie dann in die direkte Auseinandersetzung von Angesicht zu Angesicht verwickelt, dann entdeckt er, daß er unfähig ist, ihre Angriffe mit der freien Ungezwungenheit und Spontaneität eines echten Meisters zu parieren. Das liegt daran, daß er bis jetzt von seiner Verwirklichung immer nur die Fruchtsüße genossen hat, und daß seine Lehrer und andere ihn stets nur freundlich und rücksichtsvoll behandelt haben. Wenn er nun Schülern von Angesicht zu Angesicht gegenübertritt und versucht, seine Verwirklichung zum Wirken zu bringen, dann wollen ihm die Worte nicht kommen![4]

Diese Worte des Protestes scheinen ausdrücklich gegen eben die Art von Lehrern gerichtet zu sein, über die ich zuvor gesprochen habe.

Von den heutigen Zen-Leuten, die es zufrieden sind, still dazusitzen, bis auf den Grund eingetaucht in ihren »Teich des ruhigen Wassers«, kann man oft folgendes zu hören bekommen: »Beschäftigt euch nicht mit Kōan. Kōan sind wie ein Sumpf. Sie werden eure Eigennatur verschlingen. Haltet euch ebenso von allem Geschriebenen fern. Das ist ein undurchschaubares Gewirr von Ranken, in denen sich euer Lebensgeist verfängt, und die ihm die Luft abdrücken werden.«

Schenkt solchem Gerede auch nicht für einen Augenblick Glauben! Was für eine »Eigennatur« ist das, die »verschlungen« werden kann? Ist sie wie eine dieser Süßkartoffeln oder Kastanien, die ihr unter glühender Holzkohle vergrabt? Ein »Lebensgeist«, der »sich verfangen« und »abgewürgt« werden kann, ist gleichfalls eine zweifelhafte Sache. Ist das wie bei einem Kaninchen oder Fuchs, der in einer Schlinge gefangen werden kann? Wo in aller Welt läßt sich solcher Ramsch finden? Vielleicht auf den Regalen in der hintersten Ecke eines Dorfladens? Wo auch immer, es muß schon ein sehr seltsamer Ort sein!

Kein Zweifel, Leute, die so reden, das sind die erbärmlichen armen Teufel, von denen der Zen-Priester Chang-sha Jing-cen gesagt hat, daß sie »das trügerische Wirken ihres eigenen Geistes mit der tiefsten Wahrheit verwechseln«. Sie sind wie der große König, von dem der Meister Ying-an Tan-hua gesprochen hat, der ganz allein in dem Gebäude eines alten Schreines tief in den Bergen lebt und niemals von seiner Einsicht Gebrauch macht.

Und doch wird gewißlich der Tag kommen, wo diese Leute von einem furchtlosen Mönch auf die Probe gestellt werden, der bereit ist, sein Leben für den Dharma hinzugeben. Er wird ihnen ein knallhartes, altes Kōan unter die Nase halten. Und Auge in Auge wird er von ihnen wissen wollen: »Was bedeutet das?«

Was glaubt ihr, wird der Lehrer in einem solchen Augenblick in der Lage sein, seinen Satz hervorzukrächzen, daß Kōan ein »Sumpf« sind? Wird er imstande sein zu sagen: »Oh, was für ein Rankengewirr!«? Nein. Er wird ganz und gar nicht mehr weiterwissen, unfähig, überhaupt irgendeine halbwegs passable Antwort auszuspucken. Er mag versuchen, eine wütende Antwort zu geben, doch die würde keine Überzeugungskraft besitzen. Oder er mag in einen Schrei ausbrechen, doch er wäre damit ebensowenig in der Lage, sich aus diesen Schwierigkeiten herauszuschreien.

Gegenwärtig ist dieses Land von einer Sorte von schönrednerischen, weltklugen Zen-Lehrern verseucht, die eine Portion vollkommenen Unsinns an ihre Schüler verfüttern. »Was glaubt ihr, warum die Buddha-Patriarchen durch alle Zeiten hindurch eine so tödliche Angst vor Worten und Schriftzeichen gehabt haben?«, fragen sie euch. Und geben selbst darauf zur Antwort:

> ... weil Worte und Schriftzeichen wie eine Küste voll schroffer Felsen sind, die beständig von einem riesigen Ozean aus Gift gepeitscht werden, der nur darauf wartet, eure Einsicht zu verschlingen, ihr durch Ertränken das Leben zu rauben. Schülern Geschichten und Episoden aus der Zen-Vergangenheit aufzugeben und sie versuchen zu lassen, deren Bedeutung zu verstehen, ist eine Praxis, die erst eingesetzt hat, nachdem sich die Zen-Schule in die Fünf Häuser und Sieben Schulen verzweigt hatte. Es war zwar eine zweckdienliche Lehrmethode, die aber nur vorläufig angewandt worden ist. Sie verkörpert nämlich nicht die äußerste Errungenschaft der Buddha-Patriarchen.

Eine unverbesserliche Meute von kahlköpfigen Mauleseln hat Lehren wie diesen zur Vorherrschaft in der Zen-Welt verholfen. Unfähig, Herren von Knechten und Jade von gewöhnlichem Stein zu unterscheiden, kommen diese Leute zusammen und sitzen: ganze Reihen von schläfrig leblosen Erdklumpen. Selbstgefällig beglückwünschen sie sich gegenseitig und stellen sich vor, sie seien Vorbilder der Zen-Tradition, und setzen eben damit die Buddha-Patriarchen der Vergangenheit herab und behandeln ihre Priester-Kollegen mit Geringschätzung. Während wahre Himmelsphönixe sich hungernd im Schatten herumdrücken müssen, beherrscht ein unausstehlicher Schwarm von Eulen und Raben, mollig und dickbäuchig, den Hühnerstall.

Doch ohne das Auge des Kenshō werden sie niemals imstande sein, auch nur einen einzigen Tropfen des Wissens zu gebrauchen, das sie erlangen. Wenn sie sterben, werden sie geradewegs in die Hölle stürzen. Daher sage ich zu ihnen: »Wenn ihr, nachdem ihr buddhistische Mönche geworden seid, die Wahrheit Buddhas nicht wirklich erfaßt, dann gebt euer schwarzes Gewand wieder zurück, gebt auch alle Schenkungen zurück, die ihr erhalten habt. Werdet wieder Laien!«

Begreift ihr denn nicht, daß jede Silbe im buddhistischen Kanon – alle 5048 Schriftrollen – eine Felsklippe darstellt, die in ein tödliches, gifterfülltes Meer hinausragt? Wißt ihr denn nicht, daß jeder der 28 Buddhas und sechs buddhistischen Heiligen ein Gefäß voll tödlichen Giftes ist, das sich zu gewaltigen Wogen erhebt, den Himmel verdunkelt, die Strahlen der Sonne und des Mondes verschluckt und das Licht der Sterne und Planeten auslöscht?[5]

Es gibt dieses Licht, so klar und hell es nur sein kann. Es strahlt euch geradewegs ins Gesicht. Doch keiner von euch ist wach genug, es wahrzunehmen. Ihr seid wie eine Eule, die sich ins Tageslicht wagt und mit weit geöffneten Augen umherglotzt und doch einen Berg nicht erkennen kann, der direkt vor ihr aufragt. Das passiert keineswegs, weil der Berg etwa einen Groll gegen Eulen hegte und von ihnen verschont bleiben möchte. Die Schuld liegt allein bei der Eule.

Ihr mögt eure Ohren mit den Händen bedecken oder eure Augen hinter einer Augenbinde verstecken oder irgendwelche anderen Mittel versuchen, um den giftigen Dämpfen zu entgehen. Und doch könnt ihr nicht vor den Wolken fliehen, die über den Himmel segeln, noch vor den Flüssen, die die Berghänge herniederstürzen. Ihr könnt auch dem fallenden Herbstlaub nicht entgehen, noch den Blumen des Frühlings, die sich überall ausbreiten.

Ihr könntet euch sogar der Hilfsdienste eines schnellflügeligen Yaksha-Teufels versichern. Indem ihr ihn mit dem besten Essen und den besten Getränken überhäuft und ihm seine Pranken mit Gold bestreicht, mögt ihr ihn dazu überreden, euch für einige schnelle Erdumrundungen auf seinen Rücken zu nehmen. Dennoch wäret ihr immer noch außerstande, auch nur soviel wie einen Fingerhut voll Erde zu finden, in der ihr euch verstecken könntet.

Voller Ungeduld warte ich auf das Erscheinen auch nur eines einzigen Schwachkopfes von Mönch (oder auch nur der Hälfte davon), der, reichlich ausgestattet mit einem natürlichen Vorrat an spiritueller Kraft und innerlich entflammt von einem wilden religiösen Feuer, sich ohne Zögern mitten in dieses Gift hineinstürzt und augenblicklich im Großen Tod zugrunde geht. Wenn er sich dann aus diesem Tod wieder erhebt, wird er sich mit einer Kalebasse von riesigen Ausmaßen bewaffnen und auf der Suche nach wahren und echten Mönchen die ganze große Erde durchwandern.[6] Wo immer er einen trifft, wird er in seine Fäuste spucken, seine Muskeln spielen lassen, seine Kalebasse mit tödlichem Gift füllen und einen Schöpflöffel voll davon auf diesen Mönch schleudern. Durchnäßt, durchtränkt von Kopf bis Fuß, wird dieser Mönch nicht umhin können, sein Leben hinzugeben. Was für ein herrlicher Anblick, sich daran zu ergötzen!

Die Lehrer unter den heutigen Zen-Priestern sind jedoch eifrig damit beschäftigt, ihren Schülern Äußerungen wie diese ans Herz zu legen:

> Lenkt eure Anstrengungen nicht in eine falsche Richtung, indem ihr umherjagt und nach etwas Ausschau haltet, das außerhalb von euch liegt. Alles, was ihr zu tun habt, ist, euch darauf zu konzentrieren, frei von Gedanken zu sein und nichts, rein gar nichts zu tun. Keine Übung, keine Einsicht. Nichts tun, der Zustand des Nicht-Bewußtseins, das ist der direkte Pfad zur plötzlichen Erleuchtung. Keine Übung, keine Einsicht, das ist das wahre Prinzip – die Dinge sind so, wie sie wirklich sind. Die erleuchteten Buddhas der zehn Richtungen haben dies das höchste, unvergleichliche, rechte Erwachen genannt.

Die Leute hören diese Lehren und versuchen, sie zu befolgen. Sie würgen ihr erhabenes Streben ab, fegen das trügerische Denken aus ihrem Geist und ergeben sich einem völligen Nichtstun: nichts außer ihren Geist ganz und gar leer zu halten – in paradiesischer Wonne sich dessen nicht bewußt, daß sie dabei eine ganze Menge tun und denken.

Wenn jemand, der noch nie Kenshō erfahren hat, die buddhistischen Schriften liest, seine Lehrer und Mönchsbrüder über den Buddhismus befragt oder sich religiösen Übungen hingibt, dann ist das alles nur unerleuchtete Aktivität und beweist in Hülle und Fülle, daß der Betreffende immer noch in der Falle des Saṃsāra gefangen sitzt. Er versucht zwar fortwährend, in Gedanken und Taten frei vom Anhaften zu bleiben, doch die ganze Zeit über bleibt er in Gedanken und Taten im Anhaften befangen. Er bemüht sich zwar, den ganzen Tag lang nichts zu tun, und ist doch den ganzen Tag lang eifrig dabei, etwas zu tun.

Aber laßt eben diesen Menschen Kenshō erfahren, und alles ändert sich. Jetzt ist er, obwohl er fortwährend denkt und handelt, in allem völlig frei und ohne Anhaften. Obwohl er rund um die Uhr mit Aktivität beschäftigt ist, ist dieses Handeln, so wie es ist, Nicht-Handeln. Solch großer Wandel ist das Ergebnis des Kenshō. Es ist, als tränken Schlangen und Kühe aus derselben Zisterne Wasser: Es wird bei den einen zu tödlichem Gift und bei den andern zu Milch!

Bodhidharma hat dazu in seiner »Schrift über den Dharma-Puls« gesagt:

> Wenn jemand ohne Kenshō ständige Anstrengungen macht, seine Gedanken frei und an nichts anhaftend zu halten, ist er nicht nur ein großer Narr, er begeht außerdem einen schlimmen Verstoß gegen den Dharma. Er endet in der passiven Gleichgültigkeit einer leeren Leere, zur Unterscheidung zwischen Gut und Böse nicht besser befähigt als ein Betrunkener. Wenn du den Dharma des Nicht-Tuns in die Praxis umsetzen willst, dann mußt du allem Anhaften deiner Gedanken dadurch ein Ende bereiten, daß du zum Kenshō durchbrichst. Solange du kein Kenshō hast, kannst du niemals hoffen, den Zustand des Nicht-Tuns zu erreichen.[7]

Der Zen-Meister Chang-zong Zhao-jue aus Donglin, ein Dharma-Erbe des Meisters Huang-long Hui-nan, pflegte zu seinen Schülern zu sagen:[8] »Die Mönchsältesten Hui-tang Zu-xin und Xin-jing Kewen, meine Mitschüler bei Meister Huang-long, waren nur imstande, das Zen unseres verstorbenen Lehrers zu begreifen. Sie waren aber nicht in der Lage, seinen WEG zu verwirklichen.« Meister Da-hui sagte dazu:

> Zhao-jue konnte das nur deshalb sagen, weil für ihn den WEG verwirklichen bedeutete, so zu bleiben, wie er war, und allezeit nichts zu tun,

und zwar indem er Gedanken, Urteile und dergleichen davon abhielt, in seinem Geist aufzusteigen, statt daß er darüber hinaus nach wunderbarer Erleuchtung gestrebt hätte. Er hat aus dem Dharma-Tor des Kenshō, der wahren plötzlichen Erleuchtung der Buddha-Patriarchen wie De-shan, Lin-ji, Dong-shan, Cao-shan und Yun-men eine Theorie gemacht. Er hat das, was das *Shūrangama-Sūtra* über Berge, Flüsse und die große Erde sagt, daß sie nämlich sämtlich Manifestationen sind, die sich innerhalb der unbegreiflichen Klarheit des wahren Geistes zeigen, hergenommen und in Worte ohne jede Substanz verwandelt – sie sind bloße Konstruktionen, die er in seinem Kopf errichtet hat. Dadurch, daß er sich sein Zen aus tiefsinnigen Äußerungen und wunderbaren Unterweisungen von Zen-Meistern der Vergangenheit zusammengezimmert hat, hat er den guten Namen dieser Dharma-Vorfahren beschmutzt und spätere Schüler-Generationen ihrer Augen und Ohren beraubt. Nicht ein Tropfen wirklichen Blutes floß unter seiner Haut. Seine Augen besaßen nicht ein Fünkchen Kraft. Er und andere seiner Art haben die Dinge unweigerlich auf den Kopf gestellt. Und damit nicht genug, sie drängen, ohne es nur im geringsten zu merken, in immer tiefere Verblendung hinein. Was für ein klägliches Schauspiel sie bieten.[9]

Im »Sūtra der Vollkommenen Erleuchtung« lesen wir, daß »die Menschen in der Endzeit des Dharma, sogar einschließlich derer, die ernsthaft danach streben, den Buddha-WEG zu erreichen, nicht veranlaßt werden sollten, Erleuchtung zu suchen, weil all ihr Bemühen doch nur darauf hinausliefe, daß sie Wissensvorräte anhäufen und ihre selbstgefertigten Irrtümer vertiefen«.

Im selben Sūtra heißt es: »Selbst wenn in den letzten Tagen des Dharma fühlende Wesen bei einem guten Lehrer Hilfe suchen, lernen sie letztlich nur falsche Ansichten. Deswegen sind sie niemals imstande, wahre Erleuchtung zu erlangen. Das führt mit Sicherheit zur Häresie. Die Schuld liegt bei den falschen Lehrern, nicht bei den fühlenden Wesen, die sie um Hilfe angehen.«

Können diese Äußerungen aus einem Sūtra, das der Buddha mit eigenem Mund gepredigt hat, bloß leere Worte sein?

Genau diese Frage hat auch den Priester Xin-jing Ke-wen veranlaßt, in einem informellen Vortrag (*shōsan*) vor seinen Mönchen zu erklären:

> In diesen Tagen beißen sich Priester überall an Formulierungen fest wie: »Alltäglicher Geist ist der WEG«, und erheben sie zu einer Art von letztem Prinzip. Ihr bekommt von ihnen zu hören, daß »der Himmel Himmel und die Erde Erde ist«, daß »die Berge Berge und die Flüsse Flüsse sind«, und daß »die Mönche Mönche und die Laien Laien sind«. Sie erklären euch, daß lange Monate 30 Tage und kurze 29 Tage dauern. In Wahrheit aber kann kein einziger von ihnen auf seinen eigenen zwei Beinen stehen. Sie flattern umher wie körperlose Geister, klammern sich an Bäume und halten sich an Pflanzen und Gräsern fest. Unerwacht, geblendet von ihrer Unwissenheit, trotten sie mit Scheuklappen ihre Ein-Spur-Wege dahin.
>
> Stellt einen von ihnen zur Rede und überrascht ihn mit der Frage: »Warum ähnelt diese meine Hand der Hand Buddhas?«, und er wird euch zur Antwort geben: »Aber das ist doch deine Hand!«
>
> Fragt ihn: »Wieso ist mein Fuß genauso wie der eines Esels?« – »Das ist dein Fuß!«, wird er erwidern.
>
> »Ein jeder wird in bestimmte Umstände geboren. Welches sind die euren, Mönchsältester?« – »Ich bin der und der«, wird er antworten, »ich stamme aus der Provinz Soundso.«[10]
>
> Was sind das für Antworten? Nun, sie kommen aus einem falschen Verständnis, das man niemandem durchgehen lassen darf. Doch diese Leute beharren weiterhin darauf, daß alles, was ihr zu tun habt, darin bestehe, euch so engstirnig zu machen, wie sie selbst sind, und so zu bleiben durch dick und dünn. Das, so versichern sie euch, sei das Erlangen des endgültigen Zustandes der vollkommenen Gelassenheit. Alles sei zur Ruhe gekommen. Alles verstanden. Kein Zweifel, kein Suchen mehr. Und nicht einmal irgendein Fragen. Diese Leute weigern sich, auch nur einen einzigen Schritt darüber hinaus zu tun, aus Angst, daß sie stolpern und in ein Loch oder einen Graben fallen könnten. Sie gehen die lange Pilgerfahrt des menschlichen Lebens, als seien sie von Geburt an blind, umklammern ihren Wanderstab wie in Todesangst und

weigern sich, sich auch nur einen Zoll breit vorwärts zu wagen, solange sie ihn nicht dabei haben, um sich auf ihn zu stützen.

Der Priester Hui-tang Zu-xin forderte seine Schüler auf: »Geht zum Berg Lu-shan [wo sich der Tempel Chang-zong Zhao-jue's befand] und verwurzelt euch dort fest im Reich des Nicht-Tuns.«

Doch Zhao-jue's Nachkommen sind sämtlich verschwunden. Das ist wahrhaft bedauerlich, doch heute ist seine Linie so tot wie die Asche der letzten Nacht.

Der Zen-Meister Nan-tong Yuan-jing hat erklärt: »Ihr müßt eure Eigennatur so klar und unverfälscht schauen, wie ihr die Innenfläche eurer Hand erkennt. Auf dem tiefsten Grund eures Seins muß eine Stille herrschen, die sich durch nichts verstören läßt!«

Ich möchte euch Edelgeborenen, die ihr die geheimen Tiefen erforscht, – allesamt große Männer! – das unauslöschliche Verlangen einpflanzen, die euch innewohnende Kraft so energisch und unnachgiebig dazu zu bringen, für euch zu wirken, wie ihr irgend könnt. In dem Augenblick, da euer Kenshō vollkommen klar ist, werft es beiseite und widmet euch der Aufgabe, euch nunmehr durch die schwer zu passierenden Kōan [die Nantō-Kōan] hindurchzubohren. Sobald ihr erst einmal diese Schranken überwunden habt, werdet ihr genau verstehen, was der Buddha gemeint hat, als er sagte, daß ein Buddha seine Buddha-Natur mit den eigenen Augen so deutlich erblicken kann, wie ihr eine Frucht auf der Innenfläche eurer Hand liegen seht.

Sobald ihr so weit durchgedrungen seid, die tiefste Absicht der Patriarchen-Meister zu verstehen, werdet ihr zum ersten Mal mit den Klauen und Reißzähnen der Dharma-Höhle bewaffnet sein. Ihr werdet mit dem göttlichen, lebensmächtigen Talisman herumspazieren, werdet in die Gefilde der Buddhas eingehen und ganz gemächlich durch die Reiche schlendern, wo die bösen Dämonen hausen, werdet Nägel herausziehen und Keile lösen, werdet, während ihr so dahingeht, große Wolken des Erbarmens um euch verbreiten, werdet das große Dharma-Spenden praktizieren und den Mönchen, die aus allen vier Himmelsrichtungen zu euch strömen, ungeheure Wohltaten erweisen!

Und doch werdet ihr weiterhin dieselben alten Mönche sein, die ihr schon immer wart. Ihr werdet nichts tun, was aus dem Rahmen des Gewohnten fällt. Eure Augen werden von derselben Stelle eures Gesichtes aus in die Welt blicken wie zuvor. Eure Nase wird dort sitzen, wo sie immer saß. Doch jetzt werdet ihr das Original sein (statt bloß eine Kopie), ein echter Abkömmling der Buddhas und Patriarchen, denen ihr endlich eure unermeßliche Dankesschuld vollständig erstattet habt, auf die sie Anspruch haben.

Ihr dürft nunmehr eure Tage frei von der Umklammerung der Umstände verbringen. Ihr werdet Tee trinken, wenn er euch angeboten wird, werdet Reis essen, wenn er euch serviert wird. Handeln und Nicht-Handeln werden fest in eurer Hand sein. Nicht einmal die Buddha-Patriarchen werden imstande sein, euch anzurühren. Ihr werdet wahre Mönche sein, wert des Almosens von Millionen in Gold.

Wenn ihr jedoch dem Zug der Zeit folgt und euch in die dunkle Höhle des Nichts-mehr-Denkens im »Achten Bewußtsein«[11] begebt, werdet ihr mit dem, was ihr erreicht habt, zu prahlen anfangen. Ihr werdet herumlaufen und jedermann erzählen, wie erleuchtet ihr seid. Ihr werdet, unter falschem Vorwand, die Bewunderung und Gunstbeweise anderer gutheißen und schließlich zu einer dieser arroganten Kreaturen werden, die erklären, sie hätten Einsicht erlangt, auch wenn sie weit davon entfernt sind.

Ist das der Kurs, dem ihr folgen wollt? Wenn ja, dann erwartet euch ein entsetzliches Schicksal. Jedes Reiskorn, das ihr als Spende erhalten habt, wird sich euch in ein rotglühendes Stück Eisen oder ein glühendheißes Sandkorn verwandeln. Jeder Tropfen Wasser, den ihr empfangen habt, wird zu einem Spritzer geschmolzener Bronze oder siedender Scheiße werden. Jeder Faden des Gewandes, das man euch geschenkt hat, wird sich über euren Leib verbreiten wie ein brandheißes Drahtnetz oder ein weißglühendes Kettengewand.

Wie bedauerlich! Ihr habt euch die Köpfe geschoren und zieht euch ein schwarzes Gewand an, weil ihr hofft, euch so von der drückenden Last von Geburt und Tod befreien zu können. Und dann begeht ihr den Fehler, dem Zauber eines falschen Lehrers zu verfallen, und verbringt den Rest eures Lebens als verantwortungslose und nichtsnutzige Priester. Aber auch damit ist die Geschichte noch nicht zu Ende. Wenn ihr schließlich euren letzten Atemzug tut und aus dem Leben scheidet, werdet ihr, weil ihr nichts gelernt habt, aus den schrecklichen Qualen, die euch in euren früheren Existenzen zuteil geworden sind, geradewegs in eure alte Heimstatt, die drei üblen Pfade der Wiedergeburt, zurückkehren. Euern buddhistischen Umhang immer noch auf den Schultern, werdet ihr in die Tiefe der Hölle stürzen und endlose Qualen erleiden. Ihr werdet im Kreislauf von Geburt und Tod gefangen bleiben, bis eure karmische Bilanz zur Gänze ausgeglichen ist. Und dann werden euch die Augen dafür aufgehen, daß es nichts Schrecklicheres gibt, als den Irrlehren zum Opfer zu fallen, die ein falscher Lehrer euch auftischt.

Vor langer Zeit gingen einmal sieben weise Schwestern gemeinsam über den Friedhof am Stadtrand von Rajagriha in Indien. Eine der Schwestern zeigte auf eine Leiche und sagte zu den anderen: »Dort liegt der Körper eines Mannes. Wohin ist der Mann selbst gegangen?«
»Wie bitte?«, erwiderte eine andere ungläubig. »Was hast du da gesagt?« Und schon erkannten sämtliche Schwestern die Wahrheit und waren auf der Stelle erleuchtet.
Indra, der Herr der Götter, war so beeindruckt, daß er einen Blütenregen auf sie herniedergehen ließ. »Sagt mir«, wandte er sich an die Schwestern, »ob es irgend etwas gibt, das ihr heiligen Frauen euch wünscht. Ich werde dafür sorgen, daß ihr es bekommt, solange ich noch hier bin!«[12]

Die verantwortungslosen Zen-Anhänger von heute sollten sich diese Geschichte genau anschauen. Wenn ihre Weigerung, irgend etwas mit Worten zu tun zu haben, zu Recht besteht, dann muß die Erleuchtung, die diese Frauen vor langer Zeit erlangt haben, falsch gewesen sein. Doch warum sollte der Herr der Götter so zu ihnen gesprochen haben, wie er es getan hat, wenn ihre Einsicht nicht echt war?

Auf Indras Angebot entgegnete eine der Schwestern: »Keine von uns ermangelt der vier Lebensnotwendigkeiten. Auch die sieben seltenen Schätze besitzen wir ebenfalls. Doch gibt es da drei Dinge, die wir uns von dir wünschen: Bitte gib uns einen Baum ohne Wurzeln, ein Stück Land, auf das weder Licht noch Schatten fällt, und ein Gebirgstal, in dem ein Schrei kein Echo hervorruft.«
»Bittet mich um etwas anderes, edle Frauen«, erwiderte Indra, »und ich will es euch mit Freuden gewähren. Um die Wahrheit zu sagen: gerade diese Dinge habe ich nicht, um sie euch schenken zu können.«
»Wenn du sie nicht hast«, gab die Frau zur Antwort, »wie kannst du da hoffen, anderen behilflich zu sein, die Befreiung zu erlangen?« Daraufhin ging Indra mit den jungen Frauen zum Buddha.

Begreift ihr, was diese weise junge Frau gesagt hat? »Wenn du sie nicht besitzt, wie kannst du da hoffen, andere zu retten?« Vergleicht das mit den Burschen von heute, die schaudernd und vor Angst zitternd zurückweichen, wenn jemand sie mit einem oder zwei Spritzern Gift bedroht. Wie unendlich überlegen ist diese junge Frau; der Unterschied zwischen einer Krone und einem alten Schuh ist nicht annähernd so groß.

Ihr Mönche macht euch mit Feuer in den Adern auf den Weg eurer religiösen Suche. Ihr geht, während ihr euch in die geheimen Tiefen des Zen hinabbohrt, durch große Schwierigkeiten und erduldet unermeßliche Entbehrungen. Geschieht das alles denn nicht deshalb, weil ihr das Ziel vor Augen habt, zu irgendeiner späteren Zeit dadurch Großes zu leisten, daß ihr euren Mitmenschen die Wohltat der Rettung bringt? Und wie steht es da mit euch? Glaubt ihr nicht, es würde euch etwas Wichtiges fehlen, wenn ihr mit den drei genannten Dingen nicht aufwarten könnt?

Als der Buddha erfuhr, weshalb Indra gekommen war, sagte er: »Was das angeht, Indra, so hat auch keiner der Arhats in der Versammlung meiner Mönche den Schimmer einer Ahnung. Es braucht schon einen großen Bodhisattva, um das zu durchschauen.«

Warum äußert der Buddha solche Worte, statt vor Angst zu zittern und zu beben? Oder glaubt ihr etwa, daß er sich des tödlichen Giftes in den Worten der jungen Frau nicht bewußt war?

Versucht die Absicht auszuloten, die der Buddha hier verfolgt hat. Meint ihr nicht, daß er gehofft hat, Indra die wahre Bedeutung der Worte der jungen Frau deutlich machen zu können? Ihn zu befähigen, direkt über die Stufenschritte der fünf Verwirklichungen und der drei Ränge hinüberzuspringen und im Stadium der großen Bodhisattvas anzukommen?

Der Buddha hat erklärt: »Ich besitze den Schatz des wahren Dharma-Auges, den ausgezeichneten Geist des Nirvāna, das Dharma-Tor der wahren formlosen Form. Das alles übergebe ich jetzt dir, Kāshyapa.«

Dies ist eine weitere Feststellung, die die meisten Menschen vollständig falsch verstehen. Vor Jahren, als ich mich unter dem alten Shōju übte, gab er mir ein Kōan zur Übung und hat mich von da an schonungslos gehetzt und gestoßen. Wenn ich einen Einfall vorbrachte, pflegte er ihn mit einem Hagel von Stockschlägen zu belohnen. Doch nur deswegen war ich schließlich in der Lage, durchzubrechen und mit einer Antwort aufzuwarten. Und dennoch war ich immer noch nicht wirklich angekommen. Ich war wie ein Mann weit draußen auf hoher See, der sehnsüchtig nach einem Baum auf einem fernen Kliff Ausschau hält.

Mit 14 Jahren habe ich das Haus meiner Eltern verlassen, um ein buddhistischer Mönch zu werden. Doch bevor auch nur ein Jahr vorbei war, hatte ich schon völlig den Mut verloren. Zwar war mein Kopf kahl geschoren worden, und ich trug ein schwarzes Gewand, aber ich hatte noch keinerlei Anzeichen für das wunderbare Wirken des Dharma erfahren. Da hörte ich zufällig, daß das »Lotos-Sūtra« die Königin aller Schriften sei, die uns die Darlegungen des Buddha überliefern. Es hieß von ihm, daß es den wahren Sinn sämtlicher Buddhas enthalte. Ich verschaffte mir ein Exemplar und verschlang es geradezu. Doch als ich damit zu Ende war, klappte ich das Buch mit einem tiefen Seufzer zu: »Dies«, sagte ich mir, »ist nichts als eine

Sammlung von ganz simplen Geschichten über Ursache und Wirkung. Um genau zu sein, es wird wohl erwähnt, daß es ›nur ein absolutes Fahrzeug‹ gibt, und es ist auch von der ›unwandelbaren und bedingungslosen Ruhe aller Dharmas‹ die Rede, doch aufs Ganze gesehen ist das »Lotos-Sūtra« genau das, was Lin-ji als ›bloß verbale Anweisungen zur Erleichterung der Mißstände der Welt‹ abgetan hat.[14] Hier werde ich nicht finden, wonach ich suche!«

Ich war völlig desillusioniert. Ziemlich lange kam ich nicht darüber hinweg. Inzwischen fristete ich als Priester eines kleinen Tempels mein Leben. Ich erreichte die Vierziger, das Alter, von dem es heißt, daß man dann nicht länger von Zweifeln geplagt werde. Eines Nachts entschloß ich mich, noch ein zweites Mal einen Blick in das »Lotos-Sūtra« zu werfen. Ich holte meine einzige Lampe hervor, drehte den Docht hoch und begann, es noch einmal zu lesen. Ich las bis zum 3. Kapitel, das von den Gleichnissen handelt. Da verschwanden auf einmal, einfach so, all die zurückgebliebenen Zweifel und Unsicherheiten aus meinem Geist. Sie hörten ganz plötzlich auf zu bestehen. Mit blendender Klarheit war mir der Grund, weshalb das »Lotos-Sūtra« als Königin aller Sūtras gilt, jetzt offensichtlich. Tränen begannen mir wie zwei Perlenschnüre das Gesicht hinunterzulaufen – sie traten hervor wie Bohnen, die sich aus einem aufgerissenen Sack ergießen. Ein lauter, unwillkürlicher Schrei brach aus der Tiefe meines Wesens hervor, und ich fing an, unkontrolliert drauflos zu sabbern. Und während das geschah, wußte ich mit absoluter Sicherheit, daß das, was ich in all den anderen Satori-Erfahrungen erkannt hatte, die ich bisher erlebt hatte, daß das, was ich in meinem Verständnis all der Kōan begriffen hatte, die ich bis dahin passiert hatte – daß all das völlig falsch gewesen war. Jetzt endlich war ich imstande, die Quelle jener freien, erleuchteten Aktivität zu erfassen, die das tägliche Leben meines Meisters Shōju durchdrungen hatte. Ebenso wußte ich über jeden Zweifel hinaus, daß sich die Zunge des Weltverehrten mit völliger und uneingeschränkter Freiheit in seinem Mund bewegt hat. Ich erkannte, daß ich gut dreißig harte Stockschläge mehr als verdient hatte, genau wie Lin-ji!

Vor langer Zeit hat Ānanda an Kāshyapa die Frage gerichtet: »Von der Übertragung des Gewandes aus Goldbrokat einmal abgesehen, welchen Dharma hat der Weltverehrte dir anvertraut?«
»Ānanda«, antwortete Kāshyapa, »geh' hin und hole am Tor die Fahne ein!«

Zu einem wirklichen Begreifen dieser Worte aus dem Munde des Kāshyapa zu gelangen, ist äußerst schwer. Sie sind wie heftige Blitze, die auf einen Granitfelsen niedergehen und ihn zerschmettern. Sie versetzen sogar Weise der drei Ränge in heftigste Panik, sie jagen auch denen Schrecken ins Herz, die die vier Verwirklichungen erreicht haben. Doch die blinden, glatzköpfigen Bonzen, die heutzutage in den Tempeln wohnen, verbreiten sich wissentlich wie folgt darüber: »Die Fahne steht für das, was eine mittlere Stellung einnimmt, noch vor dem letzten Prinzip. Und die Fahne herunterzuholen bedeutet, daß die Große Angelegenheit erledigt ist.« Solche Sätze sind ein hervorragendes Beispiel für diejenige Art von gewöhnlichem Verständnis, das aus irrigem Denken hervorgeht. Das ist so, als wollten blinde Menschen versuchen, Farben zu unterscheiden.

Die Aufforderung des ersten Zen-Patriarchen Bodhidharma: »Bring' alle äußeren Verwicklungen zum Stillstand und vermeide es, im Inneren nach Frieden zu suchen!« wird ebenso häufig auf der Ebene des gewöhnlichen unterscheidenden Denkens erläutert und ausgedeutet.

Gegen Ende seines Lebens wurde Hui-neng, der sechste Patriarch des Zen nach Bodhidharma, von einem seiner Schüler gefragt: »Ihr werdet uns bald verlassen. Wie lange wird es dauern, bis Ihr wieder zu uns zurückkehrt?«
Hui-neng entgegnete: »Blätter fallen und kehren zu den Wurzeln zurück. Wenn sie wieder erscheinen, sind sie schweigsam und still.«

Entsetzlich, diese Antwort! Eine bodenlose Grube zehntausend Wegstunden im Durchmesser, erfüllt von einem Meer tiefschwarzer Flammen! Hier können nicht einmal Götter und Dämonen hoffen, ihr

Leben zu Ende zu führen. Die ganze Welt ist wahrhaftig das »Lotosblaue Auge des Zen-Mönchs«. Wir müssen sehr vorsichtig sein, keinen Sand hineinzustreuen.

Doch die neunmalklugen Dummköpfe, die sich heutzutage in den Schlüsselpositionen der Zen-Welt befinden, erklären selbstgefällig: »›Wurzeln‹, das bezieht sich auf den Geburtsort des Sechsten Patriarchen in Xin-zhou. Und das ›Schweigen der Blätter‹ weist auf den ursprünglichen Ort der Ruhe hin, wo es kein Kommen und Gehen, kein Innerhalb und Außerhalb gibt.«

Pahh! Sinnlose Erläuterungen. Ein irregeleitetes Verständnis, dem kein Leben innewohnt! Ich bekomme jedesmal Bauchschmerzen, wenn ich solchen Schund sehen oder hören muß. Ich möchte dann jedesmal kotzen.

> Der Sechste Patriarch wurde gefragt: »Wen habt Ihr mit dem Dharma betraut?« Er gab zur Antwort: »Nehmt ein Netz und werft es über den Gipfel der Da-yu-Spitze.«

Zhen-Vogel-Federn! Wolfsleber! Katzenköpfe! Fuchssabber![15] Alles in einem großen Topf zu einem Sud verkocht und euch unter die Nase gehalten! Wie wollt ihr eure Zähne in so etwas hineinbekommen? Da möge niemals irgend jemand behaupten, der Sechste Patriarch habe kein Gift.

> Der große Meister Nan-yue Huai-rang hat gesagt: »Stell' dir vor, ein Ochse zieht einen Karren, und der Karren bewegt sich nicht vom Fleck. Solltest du dann den Wagen schlagen? Oder solltest du den Ochsen schlagen?«[16]

Nan-yue's Worte sind ebenfalls mit einem Gift der tödlichsten Art gefüllt. Und doch bestehen diese modernen Exegeten darauf, ihr irriges Räsonieren darauf anzuwenden: »Der Karren steht für den Körper oder die Substanz. Der Ochse steht für etwas Mittleres, weder dies noch das.« Sie schaffen es wahrhaftig, ihr Gerede einleuchtend klingen zu lassen!

Wenn sie Meister Ma-zu's: »Buddha mit dem Sonnen-Gesicht, Buddha mit dem Mond-Gesicht« hören, dann erzählen sie euch, daß das der »Körper unserer eigenen feinstofflichen Strahlung« sei, »der dem Beginn aller Krankheiten des Geistes vorausgeht«. Und sie erwarten von euch, daß ihr das schluckt! Ihr könntet eine übliche Erklärung wie diese nehmen, sie mit etwas gutem Reis durchkneten und dann für ganze tausend Tage unter irgendwelchen Bäumen ablegen, ohne daß ihr damit erreichtet, daß auch nur eine Krähe herbeifliegt, um sich solches Futter näher anzusehen.

Authentisches Zen

Als sich vor langer Zeit ein Sohn aus dem Haus der Shākya (später als der »Goldene Weise« bekannt) in die Festung der Schneeberge begab, um seine erste Klausur zu beginnen, da hielt er heimlich in seinen Armen eine alte, saitenlose Laute.[1] Mit blinder Hingabe spielte er mehr als sechs Jahre lang darauf, bis er eines Morgens einen Lichtstrahl wahrnahm, der von einem bösen Stern auf ihn herabfiel, und er aufgeschreckt wurde aus dem Traum seines Verstandes.[2] Die Laute, die Saiten und alles andere war in Millionen Stücke zertrümmert. Im selben Augenblick begannen befremdliche Klänge aus den Himmeln ringsum hervorzuströmen. Phantastische Töne erhoben sich aus den Eingeweiden der Erde. Von diesem Moment an, so stellte er fest, kamen, wann immer er auch nur einen Finger bewegte, Klänge hervor, die ganze Folgen wunderbarer Ereignisse nach sich zogen und lebende Wesen aller Art zur Erleuchtung brachten.[3]

Es begann im »Wildgehege«, wo er auf einem alten vierstegigen Instrument klimperte, von dem zwölf elegante Töne ausgingen. Im mittleren Abschnitt seiner Laufbahn brachte er, auf dem »Geierberg«, die vollkommen temperierten Töne des Einen Fahrzeugs hervor. Und gegen Ende betrat er den »Kranich-Hain«, und von dort waren die traurigen Klänge seines Abschiedsgesanges zu hören.[4] Sein Repertoire erreichte einen Umfang von 5048 Schriftrollen mit den Partituren einer wunderbar komponierten Musik.

Es trat ein Mann auf, der begriff. Er vermochte die Töne dieser Musik schon bei der Berührung nur einer einzigen Saite zu verstehen. Er wurde bekannt als die »Große Schildkröte«. Als sein Rückenpanzer zerbrach – ein plötzliches Aufbrechen von Rissen und Spalten zu einem Blütensturm –, da wurde die Melodie von den Saiten 28 gewaltiger Instrumente übernommen. Das letzte von ihnen gehörte einem göttlichen, blauäugigen Virtuosen mit einem purpurnen Bart. Was für ein Könner er war! Mit einem einzigen Dahinwischen über die Löwensaiten verschlang er die Stimmen aller sechs Schulen. Achtmal ertönten die Phönixsaiten mit vollem Klang. Achtmal wanderte die göttliche Laute weiter in geheimer Übertragung. Der Ursprung von alledem war dieser Mann aus dem Lande Kōshi in Südindien, wo er als Sohn eines Königs geboren worden war.[5]

Als er die bewaldeten Höhen der »Bärenohren« erreichte, vergnügte er sich damit, auf einer eisernen Flöte ohne Loch zu spielen. Die Klänge waren großartig, und doch mußte er feststellen, daß sie nicht geeignet waren, die Menschen bis in den tiefsten Grund ihrer Seele zu zerreißen. Deshalb teilte er seine eigene Haut, sein Fleisch, seine Knochen und das Mark seiner Knochen an sie auf.[6]

Sieben Schritte nach ihm stockte die Übertragung, und ein blinder halbtoter alter Nörgler wurde auf die Welt losgelassen.[7] Er bäumte sich auf auf seine Hinterhand und fuhr hochgestimmt mit den Vorderläufen durch die Luft. Seine 360 Knochen vom Schaum bedeckt, den er wild wie tödliche Milch in alle Richtungen um sich schleuderte, mit Schauern von Blut und Schweiß, die wie heftiger Dampf aus seinen 84000 Poren aufstiegen, hat er die unendliche Zahl von Universen im Kosmos in den Staub gestampft, hat er mit ohrenbetäubendem Wiehern die Gewölbe des Himmels in Atome zerschlagen und Millionen von Bergen Sumeru in solche Panik versetzt, daß sie bei ihrem Fluchtversuch übereinanderpurzeln mußten, und hat nach allen sechs Richtungen jedes Land verwüstet und in kleinste Fetzen zerrissen hinter sich gelassen.

Diese Klänge reichten bis zum »Südquellen«-Berg, wo eine göttliche Himmelstrommel den Rhythmus aus freien Stücken übernahm. Chang-sha und Zhao-zhou stimmten mit ein in das geheimnisvolle »direkte Zeigen« und brachen in ein machtvolles Singen aus, mit dem sie die geheime Melodie auf ihre persönliche Weise wiedergaben. Das drang bis zu einem alten Fährmann an der Da-yi-Furt, der seine Zeit am liebsten damit verbrachte, auf den Planken seines Bootes herumzuklopfen. Er entlockte ihnen rauhe, barbarische Melodien, die die Töne von gefälligeren Sängern übertönten.[8]

Der alte »Elefantenknochen« sicherte mit seinen wilden Tänzen und ungehobelten Manieren den Fortbestand der Resonanz. Von den Bergen Le-shan und Si-shan strömten die alten, vom Göttlichen erfüllten Melodien in eleganten Harmonien aus, perfekt auf die Dharma-Wahrheit eingestimmt. Shou-shan und Ci-ming intonierten ihre Melodien zu den Klängen der »Gelben Glocke« und der »Großen Harmonie« und machten eine Musik, die sanft und fein und doch so ernst und unnachgiebig war, daß sie Feld-Dämonen dazu brachte, vor Angst auseinanderzustieben, und träge Geister veranlaßte, geschwind das Weite zu suchen und sich zu verstecken.[9]

Die ernstesten und treffsichersten Töne, die aus der Flöte ohne Loch hervorkamen, gelangten zu den Abts-Räumen im Guang-tai-yuan-Kloster in der Provinz Guang-nan, wo eine Gifttrommel umgestürzt herumlag. Von dieser Trommel gingen Klänge aus, die den Menschen ihre Seele raubten und ihnen die Leber zum Platzen brachten und so das Land ringsum mit den Leichen von mehr als 80 Männern übersäten und wer weiß wie viele andere mit Taubheit und Stummheit schlugen.[10]

Xiao-cong bespannte die Laute Shākyamunis neu und trug sie hinauf in die Feste des Berges Dong-shan. Chong-xian nahm sie an seine Brust und bestieg mit ihr den Berg Xue-dou-shan.[11] Von diesen Gipfeln strömten Klänge herab, die die ganze Welt erschütterten.

Das Gebrüll eines »Eisernen Löwen« war in den Ländern westlich des Flusses zu hören – es hätte sogar den Geist getötet, der einem Mann aus Holz innewohnt. Und das Gebell eines »Strohhundes« erfüllte den Himmel über dem See Zi-hu – es hätte sogar einem Ochsen aus Lehm dichten Schweiß auf die Flanken getrieben.[12]

Ein weiterer »wahrer Mensch« trat hervor. Er war ein Sohn des Hauses Deng aus Ba-xi in Mian-zhou. Bekannt als Dong-shan Lao-ren, der »Alte Mann aus den Ostbergen«, widmete er sich als junger Mönch auf der »Spitze mit gespaltenem Haupt« einer strengen religiösen Schulung. Später verbarg er sich in einem Haufen »Weißer Wolken«. Eines Morgens betrat er eine Hütte, in der Reis geschält wurde, hob sein Hanfgewand in die Höhe und umwanderte einmal den Mühlstein. Der Donner dieser stummen Stofftrommel rollte wütend, wie ein Knurren und Bellen, hinaus und füllte die Welt mit seinem weithin reichenden Widerhall. Man hätte denken können, der Donnergott selbst wäre angeheuert worden, auf eine Gifttrommel zu hämmern. Das raubte drei Buddhas restlos das Bewußtsein und entzog zugleich einem »Ruhigen Mann« allen Mut.[13]

Da-hui sang, und seine Stimme reichte die Küsten von Heng-yang hinauf und hinab. Wu-zhun brüllte, und das Getöse drang noch durch den Grund des »Drachenpfuhls« hindurch. Anhaltendes Geheul ergoß sich vom Hu-qiu, dem »Tiger-Hügel«, und erschütterte ganze Wälder bis in die Wurzeln. Und bitteres, herzzerreißendes Geschrei eines »Gelben Drachen« hielt die segelnden Wolken auf ihrer Bahn.[14]

Ying-an, Mi-an, Song-yuan und Yun-an schlugen den Takt in Übereinstimmung mit dem uralten Rhythmus, und das mit einer Finesse, die sie all ihre Zeitgenossen um Kopf und Schultern überragen ließ.[15]

Ein alter Bauer aus Si-ming, der sich selbst Xi-geng, »Rastender Feldbesteller«, nannte, ließ einen ununterbrochenen Strom von Gesängen ertönen, wenn er seine eiserne Breithacke schwang. Eines Tages, als er eine alte Lichtsäule von einem hohen Gipfel ausgehen und eine Pagode beleuchten sah, fuhr ihm das wunderbare Prinzip in die Fingerspitzen und gab ihnen ein, sich über die Saiten der Laute Shākyamunis zu bewegen. Die Klänge, die er so erzeugte, erschütterten zwei Wälder bis in die Wurzeln hinab und fegten wie Sturmwind durch zehn Klöster.[16]

Das Echo dieser Klänge trieb ostwärts übers Meer und erreichte die Küste Japans. Es schreckte den »Goldenen Hahn« auf, daß er mit seinen Flügeln schlug und den bevorstehenden Tagesanbruch verkündete, während eine »Jade-Schildkröte« schluchzend den Kummer ihres Herzens preisgab.[17] Dasselbe Echo trug schönste Frühlingswärme zum »Liegenden Berg«, es ließ weiße Schneeflocken über die »Purpurfelder« tanzen, es sandte ein vielversprechendes Rudel so »schnell dahinfliegender Hirsche« her, daß neben ihnen selbst Blitze langsam schienen, und bewirkte, daß eine »Glänzende Perle« sich in Leere von solcher Strahlkraft verwandelte, daß sie die ganze Welt ringsum in tiefste Finsternis stürzte.[18]

Von dort her wehte die Musik über die »Blumenfelder« von Hanazono. »Acht Klänge« ertönten einer nach dem anderen und machten jeden, der sie hörte, sprachlos – sie wirkten wie eine große, mit Gift lackierte Krokodilstrommel, die alles zerstört, was sich in Hörweite befindet. Nunmehr sich verzweigend, nahmen die Klänge die Gestalt der »Vier Hauptsäulen« des Myōshin-ji an – das waren einige große Instrumente, die langsame, weithin widerhallende Töne von sich gaben, und andere kleinere, die in einem schnelleren und lebhafteren Rhythmus ertönten.[19] Gemeinsam brausten ihre Stimmen durch das ganze Universum und drangen bis über die Grenzen der Meere hinaus.

Wie traurig ist es doch mitanzusehen, daß eine Musik von solcher Reinheit und Eleganz vergessen und ihr Platz von diesen widerlichen Geräuschen eingenommen ist, die sich heutzutage ungehemmt ergießen. Altehrwürdig-klassische Gesänge sind von dem Mißklang übertönt worden, den diese geschmacklosen und entarteten Lieder erzeugen.

Schaut euch doch das außerordentliche Format der Patriarchen-Meister an, die wir uns vor Augen geführt haben. Wie viele Menschen weisen heutzutage auch nur entfernte Ähnlichkeit mit ihnen auf? Die meisten unserer Zeitgenossen müssen überhaupt erst noch die Kōan-Schranken überwinden, die von diesen glorreichen Meistern errichtet worden sind. Und so haben sie den alles entscheidenden Kern der Wahrheit, den auch sie in sich tragen, noch nicht durchdrungen, und das Feuer der Unrast brennt immer noch ruhelos in ihrem Geist. Sie haben für keinen Augenblick Frieden, solange sie leben. Sie sind wie jemand, der 24 Stunden am Tag an einem chronischen Fieber leidet. Sie versuchen wohl, für fünf Tage oder so zu meditieren, doch dann geben sie es wieder auf und beginnen, sich vor Buddha-Bildnissen zu Boden zu werfen. Weitere fünf Tage später geben sie auch das wieder auf und fangen an, Sūtras zu rezitieren. Sie halten auch das vielleicht fünf Tage durch und wechseln dann zu einer Diätkur über, mit nur einer Mahlzeit pro Tag. Sie sind wie jemand, der mit einer schlimmen Krankheit ans Bett gefesselt ist, der nicht schlafen kann und nun versucht, sich aufzusetzen, doch nur um festzustellen, daß er auch dazu nicht in der Lage ist. Solche Leute stolpern vorwärts wie blinde Maultiere, nicht wissend, wohin ihre Füße sie tragen. Und alles nur, weil sie es zu Beginn ihrer Schulung haben an Sorgfalt fehlen lassen und niemals fähig waren, einen Durchbruch zu intensiver Freude und Erfüllung zu erreichen.

Oft kommt es vor, daß jemand die Zen-Schulung aufnimmt und drei, fünf, vielleicht sogar sieben Jahre lang Zazen praktiziert. Aber weil er sich seiner Übung nicht mit völliger Hingabe widmet, schafft er es nicht, wahre Entschlossenheit zu erreichen, und seine Übung bringt ihm keine Frucht ein. Die Monate und Jahre vergehen, doch der Betreffende erfährt niemals die Freude des Nirvāna, und allzeit ist da die samsārische Vergeltung, die nur darauf wartet, daß er innehält oder gar Rückschritte hinnimmt. An diesem Punkt wendet er sich dann der Anrufung des Amida zu, macht sich mit aller Kraft ans Nembutsu, von dem heftigen Wunsch erfüllt, im Reinen Land wiedergeboren zu werden, und läßt so seinen vormaligen Entschluß, dem WEG zu folgen und sich einen Zugang zur Wahrheit hindurchzubohren, für immer fahren. In China sind Leute von solcher Herkunft erstmals in der Zeit der Song-Dynastie in großer Zahl aufgetaucht. Immer weitere traten während der Ming-Dynastie hervor, und das ging so fort bis zum heutigen Tag. Sie sind zumeist von mittelmäßigem Format gewesen, schwächliche Zen-Leute mit schlaffem Geist.

Ängstlich darauf bedacht, ihr eigenes Versagen zu verschleiern und das Bewußtsein ihrer Scham zu mildern, sind sie schnell dabei, sich auf die Wiedergeburt im Reinen Land zu berufen, wie sie von Zen-Priestern wie Jie vom Berg Wu-zu-shan sowie Xin-ru Zhe und Yi aus Duan-ya vertreten wird, und aus deren Beispiel ziehen sie den Schluß, Zazen zu praktizieren sei ein untaugliches Mittel.[20] Was sie nicht zu wissen scheinen ist, daß diese Männer in erster Linie schon von Anfang an Anhänger des Nembutsu gewesen sind. Ach! In ihrem eifrigen Bemühen, für ihre eigenen vorgefaßten und banalen Vorstellungen Unterstützung zu finden, treiben sie ein oder zwei ausgemergelte und reinkarnierte alte Schlachtrösser auf, bei denen erstens die Hingabe an die Zen-Übung nur schwach ausgebildet war, die zum anderen nicht einmal einen flüchtigen Blick auf das Unterscheidungsvermögen hatten werfen können, das sich mit dem Kenshō einstellt, und so versuchen sie, die weisen Heiligen in Verruf zu bringen, die die wirklich lebendigen Verbindungen in der Weitergabe des Dharma geschmiedet haben. Auf diese Weise verunstalten sie die geheime, unübertragbare Essenz, die diese Heiligen von Dharma-Vater auf Dharma-Sohn übertragen haben. Die Schwere ihrer Übeltaten übersteigt die der fünf Todsünden. Es gibt für sie keine Möglichkeit zu sühnender Reue.

Im Grunde genommen gibt es kein »Reines Land« außerhalb des Zen, gibt es keinen Geist oder Buddha getrennt vom Zen. Der Sechste Patriarch Hui-neng erwies sich als ein Lehrer der Menschen für achtzig aufeinanderfolgende Leben.[21] Der verehrungswürdige Meister Nan-yue war eine Verkörperung aller drei Welten – der Vergangenheit, der Gegenwart und der Zukunft. Sie alle waren große Ozeane der unendlichen Ruhe und Gelassenheit, große leere Himmel, an denen keine Spur zurückbleibt, und innerhalb deren es menschliche Wiedergeburt, Geburt im »Reinen Land«, göttliche Geburt – und ebenso das Ungeborene gibt. Das freudenvolle Reich des Paradieses, die entsetzlichen Höllen, die unreine Welt und das »Reine Land« sind Facetten, in denen sich eine wunscherfüllende Mani-Perle manifestiert, die sich frei und leicht auf einem Tablett bewegt. Wenn auch nur der leiseste Gedanke in dir auftaucht, sie zu ergreifen, ergeht es dir wie dem törichten Mann, der einen Drachen fangen wollte, indem er Wasser von der Sandbank eines Flusses wegzuschaufeln suchte.

Wenn der Erste Patriarch, Bodhidharma, gedacht hätte, der tiefste Sinn des Buddha-Dharma sei das Streben nach der Wiedergeburt im »Reinen Land«, dann hätte er nur einen Brief nach China zu schicken brauchen, ein oder zwei Zeilen, in dem er jedermann aufträgt: »Erlangt die Wiedergeburt im ›Reinen Land‹, indem ihr euch unbeirrbar der Wiederholung des ›Nembutsu‹ widmet!« Was für eine Notwendigkeit hätte dann für ihn bestanden, 10 000 Meilen eines gefährlichen Ozeans hinter sich zu bringen und all die Entbehrungen zu erdulden, die er tatsächlich erduldet hat, um den Dharma von der Schau des Selbst-Wesens (*kenshō*) zu übertragen?

Wissen denn diejenigen, die glauben, das »Reine Land« existiere außerhalb des Zen, nicht um jenen Abschnitt des »Sūtra der Meditation über den Buddha des Grenzenlosen Lebens«, wo erklärt wird, daß der Leib des Amida so groß sei wie 10 Quadrillionen Meilen multipliziert mit der Zahl der Sandkörner in sechzig Ganges-Strömen?[22] Sie sollten über diese Passage nachdenken. Widmet ihr eine sorgfältige Untersuchung. Wenn diese Meditation über den Buddha-Leib nicht der Weg zur höchsten Erleuchtung, zum Erleuchten des Geistes durch das Schauen des Selbst-Wesens ist, was ist sie denn dann?

Der Patriarch der Schule des »Reinen Landes«, Eshin Sōzu, hat gesagt: »Wenn dein Vertrauen groß ist, wirst du einen großen Buddha schauen«. Die Zen-Übung verhilft euch zum Durchbruch, so daß ihr jenem verehrungswürdigen alten Buddha von Angesicht zu Angesicht begegnet und ihn mit vollkommener Klarheit schaut. Wenn ihr versucht, ihn irgendwo anders zu finden, außerhalb eures Selbst, dann werdet ihr in die Mannschaft jener bösen Dämonen aufgenommen, die darauf hinwirken, den Dharma zu zerstören. Deshalb sagt der Buddha im »Diamant-Sūtra«: »Wenn du dein Selbst für eine Form oder Erscheinung hältst oder dein Selbst in der Stimme suchst, die du hörst, dann bist du auf dem falschen Weg und wirst niemals imstande sein, den Buddha zu schauen.«

Alle Tathāgatas oder Buddhas verfügen über drei Körper: den Dharma-Körper, Birushana, von dem gilt, daß er an allen Orten gegenwärtig ist; den Belohnungskörper, Rushana, der »rein und vollkommen« heißt, und den Verwandlungskörper, Shākyamuni, der als »große Beharrlichkeit durch Gelassenheit und Schweigen« bezeichnet wird. In den fühlenden Wesen erscheinen diese drei als Gelassenheit, Weisheit und ungehinderte Aktivität. Die Gelassenheit entspricht dem Dharma-Körper, die Weisheit dem Belohnungskörper und die Aktivität dem Verwandlungskörper.[23]

Der große Meister Bodhidharma hat gesagt:

Wenn ein fühlendes Wesen ununterbrochen daran arbeitet, gute karmische Wurzeln zu entwickeln, wird sich in ihm der Buddha des Verwandlungskörpers manifestieren. Wenn es Weisheit entwickelt, wird sich in ihm der Buddha des Belohnungskörpers manifestieren. Und wenn es Nichttun entwickelt, wird sich in ihm der Buddha des Dharma-Körpers manifestieren. Im Verwandlungskörper gleitet der Buddha durch alle zehn Richtungen und paßt sich ungehindert den jeweiligen Umständen an, während er fühlende Wesen befreit. Im Belohnungskörper betrat der Buddha die Schneeberge, tat alles Böse von sich ab, förderte das Gute und erreichte den WEG. Im Dharma-Körper verharrt der Buddha gelassen und unwandelbar, ohne Worte oder Predigten.

Vom Standpunkt des letzten Prinzips aus gesehen, existiert nicht einmal ein einziger Buddha, geschweige denn drei. Die Vorstellung von den drei Buddha-Körpern ist nur als Antwort auf die Unterschiede in den geistigen Fähigkeiten der Menschen aufgekommen. Menschen von geringer geistiger Fähigkeit, die irrtümlicherweise danach streben, aus dem Vollbringen guter Taten Nutzen zu ziehen, erblicken irrtümlicherweise den Buddha des Verwandlungskörpers. Diejenigen mit mittlerer Fähigkeit, die fälschlicherweise versuchen, ihre bösen Leidenschaften abzuschneiden, erblicken fälschlicherweise den Buddha des Belohnungskörpers. Und diejenigen von höherer Geisteskraft, die irrtümlicherweise danach streben, Erleuchtung zu verwirklichen, erblicken fälschlicherweise den Buddha des Dharma-Körpers. Menschen mit der höchsten Geisteskraft jedoch, die sich in ihrem eigenen Innern selbst mit Licht erfüllen, erlangen die vollkommene Gelassenheit des erleuchteten Geistes und sind als solche Buddhas. Ihre Buddhaschaft wird ohne Rückgriff auf das Wirken des Geistes erlangt.

Erkenne daraus, daß die drei Buddha-Körper, und all die Myriaden von Erscheinungen ebenso, weder begriffen noch dargelegt werden können. Ist das nicht genau das, was das Sūtra meint, wenn es feststellt, daß die »Buddhas keinen Dharma predigen, keine fühlenden Wesen retten und keine Erleuchtung verwirklichen«?[24]

Und der große Meister Huang-bo hat gesagt:

Die Dharma-Predigt über den Dharma-Körper kann nicht in Worten, Klängen, Formen oder Erscheinungen gefunden werden. Sie kann nicht mittels geschriebener Worte verstanden werden. Sie ist nicht etwas, das sich predigen ließe; sie ist nicht etwas, das sich erkennen ließe. Sie ist

Selbstwesen und nur Selbstwesen, absolut leer und offen für alle Dinge. Deswegen sagt das »Diamant-Sūtra«: »Es gibt keinen Dharma zu predigen. Das Predigen des nicht zu predigenden Dharma ist das, was das Predigen des Dharma genannt wird.« Obwohl die Buddhas sich sowohl im Belohnungskörper wie im Verwandlungskörper manifestieren, um den Dharma entsprechend den unterschiedlichen Umständen darzulegen, ist das nicht der wahre Dharma. In der Tat, wie ein Kommentar sagt: »Weder der Belohnungs- noch der Verwandlungskörper ist der wahre Buddha, noch ist das, was sie predigen, der wahre Dharma.«[25]

Was ihr euch klarmachen müßt, ist dies: Obwohl Buddhas entsprechend den fühlenden Wesen in einer grenzenlosen Vielfalt der Größe und Gestalt erscheinen, große und kleine, so erscheinen sie doch immer nur als diese drei Buddha-Körper. In dem »Sūtra der siegreichen Könige des Goldenen Lichts« finden wir die Worte: »Auf diese Weise erlangst du höchste Erleuchtung, und zwar eine Erleuchtung, die über alle drei Buddha-Körper verfügt. Von diesen dreien sind ›Belohnungskörper‹ und ›Verwandlungskörper‹ nur provisorische Bezeichnungen. Allein der Dharma-Körper ist echt und wirklich, beständig und unwandelbar, der fundamentale Ursprung der beiden anderen.«[26]

Daher ist die Predigt des »Meditations-Sūtra« vollkommen eindeutig: »Die Höhe des Körpers des Buddha beträgt zehn Quadrillionen Meilen multipliziert mit der Zahl der Sandkörner in sechzig Ganges-Strömen.« Kann mir jemand sagen: Ist dieser kolossale Körper der Belohnungskörper? Ist er der Verwandlungskörper? Oder ist er der Dharma-Körper? Wir haben doch soeben gesehen, daß der Belohnungs- und der Verwandlungskörper erscheinen, um den fühlenden Wesen entsprechend ihren geistigen Fähigkeiten zu nützen. Doch wie groß müßte eine Welt wohl sein, um Platz zu haben für solch einen Buddha? Könnt ihr euch die gigantische Größe derjenigen fühlenden Wesen vorstellen, denen er erschiene? Und sagt bitte nicht, daß deshalb, weil die fühlenden Wesen in einem »Reinen Land« von solchen Ausmaßen selbst ebenfalls eine entsprechende Größe besäßen, ein Buddha sich dort ebenfalls in einer so großen Gestalt manifestieren müßte. Wenn das wahr wäre, müßten dann nicht auch die Bodhisattvas, die religiösen Sucher und jeder andere, der eine solche Welt bewohnt, ebenso von vergleichbarer Größe sein: »zehn Quadrillionen Meilen multipliziert mit der Zahl der Sandkörner in sechzig Ganges-Strömen«?

Ein Fluß von der Größe des Ganges mißt vierzig Wegstunden in der Breite. Seine Sandkörner sind so fein wie die kleinsten Atome. Nicht einmal ein Gott oder ein Dämon könnte den Sand in einem einzigen Ganges-Strom zählen, oder auch nur in einem halben Ganges – oder meinetwegen sogar nur den Sand in einem Gebiet von zehn Fuß im Quadrat. Und wir sprechen von dem Sand in sechzig Ganges-Strömen! Selbst die alles-sehenden Augen des Buddha könnten sie nicht zählen. Dies sind ihrem Wesen nach Zahlen, die nicht berechnet werden können, Abschätzungen über jedes Abschätzen hinaus. Und doch enthalten sie eine tiefe Wahrheit, die zu den schwerst verständlichen unter all denen gehört, die in den Sūtras des Buddha enthalten sind. Diese Wahrheit ist der Goldene Knochen und das Goldene Mark des verehrungswürdigen »Buddha des Grenzenlosen Lebens«.

Wenn ich mich überhaupt dazu äußern müßte, dann würde ich sagen, daß der Sand in den sechzig Ganges-Strömen eine Anspielung auf die Farben und Formen, auf die Klänge und den Rest der sechs Arten von Staub darstellen, die sich als Gegenstände der sechs Organe der Wahrnehmung zeigen.[27] Nicht eines der Myriaden von Dingen existiert außerhalb der sechs Arten des Staubes. Sobald ihr ganz und gar zu der Tatsache erwacht, daß alle Dinge, wenn sie auf diese Weise als die sechs Arten des Staubes wahrgenommen werden, an und für sich der goldene Körper des »Buddha des Grenzenlosen Lebens« in seiner Gesamtheit sind, dann überschreitet ihr den Bereich des samsārischen Leidens gerade dort, wo ihr steht, und werdet zu Wesen von höchster, vollkommener Erleuchtung.

In diesem Augenblick ist überall, sowohl im Westen wie im Osten, das »Land des Lotos-Paradieses« da. Das ganze Universum nach allen Richtungen hin, keinen einzigen Punkt der Erde ausgenommen, ist nichts anderes als der große ursprüngliche Frieden und die große ursprüngliche Stille des Dharma-Körpers des Birushana-Buddha. Er durchdringt sämtliche individuellen Wesen, löscht alle ihre Unterschiede aus, und das für immer, ohne Änderung.

Das »Meditations-Sūtra« schließt die Feststellung an, daß diejenigen, die die Mahāyāna-Sūtras rezitieren, zur höchsten Klasse der höchsten Rangstufe derer gehören, die direkt im »Reinen Land« des Amida wiedergeboren werden, des »Buddha des Grenzenlosen Lebens«. Was aber ist ein »Mahāyāna«-Sūtra? Nun, es ist keine jener Rollen aus gelbem Papier mit den roten Griffen. Nein, und daran gibt es keinen Zweifel, der Begriff »Mahāyāna-Sūtra« weist auf den Buddha-Geist hin, der sich immer schon in eurem eigenen Haus eingerichtet hat.

Was für eine Grundlage könnte es also, wenn überhaupt, für dieses törichte Gerede darüber geben, daß die Zen-Praxis unwirksam sei?

Mit dem bisher Gesagten habe ich es nicht auf jene weisen Heiligen abgesehen, die, erfüllt vom Wirken des universellen Gelübdes des großen Mitgefühls, die Wohltat der Rettung auch auf Menschen von geringeren Fähigkeiten ausgedehnt sehen möchten. Sie lassen sich in eigener Person auf Praktiken des »Reinen Landes« ein, um damit ihren Anhängern ein beständiges Verlangen nach der Wiedergeburt im »Reinen Land« einzuflößen und sie dazu zu befähigen, den dreifachen Geist und die vierfache Praxis zu meistern.[28]

Ich habe vielmehr die Mitglieder der Zen-Schule im Auge, die in ihrer Unfähigkeit, sich beharrlich der Zen-Übung zu widmen, ihre Schulung vernachlässigen und dann herumlaufen und anderen damit in den Ohren liegen, daß die Zen-Übung nutzlos sei, daß man nämlich keinerlei Ergebnisse erziele, wenn man sich ausschließlich dem Zen widme. Einen solchen Menschen darf man nicht davonkommen lassen, ohne ihn einer Prüfung strengster Art zu unterziehen. Denn er ist wie ein chinesischer Gelehrter, den man bei der Berufung in die Verwaltungsämter übergangen hat, weil er durch das kaiserliche Examen durchgefallen ist: Verurteilt zu der unwürdigen Existenz, sich rings durchs Land treiben und von anderen aushalten zu lassen, weist er zum Beweis für die Unsicherheit und Risiken des Staatsdienstes auf das Beispiel einiger weniger Regierungsbeamter hin, die entlassen und in ferne Provinzen verbannt worden sind. Er ist selbst nur ein Versager, und doch beharrt er darauf, andere Männer von echtem Wert, die die Examina mit höchsten Ehren bestanden haben, herabzusetzen. So jemand erinnert an einen Menschen, der nicht die Kraft hat, seine Nahrung zum Verzehr zum Mund zu führen, und der doch hartnäckig behauptet, daß er nur deshalb nichts ißt, weil die Nahrung schlecht sei.

Praktiken des »Reinen Landes« zum Zen hinzuzufügen, das sei, hat jemand einmal gesagt, als statte man einen Tiger zusätzlich noch mit Flügeln aus.[29] Was für ein hohlköpfiger Schnickschnack. Zen! Zen! Jeder, der etwas Derartiges von sich gibt, kann niemals Zen begreifen, nicht einmal in seinen kühnsten Träumen. Selbst Weise der drei oder vier Ränge, wenn du ihnen auch nur den geringsten Einblick in das Wirken des Zen gibst, verfallen in tiefen Schock, weil sie das in Herz und Leber allen Schneids beraubt. Sogar Heilige, die weit über sie hinaus zu höheren Stufen der Verwirklichung aufgestiegen sind, verlieren dann all ihren Mut. Und noch die Buddha-Patriarchen flehen um ihr Leben. Zen ist nichts, das sich von anderen Schulen zweckdienliche Lehren wie die von der »Nembutsu«-Rezitation zu eigen machen müßte, um für seine zukünftigen Generationen vorzusorgen.

Neulich hörte ich von »Alter Venusmuschel« erzählen, die sich in einer Sandbank in Naniwa eingegraben hatte.[30] Dort döst er in einem tausendjährigen Schlaf vor sich hin und läßt jede sich etwa bietende Gelegenheit, einem Tathāgata zu begegnen, wenn denn einer in der Welt erscheint, ungenutzt verstreichen. Irgendwie jedoch erreichte das Gerede von Zen und »Reinem Land« seine schlafenden Ohren. »Alte Venusmuschel« richtete sich mit einem schläfrigen Geschnaufe auf, verspritzte zehntausend Scheffel eines beißenden Giftschaums, sperrte sein Maul weit auf und sagte: »›Reines Land‹ zum Zen hinzuzufügen, das ist wie einer Katze die Augen auszustechen. Zen zum ›Reinen Land‹ hinzuzufügen, das ist wie ein Segel auf dem Rücken einer Kuh aufzuziehen.«[31] Gebabbel eines schlaftrunkenen Mannes? Und wenn schon, was für ein wunderbares Gebabbel.

Vor zwanzig Jahren hat einmal jemand gesagt, daß in zwei- oder dreihundert Jahren alle Zen-Leute sich den Schulen des »Reinen Landes« angeschlossen haben werden.[32] Meine Antwort darauf lautet: »Wenn ein Anhänger des Zen sich nicht beharrlich seiner Übung widmet, wird er in der Tat zur Lehre des »Reinen Landes« hingezogen werden. Wenn umgekehrt ein Anhänger des »Reinen Landes« das »Nembutsu« beharrlich ausführt und imstande ist, dabei Samādhi zu erreichen, dann wird er unweigerlich beim Zen enden.«

Die folgende Geschichte ist mir einst von einer großen und ehrwürdigen Persönlichkeit erzählt worden[33]: Da gab es vor dreißig oder vierzig Jahren zwei heilige Männer. Der eine hieß Enjo und der andere Engū. Es ist nicht bekannt, woher Engū stammte und wie sein Familienname lautete, doch er widmete sich ausdauernd und beharrlich der Anrufung des Amida – er hielt daran genauso entschlossen fest, wie er nach einem Feuer oben auf seinen Kopf gegriffen und es weggewischt hätte! Eines Tages geriet er plötzlich in Samādhi und erreichte vollständige und vollkommene Befreiung. Diese seine Verwirklichung strahlte aus seinem ganzen Sein hervor. Auf der Stelle machte er sich auf nach Hatsuyama in der Provinz Tōtōmi, um den alten Meister Du-zhan Xing-ying aufzusuchen.[34] Dort angekommen, fragte ihn Du-zhan: »Woher kommst du?«

»Aus Yamashiro«, antwortete Engū. »Welchen Buddhismus praktizierst du?«, fragte Du-zhan weiter. »Ich bin ein Buddhist des ›Reinen Landes‹«, erwiderte er. »Wie alt ist denn der verehrte Buddha des Grenzenlosen Lebens?« – »Er ist so alt wie ich«, gab Engū zur Antwort. – »Und wo ist er gerade jetzt?« faßte Du-zhan nach.

Engū ballte seine rechte Hand zur Faust und hob sie ein wenig in die Höhe. »Du bist ein wahrer Mann des ›Reinen Landes‹«, erklärte daraufhin Du-zhan.

Diese Geschichte untermauert das, was ich gerade über die Anhänger des »Reinen Landes« gesagt habe, die unweigerlich zum Zen hingezogen werden, wenn es ihnen gelingt, durch beharrliche Wiederholung des »Nembutsu« den Zustand des Samādhi zu erreichen. Unglücklicherweise sind jedoch Anhänger des »Reinen Landes«, die sich dem Zen zuwenden, noch seltener zu finden als Sterne am Mittagshimmel. Wohingegen Zen-Anhänger, die von Praktiken des »Reinen Landes« Gebrauch machen, zahlreicher sind als die Sterne in einer klaren Nacht.

Neulich hat mir jemand von Leuten erzählt, die in abgelegenen Zen-Tempeln draußen auf dem Lande »Nembutsu«-Sitzungen abhalten. Wie es scheint, stellen sie Gongs auf und Bronzetrommeln ähnlich denen, die in den Tempeln des »Reinen Landes« stehen, und schlagen auf sie ein, während sie im Chor lauthals ihr »Nembutsu« hinausschreien. Sie machen einen solchen Lärm, daß sie die Dörfer rinsgsum in Schrecken versetzen.

Es macht mir angst, wenn ich an die Prophezeiung über Zen in dreihundert Jahren denke. Falls nicht ein paar große Zen-Heilige wie Ma-zu oder Lin-ji auftauchen, scheint der Untergang unabwendbar. Es verkrampft mir die Eingeweide, wenn ich nur daran denke.

Deshalb, ihr Edelgeborenen, ihr treuen und mutigen Verteidiger der geheimen Tiefen des Zen, gürtet die Lenden eures Geistes. Bettet euch auf Stößen von Reisig, laßt Not euer täglich Brot sein!

Im dritten Teil des »Plattform-Sūtra«, demjenigen, der den Zweifeln und Fragen gewidmet ist, trifft der Sechste Patriarch die Feststellung: »Wenn man es als etwas betrachtet, das sich als Form manifestiert, dann liegt das ›Westliche Paradies‹ 108 000 Wegstunden weit von hier entfernt, eine Entfernung, die durch die zehn Übel und acht falschen Handlungsweisen in uns selbst hervorgerufen wird.«[35]

Yun-qi Zhu-hong, ein Priester der Ming-Dynastie aus jüngster Zeit, der während der Wan-li-Ära (1573–1627) in Hang-zhou lebte, schreibt in seinem Kommentar zum »Amida-Sūtra«[36]:

Das »Plattform-Sūtra« identifiziert fälschlicherweise Indien mit dem »Reinen Land der Glückseligkeit«. Indien und China sind jedoch beides Teile dieser unserer unreinen Welt. Wenn Indien das »Reine Land« wäre, was für eine Notwendigkeit gäbe es dann noch für die Menschen, weit nach Osten zu streben oder sich nach dem Westen zu sehnen? Amidas »Reines Land der Glückseligkeit« liegt nun einmal westlich von hier, viele Millionen von Buddha-Ländern jenseits dieser Welt.[37]

Das Werk, das wir als das »Plattform-Sūtra« kennen, besteht aus Aufzeichnungen, die Schüler des Sechsten Patriarchen zusammengetragen haben. Wir haben keinen sicheren Beweis, daß das, was sie da aufgezeichnet haben, frei von Fehlern ist. Wir müssen daher sehr sorgfältig darauf achten, daß wir ein solches Buch den Anfängern unter unseren Schülern vorenthalten. Wenn es Leuten in die Hände gerät, denen es an der Fähigkeit mangelt, es richtig aufzufassen, dann wird es sie in wilde Dämonen der Zerstörung verwandeln. Und das wäre doch höchst beklagenswert!

Pfui Teufel! Wer war denn dieser Zhu-hong überhaupt? Irgendein engstirniger Konfuzianer? Ein Verteidiger des Kleineren Fahrzeugs? Vielleicht ein Buddhist der Glaubensrichtung des »Reinen Landes«, der grundlos abfällige Bemerkungen über dieses heilige Werk ausschüttet, weil er für die tiefe Wahrheit, die im »Meditations-Sūtra« enthalten ist, keine Augen hat? Der so verfährt, weil er ganz einfach kein Dharma-Auge besitzt, das ihn befähigen würde, Sūtras zu lesen? Oder war er vielleicht ein Mitstreiter Māras, des Zerstörers, der sich hier in der Gestalt eines Priesters manifestiert, mit rasiertem Schädel, schwarzgewandet, verborgen hinter der Maske bloß verbaler »Prajñā« und von dem Drang besessen, mit seiner Verleumdung die wunderbar subtilen, schwer zu erfassenden Worte eines wahren buddhistischen Heiligen zu vernichten? Diese Charakterisierung scheint mir nur allzugut auf Zhu-hong zu passen. Dennoch hat jemand an ihnen Anstoß genommen und erklärt:[38]

Es gibt keinen Grund, sich über Meister Zhu-hong zu wundern. Ein genauerer Blick auf ihn verrät, daß ihm eben nur das Auge des Kenshō gefehlt hat. Er besaß nicht die Kraft, die aus der Erkenntnis der Wahrheit des Buddha kommt. Ohne ein Karma aus früheren Existenzen, das ihn befähigt hätte, Prajñā-Weisheit zu erreichen, wenn er nur weiterhin vorgerückt wäre, und weil er sich andererseits davor fürchtete, zurückzuweichen, und zwar aus Angst vor der schrecklichen samsārischen Vergeltung, die ihn, wie er wußte, im nächsten Leben erwartete, hat er sich dem Glauben an das »Reine Land« zugewandt und angefangen, sich ausschließlich der Anrufung Amidas hinzugeben, in der Hoffnung, daß er bei seinem Tode Amida schauen werde, daß die ihn begleitenden Bodhisattvas herbeikämen, ihn zur Geburt im »Reinen Land« willkommen zu heißen, und daß er auf diese Weise die Frucht der Buddhaschaft erlangen werde.[39]

Und so kam es, wie es kommen mußte: Als er einmal zufällig das »Plattform-Sūtra« aufschlug und die goldenen Worte des Sechsten Patriarchen las, die das authentische »direkte Zeigen« der Zen-Schule darlegen, und als er erkannte, daß sie in völligem Widerspruch zu den Bestrebungen standen, die er selbst hegte und pflegte, da machte diese Einsicht alle seine Hoffnungen zunichte. Das war es, was ihn veranlaßt hat, sich voller Entrüstung aufzuraffen und den Kommentar zusammenzustellen, den wir jetzt vor uns haben, als letztes Hilfsmittel, die Vorstellungen eines Zwerges zu retten, an die sich zu klammern ihm zur Gewohnheit geworden war.

Er war also kein Konfuzianer, kein Daoist, auch kein Verbündeter Māras. Er war nur ein blinder Priester mit einem leidlichen Talent für das geschriebene Wort. Wir sollten uns daher nicht über ihn wundern. Seit der Zeit der Song-Dynastie sind Leute wie er so weitverbreitet wie Flachssamen.

Wenn das, was dieser Mensch sagt, tatsächlich wahr ist, dann war das Verfahren, zu dem sich Zhu-hong entschlossen hat, eine äußerst unkluge Vorgehensweise. Wir sind schließlich vom Glück begünstigt, daß wir die erbarmungsvollen Unterweisungen des Sechsten Patriarchen besitzen! Sollten wir sie nicht einfach voller Bewunderung lesen, voller Ehrfurcht an sie glauben und in die geheiligten Bezirke eintreten, die sie uns eröffnen? Was sollen wir mit einem Menschen machen, der sein kümmerliches literarisches Talent zu dem Versuch benutzt, die erhabene Weisheit und den großen religiösen Geist eines Mannes von der Statur des Sechsten Patriarchen herabzusetzen? Doch selbst gesetzt den Fall, daß das erlaubt sein mag, solange er nur sich selbst in die Irre führt, ist es in der Tat gleichwohl ein trauriger Tag gewesen, an dem er seine Mißverständnisse dem Papier anvertraut und sie in Gestalt eines Buches an die Öffentlichkeit gegeben hat, das bei unzählig vielen zukünftigen Schülern die Zen-Lehre zu untergraben vermag.

Grundsätzlich gehen wir davon aus, daß die Äußerungen eines Weisen zu den Vorstellungen, wie gewöhnliche Menschen sie hegen, im Widerspruch stehen. Und Menschen, die mit solchen Äußerungen nicht übereinstimmen, betrachten wir als nicht erleuchtet. Nun, wenn die Worte eines Weisen sich nicht von den Vorstellungen unterscheiden, die die Unerleuchteten für zutreffend und richtig halten, sind dann nicht eben diese Worte selbst solche der Unwissenheit und des Mangels an Erleuchtung und mithin unserer Wertschätzung nicht wert? Und umgekehrt: Wenn die Unwissenden sich in völliger Übereinstimmung mit den Worten eines erleuchteten Weisen befinden, macht sie das dann nicht zu gleichfalls erleuchteten Menschen und insofern unserer Verehrung wert?

Um damit zu beginnen: Meister Hui-neng war ein großer Meister mit einer unübertroffenen Fähigkeit, den Dharma weiterzugeben. Keiner der übrigen 700 Schüler, die unter dem Fünften Patriarchen auf dem Berg Huang-mei-shan übten, konnten an ihn auch nur heranreichen.[40] Seine Nachfahren bedecken heutigen Tags die Erde von Meer zu Meer, wie die Spielsteine ein GO-Brett oder die Sterne den Himmel. Einem gewöhnlichen Feld-, Wald- und Wiesen-Mönch wie Zhu-hong, dessen willkürliche Mutmaßungen und wilde Vermutungen sämtlich nur daraus resultieren, daß er in Haufen alten Abfalls herumstochert, widerfährt schon dadurch zuviel Ehre, daß er auch nur im selben Atemzug wie Hui-neng erwähnt wird.

Bist du dir denn nicht bewußt, Zhu-hong, daß Meister Hui-neng ein zeitloser alter Spiegel ist, in dem die Reiche des Himmels und der Hölle sowie die Länder der Reinheit und der Unreinheit sich alle gleichermaßen spiegeln? Weißt du denn nicht, daß sie, so wie sie sind, das eine Auge eines Zen-Mönches sind?[41] Sogar ein demantener Hammer könnte es nicht zerschlagen, selbst das beste Schwert auf Erden könnte nicht darein eindringen. Dieses Auge ist ein Reich, in dem es kein Kommen und Gehen gibt, keine Geburt und keinen Tod.

Das Licht, das von dem weißen Haar zwischen den Augenbrauen des Buddha Amida ausgeht, in dem gleich fünf Berge Sumeru enthalten sind, sowie seine blauen Lotos-Augen, die die vier großen Ozeane umfassen, und ebenso die Bäume mit den sieben kostbaren Edelsteinen und die Teiche der acht Tugenden, die sein »Reines Land« zieren, sie alle leuchten und strahlen gerade jetzt in unserem Geist, sie manifestieren sich mit vollkommener Klarheit genau vor unseren Augen. Die Hölle der schwarzen Stricke, die zusammengesetzten Höllen, die große Klagehölle, die endlose Hölle – sie und der ganze Rest, sie sind, so wie sie sind, nichts als der gesamte Körper Amidas, des verehrungswürdigen »Weisen des Grenzenlosen Lebens«, in all seinem goldenen Glanz.

Es macht keinen Unterschied, ob ihr es das »Leuchtende Land aus Lapislazuli im Osten« nennt oder das »Unbefleckte Land der Reinheit im Süden«; ursprünglich ist das alles ein einziger Ozean des vollkommenen, unübertroffenen Erwachens.[42] So wie es ist, ist es zugleich die ihm innewohnende Natur eines jeden menschlichen Wesens.

Doch obwohl es in ihnen allen gegenwärtig ist, sieht jedes von ihnen es auf eine andere Weise, je nach dem Gewicht des individuellen Karma sowie der Menge des Verdienstes und des Glücks, das ein jedes freudig genießt.

Diejenigen, die die schrecklichen Qualen der Hölle erleiden, erblicken siedende Kessel und weißglühende Öfen. Hungrige Geister sehen rasende Feuer und Teiche voll Eiter und Blut. Kämpfende Dämonen sehen ein wüstes Schlachtfeld, erfüllt von tödlicher Zwietracht. Und die Unerleuchteten sehen eine unreine Welt der Unwissenheit und des Leidens – nur Dornenbüsche und Stachelgewächse, Steine und wertlose Scherben –, von der sie sich voller Abscheu abwenden, um nach dem Land der Reinheit zu suchen. Bewohner der Deva-Reiche hingegen erblicken ein wunderbares Land aus strahlendem Lapislazuli und durchsichtigem Kristall. Anhänger der zwei Fahrzeuge sehen ein Reich des Übergangs auf dem Weg zur letzten Vollendung. Bodhisattvas sehen ein Land der wahren Belohnung, reich an herrlichem Schmuck. Und Buddhas sehen ein ewiges Land aus stillem Licht. Wie steht es da mit den Zen-Mönchen? Was sehen sie?

Ihr müßt euch bewußt sein, daß die Juwelennetze der himmlischen

Reiche und die weißglühenden eisernen Feuerroste in den Reichen der Hölle als solche tausendschichtige Gewänder aus feinster Seide sind, und daß die verschwenderischen Mahle im »Paradies des Reinen Landes« und die geschmolzene Bronze, die den Höllenbewohnern vorgesetzt wird, Festessen sind, die mit hundert seltenen Geschmäckkern beglücken. Überall im Himmel und auf der Erde gibt es nur einen Mond, nicht zwei, nicht drei. Und doch steht Menschen mit gewöhnlicher oder geringer Fähigkeit kein Weg offen, das zu verstehen.

Anhänger der Patriarchen-Lehrer, Mönche von überlegener Fähigkeit, die ihr danach strebt, in die verborgenen Tiefen hinabzudringen: Solange ihr nicht den Griff aufgebt, mit dem ihr euch an dem Felsüberhang festhaltet, an dessen Kante ihr ins Bodenlose hängt, und in ein neues Leben hineinsterbt, könnt ihr niemals in einen solchen Samādhi eintreten. Doch in dem Augenblick, da ihr das tut, verschwindet die Trennung zwischen Dharma-Prinzip und erleuchteter Person und lösen sich die Unterschiede zwischen Geist und Umwelt auf. Das ist es, worum es tatsächlich geht, wenn der alte Buddha erscheint, euch im »Reinen Land« willkommen zu heißen. Ihr seid jene überragenden religiösen Suchenden, von denen das Sūtra sagt, daß sie für den »höchsten Rang der höchsten Wiedergeburt im ›Reinen Land‹« bestimmt sind.[43]

Meister Zhu-hong, wenn ihr nicht irgendwann einmal auf diese Weise Zutritt zum »Reinen Land« erlangt, dann könnt ihr durch Millionen und Abermillionen von Buddha-Ländern wandern und mehr als achttausendmal wiedergeboren werden, und dennoch wäre das alles nicht wirklicher als ein Schatten in einem Traum, nicht verschieden von dem eingebildeten Land, das sich Han-tan in seinem schlummernden Gehirn vorgegaukelt hat.[44]

Der Zen-Meister Hui-neng hat unmißverständlich festgestellt, daß es die zehn Übel und die acht falschen Handlungsweisen sind, die uns vom »Westlichen Paradies« trennen. Das ist eine vollkommen berechtigte, eine absolut authentische Darlegung. Wenn die unzähligen Tathāgatas der sechs Richtungen sich alle zur selben Zeit in dieser Welt manifestierten, sie könnten, wie auch immer sie es anstellen wollten, keine Silbe daran ändern.

Ferner, Meister Zhu-hong: Wenn ich zu euch sagte: »Das ›Westliche Paradies‹ ist 18 Wegstunden von hier entfernt« oder: »Das ›Westliche Paradies‹ befindet sich dort drüben, sieben Fuß von hier entfernt« oder gar: »Das ›Westliche Paradies‹ ist nur 18 Zoll weit weg«, so wäre auch das eine vollkommen berechtigte, absolut authentische Belehrung. Wie wollt ihr an sie Hand anlegen oder euren Fuß darauf setzen? Wenn ich diese Feststellungen treffe, auf welches Dorf, was meint ihr, beziehe ich mich dabei? Und wenn ihr zögert oder auch nur für den Bruchteil einer Sekunde einhaltet, um zu überlegen, so steht schon ein abgenutzter zinnoberroter Stock von sieben Fuß Länge an der Wand für euch bereit.

Euer Ärger darüber, daß ihr euch eingestehen müßt, daß die Vorstellungen des Sechsten Patriarchen von euren eigenen völlig verschieden sind, hat euch dazu gebracht, euch einen wahren Meister, der sich ganz und gar dem erklärten buddhistischen Ziel der Rettung aller Lebewesen gewidmet hat, vorzunehmen und als einen Dummkopf hinzustellen, der nicht einmal den Unterschied zwischen dem »Reinen Land« und Indien kennt! Glaubt ihr, das sei in Ordnung?

Wir können nur vermuten, daß dieses oder jenes Vorurteil über den Sechsten Patriarchen Zhu-hong veranlaßt hat zu denken: »Es ist wirklich eine Schande, daß der Sechste Patriarch mit seiner unleugbaren tiefen Erleuchtung ursprünglich ein Holzsammler aus dem barbarischen Süden gewesen ist. Als Analphabet, der des Lesens und Schreibens unkundig war, hat er die buddhistischen Schriften nicht einmal ansatzweise studieren können. Er war primitiv, ungeschliffen und unwissend. Er hat sich in der Tat in nichts von jenen Leuten vom Lande unterschieden, die Kühe hüten, Fische fangen und als Gesinde arbeiten.«[45]

Doch sollte es tatsächlich möglich sein, daß selbst solche Menschen den Unterschied zwischen dem »Reinen Land« und Indien nicht kennen? Sogar ein kleines Kind von drei Jahren glaubt an das »Reine Land« und ist bereit, es mit einem Gefühl der Verehrung anzubeten. Und wir sprechen von einem großen buddhistischen Meister, von einem jener Weisen, »denen man nicht leicht begegnet, auf die man nur schwerlich trifft«, weil sie so selten in der Welt erscheinen! Der große und ehrwürdige Meister Hui-neng war eine wahrhafte Udumbara-Blume, mit deren verheißungsvollem Blühen sich die Prophezeiungen der buddhistischen Weisen erfüllt haben.

Dieser wahrhaft erleuchtete Mann, ausgestattet mit den zehn übermenschlichen Kräften der Buddhaschaft, ist auf dem Fahrzeug des allumfassenden Gelübdes in die Welt gekommen und hat uns das Geheimnis einer religiösen Verwirklichung enthüllt, die zuvor von keinem anderen Buddha oder Patriarchen je gepredigt worden ist. Es war, als stürze sich der Drachenkönig in den alles umschließenden Ozean, verwandele dessen Salzwasser in frisches Trinkwasser und bewirke mit vollkommen ungehinderter Freiheit, daß es als reines, süßes Manna überall auf der Erde herniedergeht, um ausgedörrtes Ödland nach den Verwüstungen einer langen Dürre neu zu beleben. Es war, als betrete ein reicher Mann sein riesiges Schatzhaus mit vielen Kostbarkeiten, wie sie nur selten in der Welt zu sehen sind, trete wieder hervor und verteile sie an die Frierenden und Hungrigen und flöße ihnen dadurch, daß er so ihre Not und ihre Leiden lindert, neuen Lebensmut ein. Solche Fälle wie der des Hui-neng können nicht nach den Maßstäben des gesunden Menschenverstandes beurteilt werden, noch kann unerleuchtetes Grübeln ein klärendes Licht auf sie werfen.

Die Priester von heute haben sich in ein kompliziertes Gespinst aus Worten und Buchstaben eingesponnen. Erst saugen und kauen sie an solchem Schmutzwasser und Dreck von Geschriebenem, bis ihnen der Mund eitert; und dann gehen sie dazu über, ein endloses Wirrwarr unverantwortlichen Unsinns auszuspucken. Solche Männer sollte man fürwahr nicht im selben Atemzug wie den Sechsten Patriarchen erwähnen.

Shākyamuni Buddha sagt uns, daß das »Reine Land« viele Millionen von Buddha-Ländern weit von hier entfernt liegt. Der Sechste Patriarch hingegen erklärt, die Entfernung betrage 108 000 Wegstunden. Beide Äußerungen stammen von Männern, deren spirituelle Kraft – eine Kraft, die sich aus großer Weisheit ableitet – ehrfurchtgebietend groß ist. Ihre Worte hallen wider wie das erderschütternde Stampfen des Elefantenkönigs. Sie breiten sich aus wie das Gebrüll des Herrschers der Löwen, das das Gehirn eines jeden Schakals oder sonstigen Aasfressers zum Platzen bringt, wenn er auch nur das leiseste Zögern zeigt.

Und doch verkündet Zhu-hong das leichthin geäußerte Urteil, daß »das ›Plattform-Sūtra‹ fälschlicherweise Indien für das ›Reine Land der Glückseligkeit‹ hält.« – »Das Werk, das wir als das ›Plattform-Sūtra‹ kennen«, so sagt er, »besteht aus Aufzeichnungen, die Schüler des Sechsten Patriarchen zusammengestellt haben. Wir haben keinen sicheren Beweis, daß das, was sie da aufgezeichnet haben, frei von Fehlern ist.« Unter dem Vorwand, hilfreich sein zu wollen, macht Zhu-hong in Wahrheit nichts anderes, als den Sechsten Patriarchen herabzusetzen.

Im *Rokusodankyō kōkan*, einem Kommentar zum »Plattform-Sūtra«, schreibt der Verfasser: »Nach den alphabetischen Ortsverzeichnissen und den geographischen Werken, die ich befragt habe, beträgt die Entfernung vom Westtor der Stadt Chang-an in China bis zum Osttor von Kapilavastu (der Vaterstadt des Buddha Shākyamuni) in Indien 100 000 Wegstunden, so daß sich von Zhu-hong's Vorwurf bezüglich des ›Plattform-Sūtra‹, daß es nämlich irrtümlicherweise Indien für das ›Reine Land‹ ausgibt, durchaus sagen läßt, daß er in der Tat eine solide Grundlage besitzt.«[46]

Nun, das ist nicht einmal guter Müll. Doch auch wenn ich zugebe (was mir schwerfällt), daß die Vorliebe des Verfassers, seine Nase in alte Bücher zu stecken, nicht ohne Berechtigung ist, so hätte ich gleichwohl gern eine Antwort von ihm auf folgende Frage: »Welches Ortsverzeichnis oder geographische Werk seit den Zeiten des Großen Yu[47] hat je behauptet, daß Indien von China ›sieben Übel und acht falsche Handlungsweisen‹ entfernt ist?« Es ist in der Tat eine Riesenschande: Warum hat dieser Verfasser, statt seine Zeit damit zu verschwenden, mit der Nase in Nachschlagewerken herumzustochern, nicht einfach das »Plattform-Sūtra« mit Sorgfalt und Achtung durchgelesen und sich zum anderen daran gemacht, aufmerksam die wahre Absicht zu erforschen, die Buddha Shākyamuni mit seiner Predigt über das »Reine Land des Buddha Amida« verfolgt hat? Wenn er sodann diese Absicht bei sich bedacht, sie auf diese und auf jene Weise erwogen hätte, immer wieder aufs neue, dann wäre irgendwann der Zeitpunkt gekommen, wo er plötzlich den Durchbruch geschafft und ES erfaßt hätte. Und damit hätte er auch jene »solide Grundlage« gehabt, die er sich gewünscht hat. Er hätte voller Freude in die Hände geklatscht und wäre in brüllendes Gelächter ausgebrochen – er hätte gar nicht anders gekonnt. Und wem, was meint ihr, hätte dieses große Gelächter gegolten?

Für jemanden wie Meister Zhu-hong in seinem fortgeschrittenen Stadium spiritueller Kurzsichtigkeit ist es ein absurdes Verhalten, herumzulaufen und unausgegorene Urteile über die goldenen Worte eines echten Weisen zu verbreiten, wie es der Sechste Patriarch gewesen ist. Dasselbe gilt für den Verfasser des *Rokusodankyō kōkan*. Wie Meister Zhu-hong verbringt er sein ganzes Leben damit, tief unten in einer dunklen Höhle zu leben, unentrinnbar gefangen in einem Dickicht von Schlingpflanzen. Beide führen sich auf wie ein Liliputaner, der in einem überfüllten Theater sitzt. Er versucht dem Stück zu folgen, doch er kann nicht das geringste bißchen sehen. Folglich springt er auf und nieder und applaudiert, wann immer die anderen Beifall klatschen. Ebenso erinnern sie mich an eine Horde blinder Perser, die über ein Blatt aus Pergament stolpern, das mit Sanskrit-Schriftzeichen bedeckt ist. Sie wandern mit ihm weiter, bis ans Ende der Welt, kratzen all ihr Wissen zusammen und strengen sich an, die Bedeutung des Textes zu entziffern. Doch da sie nicht die blasseste Ahnung haben, was er besagt, können sie nicht einmal ein einziges Wort richtig herausbekommen und machen sich obendrein zu reinen Witzfiguren.

Eigentlich verdienen solche Leute nicht einmal unsere Aufmerksamkeit. Da ich jedoch wegen des Schadens besorgt bin, den sie anrichten können, indem sie auch nur einige wenige ernsthafte Suchende in die Irre führen, halte ich es für nötig, ein paar eigene Schlinggewächse wie die folgenden auszulegen, auf daß sie sich darin verfangen.

»Wir müssen sehr sorgfältig darauf achten, daß wir ein solches Buch den Anfängern unter unseren Schülern vorenthalten«, heißt es in Zhu-hong's Kommentar. »Wenn es zufällig Leuten in die Hände gerät, denen es an der Fähigkeit mangelt, es richtig aufzufassen, dann wird es sie in wilde Dämonen der Zerstörung verwandeln. Und das wäre doch höchst beklagenswert!«

Meine Antwort auf die krasse Unverantwortlichkeit eines solchen Urteils lautet wie folgt: Wir müssen sehr sorgfältig darauf achten, daß wir solch dumme, falsch unterrichtete Urteile über ein Werk wie das »Plattform-Sūtra« auf gar keinen Fall durchgehen lassen. Wenn Menschen mit unerleuchteten Ansichten ein solches Werk auf der Grundlage ihrer eigenen Unwissenheit beurteilen, so werden sie sich auf der Stelle in wilde Dämonen der Zerstörung verwandeln. Das ist es, was wahrhaft beklagenswert wäre.

Erst einmal: Tathāgatas erscheinen einer nach dem anderen zu dem alleinigen Zweck in der Welt, uns Wege zur Buddha-Weisheit zu eröffnen, so daß wir fühlenden Wesen an ihrer Einsicht teilhaben können. Das ist immer das vorrangige Ziel ihrer Selbstmanifestation gewesen. Obwohl die Sūtras und Kommentare eine Vielfalt von Dharma-»Toren« enthalten: plötzliche und stufenweise Unterweisungen, verbale und non-verbale Unterweisungen, exoterische und esoterische Unterweisungen, erste und letzte Lehren – am Ende laufen sie alle auf eine und nur eine Lehre hinaus: das fundamentale Selbstwesen, wie es allen und jedem einzelnen Menschen innewohnt.

Nicht anders steht es im Falle des Meisters Hui-neng. Mag auch das »Plattform-Sūtra«, das seine Lehre enthält, Kapitel aufweisen, die seiner eigenen religiösen Entwicklung gewidmet sind, andere, die den Antworten gewidmet sind, die er auf die Zweifel von Fragern gegeben hat, wieder andere, die der Meditation und Weisheit, der Reue und so weiter gewidmet sind, so sind sie doch am Ende nichts anderes als die eine Lehre vom Kenshō [dem Schauen in das wahre Selbstwesen]. Weise Männer haben in Indien über 28 Generationen hinweg und in China über sechs Generationen hinweg jeder für sich diesen Dharma des Kenshō weitergegeben, und ebenso die verehrungswürdigen Zen-Meister der Fünf Häuser und Sieben Schulen, die von jenen herstammen: Allesamt darum bemüht, die Menschen zu eben dem Erwachen zu führen, das Shākyamuni erfahren hat, haben sie sich beharrlich für das Erreichen des fundamentalen Zieles eingesetzt, um dessentwillen die Buddhas in der Welt erscheinen. Keiner von ihnen hat je ein Wort über das »Westliche Paradies« geäußert, noch eine einzige Silbe über die Geburt im »Reinen Land« gepredigt. Und als die Schüler, die nach ihnen kamen, ihr Studium des WEGES begonnen und es auf sich genommen haben, sich ins »Plattform-Sūtra« zu vertiefen, da hat sich keiner von ihnen je in einen wilden Dämon verwandelt. Ganz im Gegenteil, das »Plattform-Sūtra« hat ihre Verwirklichung vertieft und sie dazu befähigt, zu großen Dharma-Gefäßen heranzureifen. Also bitte, Meister Zhu-hong, hört auf damit, uns mit dem, was Ihr beweint, die Ohren vollzujammern.

Eigens wegen solch irregeleiteter Menschen, wie Ihr einer seid, hat Nan-hai Zong-bao zur Zeit der Yuan-Dynastie das Folgende geschrieben:

> Das »Plattform-Sūtra« ist nicht bloß eine Ansammlung von Worten. Es verkörpert das Prinzip des »direkten Zeigens (auf den Geist)« des Bodhidharma, das von Patriarch zu Patriarch weitergegeben worden ist. Mit seiner Hilfe haben große und ehrwürdige Meister der Vergangenheit wie Nan-yue Huai-rang und Qing-yuan Xing-si ihren Geist geklärt. Ebenso hat es den Geist ihrer Schüler Ma-zu Dao-yi und Shi-tou Xi-qian klären helfen. Daß die Zen-Schule heutzutage über die ganze Welt verbreitet ist, hat gleichfalls in diesem Prinzip des »direkten Zeigens« seinen festen Grund. In der Tat, sollte es möglich sein, daß in Zukunft irgend jemand seinen Geist klären und in seine eigene Natur schauen könnte – ohne Rückgriff auf eben dieses »direkte Zeigen«?[48]

Diese Worte des Zong-bao stehen für die Standard-Auffassung, die überall in Zen-Tempeln und -Klöstern Geltung hat. Und doch gibt es da den Meister Zhu-hong, der sich in irgendeinem abgelegenen Tempel häuslich niedergelassen hat und der diese seine parteiischen Verdächtigungen verbreitet. Der eine steht so weit über dem anderen, wie sich eine weiße Wolke von Schlamm unterscheidet.

Da ja nun einmal einige Menschen von Natur aus scharfsinnig sind und andere nicht, und da ja manche große Fähigkeiten besitzen, während andere sich mit geringeren begnügen müssen, gibt es eine entsprechend große Bandbreite in den Unterweisungen, die die Buddhas den Menschen erteilen. Die Buddhas richten sich in ihrem Wirken nach dem Vorgehen eines geschickten Arztes. Der macht sich nicht an die Untersuchung seiner Patienten, indem er sich an eine einzige und für immer festgelegte Behandlungsvorschrift hält, die er bereits in seinem Kopf mit sich herumträgt. Vielmehr muß er in der Lage sein, eine breite Vielfalt von Heilmitteln zu verschreiben, weil sich die Gebrechen seiner Patienten stark unterscheiden.

Nehmt zum Beispiel den Wunsch nach Wiedergeburt, wie man ihn unter den Anhängern der Schule des »Reinen Landes« findet. Shākyamuni, der »Große König der Ärzte«, der die Leiden der fühlenden Wesen lindert, hat einst die Königin Vaidehi, um sie aus dem Elend ihrer grausamen Gefangenschaft zu befreien, zu einem unerschütterlichen Glauben an das »Reine Land« ihrer inneren Geist-Natur bekehrt, indem er ein gutes und geschicktes Mittel anwandte, das er sich eigens für ihre besondere Situation ausgedacht hatte. Es war ein spezielles Heilmittel, nur für diesen Anlaß verschrieben und nur der Königin Vaidehi erteilt.[49]

Menschen wie Zhu-hong haben die Wahrheit, die in den wunderbar geschickten Mitteln des Buddha enthalten ist, nicht verstanden und klammern sich starrsinnig an die irrige Vorstellung eines »Reinen Landes« und eines Buddha, der außerhalb unseres Geistes existiert. Sie sind unfähig, wahrhaft zu begreifen, daß es so ein Ding wie einen Buddha mit eigenem Buddha-Land nicht gibt, und daß das Dorf, das sie unmittelbar vor sich sehen, und ebenso das Dorf hinter ihnen und jedes andere Dorf sonstwo – daß das alles Buddha-Land ist. Ebensowenig gibt es solch ein Ding wie einen Buddha-Leib. Süden und Norden, Osten und Westen, überall ist der Buddha-Leib in seiner vollen Gänze. Als Zhu-hong, unfähig, solche Wahrheiten wirklich zu begreifen, solch authentische buddhistische Unterweisungen hörte wie: »Vom ›Westlichen Paradies‹ seid ihr nur durch die zehn Übel und die acht falschen Handlungsweisen in euch selbst getrennt«, da mußte er voller Entsetzen feststellen, daß sie mit der Vorstellung vom »Reinen Land«, die er sich selbst in seinem Geist geschaffen hatte, ganz und gar nicht übereinstimmt. Da hat er sich gedacht, er könnte andere davor bewahren, von dieser Lehre zu hören oder über sie zu lesen, wenn er sie ohne Umschweife verdammte.

Wollten wir nun Zhu-hong weitermachen und Anfänger davon abhalten lassen, das »Plattform-Sūtra« zu lesen, und zwar mit der Begründung, daß es für sie ungeeignet sei, dann wären auch das »Blumengirlanden-Sūtra« und das »Lotos-« sowie das »Nirvāna-Sūtra« und andere Mahāyāna-Sūtras, in denen der Buddha das Wesen seiner Erleuchtung enthüllt, für sie nicht geeignet. Ich sage das, weil der große Meister Hui-neng, nachdem er das tiefe und subtile Prinzip des Buddha-Geistes begriffen hatte und entschlossen zum letzten Grund durchgebrochen war, von wo der Ozean der buddhistischen Lehre seinen Ursprung nimmt, nunmehr mit derselben Zunge gesprochen und aus demselben Mund gesungen hat wie all die anderen Buddhas.

Weiterhin: Ein chinesischer Kommentar zum »Blumengirlanden-Sūtra«, das *Hua-yan He-lun*, stellt fest, daß:

... Strebende, die zum ersten Rang gehören, die große Kraft des Buddha erkennen, seine Vorschriften befolgen und schließlich dadurch, daß sie die Kraft des Gelübdes nutzen, das in ihnen am Werk ist, die Geburt in Buddhas »Reinem Land« erlangen. Doch ist das keineswegs ein wirkliches »Reines Land«, sondern nur die vorläufige Manifestation eines solchen. Der Grund, weshalb Strebende nach ihm suchen, ist der, daß sie noch nicht ihre eigene wahre Natur geschaut haben und infolgedessen auch nicht wissen, daß Unwissenheit, so wie sie ist, zugleich die fundamentale Weisheit der Tathāgatas ist; und deshalb sind sie immer noch dem Wirken der Kausalität unterworfen. Das ist das Prinzip, von dem her sich die Predigt einer Schrift wie das »Amida-Sūtra« verstehen läßt.[50]

Wir dürfen mit Sicherheit annehmen, daß Zhu-hong, wenn er diesen Abschnitt zu Gesicht bekommen hätte, auf der Stelle seinen Pinsel ergriffen und einige Zeilen über das *Hua-yan He-lun* hingeworfen hätte, dahingehend, daß es »für Anfänger ungeeignet« sei. Das *Hua-yan He-lun* hat in der Tat das Glück gehabt, dem blindäugigen Blick des »Großen Lehrers des Lotos-Teiches«[51] zu entgehen. Das wiederum hat uns vor dem Schicksal bewahrt, uns Warnungen wie diese anhören zu müssen: »Gebt es nicht Menschen von geringen Fähigkeiten in die Hände« und »sonst verwandelt es sie in wilde Dämonen«. Zao-bo Da-shi (der Verfasser des *He-lun*), der jetzt in der Stille des ewigen Samādhi zuhause ist, sollte über diesen wunderbaren Glücksfall uneingeschränktes Entzücken empfinden.

Wenn wir es im Licht des wahren Dharma-Auges betrachten, dann sind alle Menschen, die alten wie die jungen, die hochgestellten wie die niedrigen, Priester wie Laien, Kluge wie sonstige, mit der wunderbaren Kraft der Buddha-Weisheit ausgestattet. Sie ist ohne jeden Abstrich in jedem von ihnen gegenwärtig. Nicht einer unter ihnen – oder auch nur ein halber – darf fallengelassen oder zurückgewiesen werden, nur weil er ein Anfänger ist.

Gleichwohl gilt: Da ja Schüler, die sich zum ersten Mal auf den WEG machen, noch nicht wissen, was für ihre Übung vorteilhaft ist und was nicht, und ebenso auch das, was unmittelbar nottut, nicht von weniger drängenden Erfordernissen unterscheiden können, sprechen wir von ihnen vorübergehend als von Anfängern. Menschen in ihrer Lage lesen die heiligen buddhistischen Schriften und vertrauen sich der Führung eines guten Freundes und Lehrers an. Später, wenn sie die Große Angelegenheit zu Ende gebracht haben und gänzlich zu wahren Dharma-Gefäßen gereift sind, werden sie eine wunderbare Gabe entwickeln, ihre Verwirklichung in Wort und Tat auszudrücken, und sich bemühen, mittels dieser Fähigkeit das große Dharma-Geschenk auch an andere weiterzugeben, um auf diese Weise die Buddha-Weisheit wie eine Sonne hochzuhalten, die die ewige Finsternis erhellt, und den Lebenspuls dieser Weisheit auch im Zeitalter des Verfalls der letzten Tage nicht zum Stillstand kommen zu lassen. Sie sind es, die wir die wahren Nachfahren der Buddhas nennen können, diejenigen, die ihre Dankesschuld gegenüber ihren Vorgängern zur Gänze erstattet haben.

Doch wenn solche Schüler gezwungen werden, zusammen mit allen übrigen Schülern gleich welcher Art und Fähigkeit das »Nembutsu« zu praktizieren, mit der Begründung, daß sie nun einmal alle Anfänger seien, dann werden wir damit nur erreichen, daß diese respektgebietenden Mitglieder der jüngeren Generation – diejenigen, die Bodhidharma als die »gebürtigen Mahāyāna-Männer dieses Landes« gepriesen hat, Männer mit überragender Begabung, die es in sich haben, große Dharma-Säulen zu werden, wert, in Zukunft zusammen mit De-shan, Lin-ji, Ma-zu und Shi-tou in einem Atem genannt zu werden – hinter halbtoten alten Schwachköpfen herlatschen oder in der Gesellschaft teilnahmsloser greiser Großmütter, die ihre greisen Köpfe hängen lassen, vor dem hellen Tageslicht die Augen schließen und endlose Litaneien von »Nembutsu« intonieren, am Rande eines Teiches im Schatten hocken. Wenn es so weit gekommen ist, wo fände man dann noch Kinder, die den Lebenspuls der Buddha-Weisheit fortführen könnten? Wer wird dann noch zu den kühlen, erfrischenden Schattenbäumen werden, die den Menschen in diesen letzten Tagen Zuflucht bieten? All die echten Bräuche und Traditionen der Zen-Schule werden in den Staub fallen. Die Saat der Buddhaschaft wird dahinwelken, wird sterben und für immer verschwunden sein.

Ich wünsche mir, daß diese großen und unbeirrbaren Schüler von überlegener Fähigkeit den richtigen Weg wählen. Wenn in einer kritischen Zeit wie dieser die goldenen Worte des buddhistischen Kanon, all die Mahāyāna-Sūtras, die in der Pippali-Höhle zu Nutz und Frommen der Anfänger späterer Zeiten zusammengestellt worden sind[52], allesamt bis auf die drei Sūtras vom »Reinen Land« in die rückwärtigen Borde der Bücherregale verbannt und dort nicht mehr zur Hand genommen werden, um schließlich als Futter für Ungeziefer zu enden, begraben in den Bäuchen von Bücherwürmern –, dann werden sie sich nicht mehr von Stapeln gefälschten Begräbnis-Geldes unterscheiden, das in einem alten Schrein tief in den Bergen vergessen worden ist, ohne noch für irgend jemanden den allergeringsten Nutzen zu besitzen. Das wäre wirklich beklagenswert! Männer wie die zuvor erwähnten, diejenigen, von denen das »Meditations-Sūtra« sagt, sie seien »für den höchsten Rang der höchsten Wiedergeburt im ›Reinen Land‹ bestimmt, geeignet, die Mahāyāna-Sūtras zu lesen«, sie gäbe es nicht mehr.

In der Art und Weise, wie er mit verleumderischen Mitteln alles verwirft, was den Vorstellungen seines Autors zuwiderläuft, läßt sich der Kommentar des Zhu-hong mit der Grube vergleichen, in der der berüchtigte Kaiser von Qin sämtliche Bücher seines Landes verbrennen ließ.[53] Als dieser Kaiser erkannte, daß seine tyrannische Politik in völligem Widerspruch zu den altehrwürdigen Lehren der konfuzianischen Schriften stand, hat er, von tiefem Groll erfüllt, die konfuzianischen Lehrer bei lebendigem Leibe begraben und alle ihre Bücher den Flammen übergeben lassen. Zhu-hong hat eine Katastrophe von ähnlichen Ausmaßen heraufbeschworen.

Die Politik, mit der die drei Kaiser Wu versucht haben, den Buddhismus zu unterdrücken, vollzog sich unverhohlen.[54] Zhu-hong hingegen wirkte darauf hin, die wahren Lehrer heimlich zu vernichten. Die ersteren taten es offen, der letztere tat es hintenherum, und doch ist das Verbrechen dasselbe. Gleichwohl dürfen wir Zhu-hong nicht wirklich wegen seiner Verstöße Vorwürfe machen. Er hat getan, was er getan hat, weil er niemals einem authentischen Meister begegnet ist, der ihn hätte anleiten können, und weil er infolgedessen unfähig war, das wahre Dharma-Auge zu öffnen, das ihn befähigt hätte, hindurchzudringen in die geheimen Tiefen. Er besaß nun einmal nicht die wunderbare spirituelle Kraft, die aus dem Kenshō kommt.

Und doch wird uns Zhu-hong als ein »Beispiel für die guten Lehrer der Vergangenheit, der Gegenwart und der Zukunft« vorgehalten. Die Leute preisen ihn als »den führenden unter den großen Priestern der Zen-, der Kegon- und der Vinaya-Schule«. Sie müssen nicht bei Verstand sein!

Wenn man genauer hinsieht, stellt sich heraus, daß die Zen-Wälder von heute mit einer Rasse von Bonzen verseucht sind, die Zhu-hong sehr ähnlich sind. Diese Leute finden sich überall, mit einer tödlichen Klammer an die »schweigende Ruhe« ihres Sitzens »wie ein verdorrter Baum« geschmiedet, von dem sie glauben, daß es die wahre Praxis des Buddha-Weges sei. Weil sie gegenüber Ansichten, die mit ihren eigenen Überzeugungen nicht übereinstimmen, alles andere als freundlich eingestellt sind, betrachten sie die Sūtras des Buddha wie einen Todfeind und verbieten ihren Schülern, sie zu lesen: Sie fürchten sie, wie ein böser Geist ein heiliges Amulett fürchtet. Sie klammern sich mit felsenfester Überzeugung an alltägliche Wahrnehmungen und Erfahrungen und halten das für Zen und nehmen andererseits an allem Anstoß, was von ihren Vorstellungen abweicht. Und folglich betrachten sie die Aufzeichnungen der Zen-Patriarchen wie Todfeinde und weigern sich, ihren Schülern zu erlauben, auch nur in deren Nähe zu kommen. Sie gehen ihnen aus dem Wege wie ein lahmer Hase einem hungrigen Tiger.

Angesichts von Anhängern der Tradition des »Reinen Landes«, die die heiligen Schriften der Buddhas scheuen und herabsetzen, sowie angesichts von Anhängern des Zen, die versuchen, ebendiese Schriften mit ihren Verleumdungen in Mißkredit zu bringen, kann man nicht umhin festzustellen, daß die Gefahr für den buddhistischen Weg ein kritisches Stadium erreicht hat.

Versteht mich bitte nicht falsch. Ich dränge Schüler nicht dazu, Kenner der Klassiker und der Geschichte zu werden, all ihre Zeit damit zu verbringen, alte chinesische Schriften zu erforschen oder sich an die Freuden der Poesie und der Schriftzeichen zu verlieren. Ich fordere sie nicht auf, mit anderen in Wettstreit zu treten und sich Ruhm zu verschaffen, indem sie ihre Überlegenheit unter Beweis stellen. Sie mögen eine Beredsamkeit erwerben vergleichbar der des Großen Purna, sie mögen ein Wissen besitzen, so groß, daß sie damit sogar Shāriputra überträfen; doch wenn es ihnen an dem grundlegenden Stoff der Erleuchtung fehlt, wenn sie nämlich das echte Auge des Kenshō entbehren, dann werden unweigerlich falsche Ansichten, ausgebrütet von Überheblichkeit, ihren Weg bis tief in die lebenswichtigen Organe ihrer Spiritualität hinein finden. Sie werden der Saat ihrer Buddhaschaft alles Leben austreiben und sie mit einem Passierschein ohne Rückkehrgenehmigung für immer in die Hölle schicken.

Ganz anders steht es mit den wahren Anhängern des WEGES. Für sie ist der entscheidende erste Schritt, daß sie ihr eigenes ursprüngliches Wesen so deutlich schauen, als betrachteten sie die Innenfläche ihrer Hand. Wenn sie von Zeit zu Zeit die Schriften lesen, die die Worte und Unterweisungen der Buddha-Patriarchen enthalten, dann werden sie diese uralt-dunklen Darlegungen mit dem Licht ihres eigenen Geistes erhellen. Sie werden echte Meister aufsuchen, um sich von ihnen anleiten zu lassen. Sie werden mit fester Entschlossenheit geloben, sich noch durch die letzten Kōan der Patriarchen-Meister hindurchzuarbeiten und vor ihrem Tode ihrerseits in der Esse ihres eigenen Meistertums einen Nachkommen, einen einzigen zumindest oder auch nur einen halben, zu schmieden: als die einzige Möglichkeit, ihre Dankesschuld gegenüber den Buddha-Patriarchen abzutragen. Solche Männer, und nur solche, verdienen es, die »Nachkommenschaft des Zen-Hauses« zu heißen.

Ehrfurchtsvoll übermittle ich dem »Großen Lehrer des Lotos-Teiches« folgende Botschaft: »Wenn Ihr Euch in irgendeinem abgelegenen Landstrich ansiedeln wollt, wo Ihr die Freiheit genießen könnt, an Eurem Lotosperlenkranz herumzufingern, den Kopf hängen- und die Augenlider herunterzulassen und das »Nembutsu« zu intonieren, weil Ihr im »Land der Lotosblüten« wiedergeboren werden wollt, dann geht mich das nichts an. Es ist ganz und gar Eure Sache. Doch wenn Ihr anfangt, mit diesem kurzsichtigen Blick in Euren Augen anderswohin zu starren, und Euch dazu entschließt, zu Eurer eigenen Unterhaltung Kommentare zu schreiben, die herabsetzende Urteile über einen großen Heiligen und unvergleichlichen Dharma-Vermittler wie den Sechsten Patriarchen fällen, dann muß ich Euch auffordern, die Worte, die Ihr da niedergeschrieben habt, mit Euch zu nehmen und sie irgendwo außer Sichtweite, wo niemals mehr noch irgend jemand je ein Auge auf sie werfen wird, für immer zu verstecken.« Warum ich das sage? Weil der große Drachenkönig, der über die Wolken herrscht, die am Himmel segeln, und über den Regen, der auf die Erde niederfällt, nicht von einer Schnecke im Schlamm oder einer »Venusmuschel« ermessen werden kann.

Einer der ehrwürdigen Lehrer der Vergangenheit hat es uns so erklärt:

Die »Westliche Region« bezieht sich auf den ursprünglichen Geist der fühlenden Wesen. »Über Millionen und Abermillionen von Buddha-Ländern hinausgehen« [um die Wiedergeburt im »Reinen Land« zu erlan-

gen] bezeichnet fühlende Wesen, die den zehn üblen Gedanken ein Ende setzen und unvermittelt die zehn Stadien der Bodhisattvaschaft überschreiten. »Amida«, ein Name, der auf ein grenzenloses Leben hinweist, steht für die Buddha-Natur in den fühlenden Wesen. »Kannon« und »Seishi«, die Bodhisattva-Gehilfen des Amida, repräsentieren das unfaßbare Wirken des ursprünglichen Selbst-Wesens. »Fühlendes Wesen« meint die Unwissenheit und die vielen Gedanken, Ängste, Wahrnehmungen und Unterscheidungen, die aus ihr resultieren. »Wenn das Leben zu Ende geht« bezieht sich auf die Zeit, wo Wahrnehmungen und Gefühle aufhören, weiterhin zu entstehen. »Das Einstellen des Denkens und der Unterscheidung« bedeutet die Reinigung des ursprünglichen Geist-Grundes und weist auf das »Reine Land im Westen« hin.
Nach Westen kehren die Sonne, der Mond und sämtliche Sterne zurück. Auf dieselbe Weise kehren alle Gedanken, Ängste und Unterscheidungen der fühlenden Wesen zu dem einen universalen Geist zurück. Es gibt folglich nur einen einzigen Geist, ruhig und frei von Verwirrung. Und weil der Buddha Amida hier vor Ort existiert, verwandeln sich in dem Augenblick, da du zu deinem Selbst-Wesen erwachst, all deine 84000 üblen Leidenschaften unverzüglich in 84000 wunderbare Tugenden. Dem unbegreiflichen Wirken, welches das zustande bringt, geben wir die Namen »Kannon«, »Seishi« und so weiter. Der unruhige Geist hingegen, wie er dir eigen ist, solange du dich im Zustand der Illusion befindest, der wird das »Unreine Land« genannt. Wenn du aber erwachst und dein Geist klar ist und frei von Verunreinigung, dann heißt das das »Reine Land«.[55]

Demzufolge erklärt Bodhidharma in seiner »Schrift über den Pulsschlag des Dharma«, daß das »Nembutsu«, wie es von buddhistischen Heiligen der Vergangenheit praktiziert worden ist, nicht an einen Buddha irgendwo da draußen gerichtet war. Die »Nembutsu«-Übung dieser Männer zielte ausschließlich auf den inwendigen Buddha in ihrem eigenen Geist... Wenn du Buddha entdecken möchtest, dann mußt du zuallererst in dein eigenes wahres Wesen schauen. Solange du das aber nicht getan hast, was für einen Nutzen kann es dir da bringen, das »Nembutsu« auszuführen oder Sūtras zu rezitieren?[56]

Von der Schwierigkeit, den Buddhas und Patriarchen unsere Dankesschuld zu erstatten

»Buddha« bezeichnet jemanden, der »erwacht« ist.[1] Sobald du einmal erwacht bist, ist auch dein eigener Geist Buddha. Wenn du aber außerhalb deiner selbst nach einem Buddha suchst, dem eine Gestalt zu eigen ist, dann entpuppst du dich als ein dummer, irregeleiteter Mensch. Das ist wie bei einem Mann, der einen Fisch fangen will. Er muß damit beginnen, das Wasser zu beobachten, weil Fische nun einmal im Wasser leben und nicht außerhalb davon zu finden sind. Wenn hingegen ein Mensch Buddha finden will, dann muß er in seinen eigenen Geist schauen, weil Buddha nur dort, und nirgendwo sonst, existiert.

Frage: »Wenn das so ist, was kann ich dann tun, um zu meinem eigenen Geist zu erwachen?«

Was ist es, das solch eine Frage stellt? Ist es dein Geist? Ist es dein ursprüngliches Wesen? Ist es eine Art Spukgeist oder Dämon? Ist es in dir? Oder außerhalb? Ist es irgendwo dazwischen? Ist es blau, gelb, rot oder weiß?

Es ist etwas, das du erforschen und für dich klären mußt. Du mußt es erforschen, ob du stehst oder sitzt, ob du sprichst oder schweigst; du mußt es erforschen, während du deinen Reis ißt oder deinen Tee trinkst. Du mußt an diesem Forschen festhalten mit völliger, unbeirrbarer Hingabe. Und niemals solltest du, was auch immer du tust, in Sūtras oder Kommentaren nach einer Antwort suchen oder in den Worten, die du von deinem Meister hörst, nach ihm Ausschau halten.

Wenn alle Anstrengung, die du aufzubringen vermagst, erschöpft ist und du ganz und gar in einer Sackgasse feststeckst, wenn du wie die Katze vor dem Mauseloch bist oder wie die Glucke, die auf ihren Eiern brütet – dann wird es sich ganz plötzlich einstellen, und du wirst den Ausbruch ins Freie erfahren. Der Phönix befreit sich aus dem goldenen Netz; der Kranich erhebt sich aus dem Käfig hoch in die Luft.

Doch auch wenn dir bis zum Tag deines Todes kein Durchbruch widerfährt und du 20 oder 30 Jahre vergeblich durchlebst, ohne jemals in dein wahres Wesen geschaut zu haben, so möchte ich mir doch von dir das feierliche Versprechen geben lassen, daß du dich niemals zur Unterstützung deines geistlichen Lebens jenen Geschichten zuwenden wirst, die du heruntergekommene alte Männer und schlappe alte Weiber heutzutage überall feilbieten hörst. Andernfalls werden sie dich in deinem Versteck belagern, werden sich an deine Knochen klammern, und du wirst nie mehr von ihnen freikommen. Und was die schwer zu passierenden Kōan der Patriarchen betrifft: Je weniger du von ihnen reden hörst, desto besser, denn sie gehen ganz und gar über dein Begriffsvermögen.

Deswegen hat ein Priester aus früheren Tagen, Gao-feng Yuanmiao, gesagt: »Ein Mensch, der sich der Zen-Übung widmet, muß mit drei entscheidenden Voraussetzungen ausgestattet sein: einer tiefreichenden Wurzel an gläubigem Vertrauen, einer riesigen Masse aus Zweifel und einer festen Entschlossenheit. Wenn ihm eines davon abgeht, ist er wie ein Dreifuß mit nur zwei Beinen.«[2]

Mit der »tiefreichenden Wurzel an gläubigem Vertrauen« ist der Glaube gemeint, daß jeder ohne Ausnahme ein essentielles Selbst-Wesen besitzt, das er zu schauen vermag, sowie der Glaube an ein Prinzip, mit dessen Hilfe dieses Selbst-Wesen durchdrungen und verstanden werden kann. Doch auch wenn du bis zu diesem Glauben vorstößt, vermagst du noch nicht »durchzubrechen« und zu einem völligen Erwachen vorzudringen, es sei denn, daß das Gefühl eines grundlegenden Zweifels aufkommt, während du an den schwer zu passierenden, den Nantō-Kōan arbeitest. Und selbst wenn dieser Zweifel endlich in dir aufkommt und feste Gestalt annimmt, und du selbst zu einer »großen Masse aus Zweifel« wirst, bist du immer noch nicht imstande, die Masse dieses Zweifels auseinanderzusprengen, wenn du dich nicht fortwährend mit einer großen, glühenden Entschlossenheit in diese Kōan hineinbohrst.

Dementsprechend heißt es, daß fühlende Wesen, die träge und ohne die nötige Aufmerksamkeit sind, drei lange Kalpas brauchen, Nirvāna zu erlangen, während für die furchtlosen und unerschrockenen die Buddhaschaft mit der Schnelligkeit eines einzigen Gedankens eintritt. Was du tun mußt, ist, dich unbeirrbar darauf zu konzentrieren, dein gesamtes natürliches Potential einzusetzen. Die Übung des Zen läßt sich mit dem Feuermachen durch Reibung vergleichen. Wenn du Holz gegen Stein reibst, kommt es entscheidend darauf an, eine ununterbrochene, äußerste Anstrengung aufzuwenden. Wenn du innehältst, sobald du die ersten Anzeichen von Rauch wahrnimmst, wirst du es niemals dahin bringen, daß das Feuer auch nur einmal kurz aufblitzt, selbst wenn du für zwei oder drei Kalpas weiterreibst.

Nur einige hundert Meter von hier entfernt ist eine Küste. Stell dir vor, jemand sei bekümmert, weil er noch niemals Meerwasser gekostet hat, und entschließe sich, etwas davon zu probieren. Er macht sich also auf zur Küste, doch bevor er auch nur hundert Schritte gegangen ist, macht er halt und kehrt um. Dann beginnt er von neuem, doch diesmal kehrt er schon um, nachdem er nur zehn Schritte getan hat. Auf diese Weise wird er niemals dazu kommen, den Geschmack des Meerwassers kennenzulernen, nicht wahr? Wenn er jedoch immer weiter geradeaus geht, ohne sich umzudrehen, so wird er doch schließlich das Meer erreichen, selbst wenn er weit im Landesinneren lebt, in einer Provinz ohne Zugang zum Meer, wie etwa Shinano oder Kai oder Hida oder Mino. Und indem er seinen Finger ins Waser taucht und es kostet, wird er augenblicklich den Geschmack kennen, den alles Meerwasser auf der Welt besitzt, einfach deshalb, weil es überall dasselbe ist, in Indien oder China, im Süd- wie im Nordmeer.

Die Edelgeborenen des Dharma, die die geheimen Tiefen erforschen, sind von eben solcher Art. Sie gehen geradeaus ihren Weg, bohren sich mit ununterbrochener Anstrengung in ihren eigenen Geist hinein, ohne jemals damit aufzuhören oder sich zurückzuziehen. Dann ereignet sich plötzlich der Durchbruch, und damit durchdringen sie ihr eigenes Wesen, das Wesen der anderen, das Wesen der

Lebewesen, das Wesen der bösen Leidenschaften und der Erleuchtung, das Wesen des Buddha-Wesens, der Gottes-Wesen, das Bodhisattva-Wesen, das Wesen der Fühlenden Wesen und der Nichtfühlenden Wesen, das Wesen der Hungrigen Geister, das Wesen der Streitlustigen Geister sowie das Tier-Wesen. Sie alle werden in einem einzigen Augenblick, kurz wie das Vorbeihuschen eines Gedankens, erfaßt. Die Große Angelegenheit ihrer religiösen Suche ist vollständig und ohne Rest bewältigt. Nichts ist mehr übriggeblieben. Sie sind frei von Geburt und Tod. Was für ein überwältigender Augenblick ist das!

Nur mit großem Respekt und tiefer Ehrfurcht treibe ich euch alle dazu an, ihr überlegenen Sucher, die ihr die geheimen Tiefen erforscht, beim Durchdringen und Klären des Selbst so ernsthaft und entschlossen zu sein, wie ihr es wäret, wenn es darum ginge, ein Feuer zu löschen, das auf eurem Kopf brennt; beim Durchbohren eurer Zweifel so gewissenhaft zu sein, wie ihr es wäret, wenn ihr einen verlorenen Gegenstand von unschätzbarem Wert suchtet; und gegenüber den Lehren, die die Buddha-Patriarchen hinterlassen haben, so feindselig ablehnend zu sein, wie ihr es einem Menschen gegenüber wäret, der gerade eure beiden Eltern erschlagen hat. Jeder, der zur Zen-Schule gehört und sich nicht dem Zweifeln und dem introspektiven Betrachten der Kōan widmet, muß als ein Versager und Gauner der niedrigsten Art gelten, als ein Mensch, der die größte Kostbarkeit wegwirft, die er besitzt. Deshalb sagt Gao-feng: »Am Grund des Großen Zweifels wartet die Große Erleuchtung ... Ein volles Maß an Zweifel wird zu einem vollen Maß an Erleuchtung werden.«

Glaubt nicht, daß die Verpflichtungen und dringenden Aufgaben des weltlichen Lebens euch keine Zeit lassen, daranzugehen, eine große Masse aus Zweifel zustande zu bringen. Glaubt nicht, daß euer Geist von wirren Gedanken so überfüllt ist, daß ihr nicht imstande wäret, euch beharrlich der Zen-Übung hinzugeben. Stellt euch einen Mann vor, der sich auf einem Marktplatz voll geschäftigen Treibens befindet oder sich in einer engen Straße seinen Weg durch eine dichte Menschenmenge bahnt und dem dabei ein paar Goldmünzen aus der

Tasche in den Schmutz fallen. Glaubt ihr, er wird sie einfach dort liegen lassen, gar nicht mehr an sie denken und seinen Weg fortsetzen, nur wegen der Situation ringsum? Glaubt ihr, irgend jemand würde die Goldstücke zurücklassen, bloß weil er sich auf einem überfüllten Platz befindet? Oder weil die Münzen im Dreck liegen? Das doch ganz gewiß nicht. Er würde versuchen, sich zu bücken, indem er die anderen soweit wie nötig beiseite drängt und schubst, und verzweifelt, mit Tränen in den Augen, den Unrat durchwühlen, der die Straße bedeckt. Sein Geist würde nicht eher Ruhe geben, als bis er die Münzen wiedergefunden hat. Und doch, was sind ein paar Goldmünzen im Vergleich zu dem unschätzbaren Juwel, das sich im Kopfschmuck der Könige findet, zu jener unvorstellbaren Seinsweise, die in eurem eigenen Geist angelegt ist?[3] Ließe sich wohl ein Juwel von solchem Wert je leichthin, ohne Anstrengung, erlangen?

Es gab da einst einen Bewohner des Ostmeeres, Karpfen Rotflosse mit Namen, der mit einem unbeugsamen Mut und einem aufrechten Charakter ausgestattet war. Dieser Karpfen Rotflosse überragte seine sämtlichen Fischgenossen durch seine geradezu ungeheure Größe. Ständig beklagte er das elende Schicksal seiner Kameraden: »Wie viele ungezählte Millionen meiner Brüder wohnen stolzgeschwellt in den weiten Tiefen des Ozeans. Sie wagen sich weit hinaus in seine grenzenlosen Silberwellen, gleiten zwischen den Wogen auf und nieder und tollen in Meeresalgen und Seetang herum. Und doch werden zahllose von ihnen an mit Ködern versehenen Haken und in Netzen gefangen. So landen sie schließlich auf Hackklötzen, von wo aus sie, in Scheiben geschnitten, in den Kochtopf wandern, um die Bäuche der Bewohner der Menschenwelt zu füllen. Ihre Gräten werden übriggelassen und weggeworfen und vermischen sich mit Schlamm und Staub. Ihre Köpfe werden streunenden Hunden hingeworfen. Einige werden auch getrocknet oder gesalzen für den Verkauf auf Märkten im Binnenland – ausgestellt in Ständen und Schaufenstern, damit jedermann sie betrachten kann. Nicht ein einziger von ihnen durchmißt seine natürliche Lebensspanne. Wie trostlos ist doch das Leben eines Fisches!«

Indem er solch traurigen Gedanken nachhing, fühlte Karpfen Rotflosse großen Mut in sich aufsteigen. Er tat einen feierlichen Schwur: »Ich werde flußaufwärts schwimmen und das Drachentor überwinden![4] Ich werde den Blitzschlägen und Feuerblitzen die Stirn bieten! Ich werde den Zustand eines gewöhnlichen Fisches hinter mir lassen und mir einen Platz auf der Daseinsstufe der heiligen Drachen erringen! Ich werde mich für immer aus den schrecklichen Leiden befreien, denen meine Artgenossen unterworfen sind, und jede Spur unserer gemeinsamen Schande und Erniedrigung auslöschen!«

Karpfen Rotflosse wartete bis zum dritten Tag des dritten Monats, wenn die Pfirsichblüten aufgegangen sind und der Strom Hochwasser hat, und dann machte er sich auf den Weg zum Eingang der Yu-Barriere. Dort sprang er, mit einem kurzen Schlag seiner Schwanzflosse, über die Sperre hinweg.

Ihr Leute habt noch niemals ein Auge auf den ehrfurchtgebietenden Sturz der Wassermassen geworfen, die sich durch das Drachentor wälzen. Sie stürzen beständig von den höchsten Höhen des weit entfernten Kun-lun-Gebirges herab, mit gewaltiger Kraft. Dort gibt es wilde, tausend Fuß hohe Wasserfälle, die durch Schluchten herniedertosen, deren Steilwände auf beiden Seiten bis in schwindelerregende Höhen aufragen, Wassermassen, die auf ihrem Weg ganze Berghänge mit sich reißen. Zornige Donnerschläge gehen mit ohrenbetäubendem Getöse nieder. Stöhnende Wirbelwinde peitschen giftigen Dunst auf und ekligen Dampf, der sich zu Trichtern formt und sausende, sich vielfach gabelnde Blitze ausspeit. Die Berggeister sind betäubt bis zur Bewußtlosigkeit, und die Flußgeister werden schwach vor Schreck. Schon ein Tropfen dieses Wassers vermag die Schale der Riesenschildkröte zu zerschmettern und die Knochen des Riesenwals in Stücke zu brechen.

Und in diesen Mahlstrom lenkte Karpfen Rotflosse – von seinen glänzenden, rotgoldenen Schuppen wie von einem Panzer ganz umhüllt und mit wildem Trommelschlag seiner stahlharten Zähne – seinen Angriff geradewegs mit aller Kraft hinein. Und siehe da: Gold-Karpfen! Gold-Karpfen! Du hättest ein ganz gewöhnliches Leben führen können draußen im grenzenlosen Ozean. Der wimmelt ja nur so von kleineren Fischen. Du hättest nicht zu hungern brauchen.

Warum also? Was hat dich veranlaßt, dich auf diesen wilden und erbitterten Kampf einzulassen? Was hat denn jenseits der Barriere auf dich gewartet?

Plötzlich, nachdem er von felserschütternden Blitzschlägen geröstet und von himmelversengenden Explosionen des Donnerfeuers übel zugerichtet war, schmolz von Kopf bis Schwanz sein Schuppenpanzer von ihm ab und brannten ihm die Flossen weg. So ging Karpfen Rotflosse unter im Großen Tod und erhob sich alsbald aufs Neue als ein göttlicher Drache – nunmehr der höchste Herrscher der Gewässer. Jetzt, mit dem Donnergott über sich und dem Feuergott hinter sich, zur Rechten und zur Linken flankiert von den Göttern des Regens und des Windes, bewegt er sich dahin, die Wolken in der einen Hand und die Nebel in der anderen, und bringt den zarten jungen Trieben neues Leben, die in einem seit langem ausgedörrten Ödland vertrocknen, und beschützt den wahren Dharma inmitten der Entweihungen der entarteten Welt.

Wäre er damit zufrieden gewesen, sein Leben wie eine lahme Land- oder eine blinde Wasserschildkröte zu verbringen und sich von Strandschnecken oder winzigen Garnelen zu ernähren, dann hätten nicht einmal die gemeinsamen Anstrengungen, die Vasuki, Manasvi und die anderen Drachenkönige zu seinen Gunsten aufbringen könnten, irgend etwas Gutes für ihn auszurichten vermocht. Er hätte niemals den großen Erfolg erzielt, den er doch tatsächlich errungen hat.

Was ich mit der »blinden Schildkröte« meine? Nun, jemanden aus der gegenwärtigen Masse von blinden, unverantwortlichen Nichtskönner-Priestern, die die Kōan als unnötig und das Zen-Gespräch (*sanzen*) als hinreichend zweckdienliches Hilfsmittel eines Meisters betrachten. Auch wenn selbst solche Menschen nicht ohne Verständnis sind, so stehen sie doch offensichtlich außerhalb des Tores, von wo aus sie vergeblich einen kurzen Blick ins Innere werfen, wobei sie Worte in den Mund nehmen wie: »Das Selbst-Wesen ist seinem Wesen nach rein, und die Geist-Quelle ist tief wie der Ozean. Es gibt keine samsārische Existenz, die es abzulegen, und kein Nirvāna, das es zu erstreben gälte. Es gibt nur eine reine und tiefe Unbewegtheit, eine durchsichtige Masse von grenzenloser Leere. Und eben hier wird der große Schatz, der allen Menschen innewohnt, gefunden. Wie könnte da irgend etwas fehlen?«

Ach, wie plausibel das klingt! Allzu plausibel! Unglücklicherweise besitzen die Worte, die diese Leute aussprechen, in der praktischen Anwendung nicht einmal ein Fünkchen Kraft. Diese Leute sind wie Schnecken: In dem Augenblick, da sich irgend etwas nähert, ziehen sie ihre Fühler ein und verharren in Reglosigkeit. Oder wie lahme Schildkröten: Sie ziehen bei der leisesten Berührung Beine, Kopf und Schwanz ein und verstecken sich im Innern ihres Panzers. Wie kann aus einer solchen Einstellung irgendeine spirituelle Kraft hervorgehen? Wenn sie zufällig einmal einem echten Mönch begegnen und seinem scharfen verbalen Angriff ausgesetzt sind, dann reagieren sie wie der zahme Storch des Meisters Yang, der immer dann, wenn der Augenblick zur Vorführung seiner Kunststücke gekommen war, nicht einmal mehr seinen Nacken bewegen konnte.[5] Es besteht kein Unterschied zwischen ihnen und den Fischen, die hilflos auf dem Hackklotz liegen und in ihrem einen Leben zehntausend Tode sterben, weil ihr Schicksal – ob sie nun in Scheiben geschnitten und roh serviert oder in Filets zerteilt und über glühenden Kohlen geröstet werden sollen – ganz und gar in fremder Hand liegt. Und während der ganzen Tortur haben sie nicht einmal die Kraft, ihren Schmerz hinauszuschreien. Können Leute von solcher Art echte Abkömmlinge des großen Bodhidharma sein? Sie versichern euch, daß ihnen »nichts fehlt«. Doch sind sie glücklich? Ist ihr Geist frei von Kümmernisssen?

Wahre Mönche, die in der Vergangenheit den WEG gegangen sind, haben sich selbst und alles, was sie besaßen, in die weißglühende Esse ihres Meisters geworfen, ohne auch nur einen einzigen Gedanken an ihr eigenes Leben oder Wohlergehen zu verschwenden. Sobald sich ihr Geist einmal dem WEG zugewandt hatte, haben auch sie nach dem Vorbild des Karpfen Rotflosse all ihre Kraft und ihren Mut zusammengenommen, bis sie das Drachentor überwunden haben. Und von da an haben sie, in was für einer Situation, unter was für Umständen auch immer, in völliger Selbständigkeit und vollkommener, allem Anhaften enthobener Freiheit gelebt und gewirkt. Von welch ungeheurer Freude und Befriedigung müssen sie erfüllt gewesen sein! Diesen Männern müßt ihr nacheifern, nicht dem Storch des Meisters Yang. Auch nicht jenen Schildkröten und Schnecken.

Und wer sind die »heiligen Drachen« [zu denen der Karpfen Rotflosse aufsteigen wollte]? Das sind die von Lebenskraft erfüllten Patriarchen der Vergangenheit, absolut echt und wahr, die sich ausschließlich und zielstrebig der echten Zen-Übung gewidmet haben. Ach, ihr Mönche, ihr seid doch menschliche Wesen, oder etwa nicht? Wenn ihr euch von einem Fisch ausstechen laßt, dann könntet ihr auch genausogut schon tot sein!

Es gibt da noch einen anderen Typ von Dämon, der euch vom rechten Weg abbringen will, und auf den ihr gar nicht so selten trefft. Das sind diejenigen, die ihre Anhänger lehren:

> Wenn ihr Meisterschaft auf dem Buddha-Weg erlangen wollt, dann müßt ihr zunächst einmal euren Geist von Geburt und Tod freimachen. Sowohl Samsāra wie Nirvāna existieren doch nur, weil der Geist sie in sich entstehen läßt. Dasselbe gilt für die Himmel und Höllen; nichts davon existiert, solange der Geist es nicht erzeugt. Folglich heißt es für euch, eines und nur eines zu tun: euren Geist vollkommen leer zu machen.

Schüler, die sich auf derlei einlassen, fangen an, ihren Geist zu entleeren, ihn in eine vollkommene Leere zu verwandeln. Nur gibt es da eine Schwierigkeit: Obwohl sie alles ausprobieren, was ihnen einfällt, und versuchen, sich bald auf diese, bald auf jene Weise leer zu machen, und sich daran für Monate, ja Jahre abmühen, müssen sie schließlich feststellen, daß ihr Vorhaben auf den Versuch hinausläuft, Nebel dadurch zu vertreiben, daß sie mit einer Stange auf ihn einschlagen, oder die Wassermassen eines Flusses dadurch aufzuhalten, daß sie sich ihnen mit ausgebreiteten Armen entgegenstellen. Das einzige Ergebnis ist eine noch größere Verwirrung.

Stellt euch zum Beispiel vor, daß ein reicher Mann irrtümlich einen Meisterdieb von größter Geschicklichkeit und Gerissenheit anheuert, um ihn sein Haus bewachen zu lassen. Nachdem der reiche Mann hat mitansehen müssen, wie das Korn in seinen Speichern, wie seine Schätze und sein übriges Vermögen von Tag zu Tag dahinschwinden, befiehlt er dem Dieb, einige verdächtige Bedienstete festzunehmen und sie rund um die Uhr so lange zu verhören, bis sie gestehen. Familienmitglieder werden vor Kummer krank. Die Beziehung zwischen dem Ehemann und seiner Frau ist schwer belastet. Gleichwohl wird ihrer aller Vermögen weiterhin auf geheimnisvolle Weise immer weniger. Und all das geschieht nur wegen des einen Fehlers, den der Mann gleich zu Beginn begangen hat, als er einen Dieb angestellt und in ihn sein ganzes Vertrauen gesetzt hat.

Die Lektion, die es daraus zu lernen gilt, ist die, daß schon der bloße Versuch, Geburt und Tod aus eurem Geist zu verbannen, an sich ein sicheres Zeichen dafür ist, daß Geburt und Tod in vollem Schwange sind.

Im *Shūrangama-Sūtra* sagt der Buddha: »Von der Vergangenheit, die keinen Anfang kennt, bis hin zu deiner gegenwärtigen Existenz hast du irrtümlicherweise einen Dieb für deinen eigenen Sohn gehalten, und so ist dir dein unwandelbares ursprüngliches Wesen verlorengegangen. Und nur deswegen hast du bisher den Kreislauf von Geburt und Tod durchwandert.« Das wird in einem Kommentar zu diesem Sūtra wie folgt erläutert:

> Das Wort »Dieb« dient dazu, die Art und Weise zu beschreiben, wie du des so überaus wertvollen Dharma-Schatzes beraubt bist. Irregeleitet und infolgedessen dir dieser Situation nicht bewußt, hältst du diesen Dieb irrtümlich für etwas Wahres und Unwandelbares und vertraust ihm deinen wertvollsten Besitz an, im Glauben, er sei dein legitimer Erbe. Statt dessen führst du nur deinen eigenen Abstieg herbei und reduzierst dich selbst auf die Erbärmlichkeit und Armut, für immer vom Dharma-Schatz ausgeschlossen zu sein.[6]

Wenn du deinen Geist wirklich von Geburt und Tod entleeren willst, dann solltest du nur eines tun, nämlich eines der völlig uneinnehmbaren, schwer zu passierenden Kōan in Angriff nehmen. Wenn du dann plötzlich mit dem Wurzelgrund des Lebens verschmilzt und alles zu existieren aufhört, dann wirst du zum ersten Mal die tiefe Bedeutung verstehen, die in den Worten des großen Meisters Yong-jia Xuan-jue enthalten ist: »Verscheuche keine Illusionen, suche nicht nach der Wahrheit der Erleuchtung.«[7]

Der Zen-Meister Da-hui Zong-gao hat gesagt: »In der heutigen Zeit ist der Einfluß des Bösen stark und der Dharma schwach. Die große Mehrheit der Menschen betrachtet die Rückkehr zur Stille und das In-ihr-leben als die höchste Verwirklichung.«[8] Er hat auch gesagt:

> In den letzten Jahren hat sich eine Sorte heuchlerischer Zen-Anhänger breitgemacht, die glauben, mit herabgelassenen Augenlidern und geschlossenem Mund dazusitzen und illusorische Gedanken durch den Geist wirbeln zu lassen, bedeute bereits, einen wunderbaren Zustand erreicht zu haben, der menschliches Verständnis übersteigt. Sie halten das für das Reich der ursprünglichen Buddhaschaft, die »schon vor dem zeitlosen Anfang dagewesen ist«. Und wenn sie dann ihren Mund öffnen und auch nur eine einzige Silbe von sich geben, dann erzählen sie dir auf der Stelle, daß sie damit auch schon aus jenem wunderbaren Reich herausgefallen seien. Sie glauben, dieser Zustand der Reglosigkeit sei der fundamentalste Zustand, den ein Mensch erreichen kann. Satori ist in ihren Augen eher eine Nebensache, »ein Zweig oder Ast« [statt des Stamms]. Solche Leute sind von dem Augenblick an, da sie ihren ersten Schritt auf dem WEG getan haben, vollkommen im Irrtum.[9]

Solche Typen, die sich mit dem Teufel verbünden, gibt es auch heutzutage in großer Zahl. Zu ihnen sage ich: »Macht euch vorerst keine Gedanken über das, was ihr für ›unwichtige Nebensachen‹ haltet. Erzählt mir lieber von eurer eigenen fundamentalen Angelegenheit, der einen, die ihr so eifersüchtig hütet und versteckt. Was hat es auf sich mit ihr? Ist sie ein Stück massiver Leere, irgendwo fest in den Grund getrieben – wie ein Pflock, an den man Maultiere und Pferde bindet? Oder ist sie vielleicht eine tiefe Höhle, angefüllt mit nichts als schwarzem Schweigen? Was auch immer sie ist, sie macht mich schaudern!«

Der Irrtum solcher Leute ist zugleich ein gutes Beispiel für das, was man »in fixe Vorstellungen verfallen« nennt: Er vermag die Törichten und Unwissenden in dieser Welt großenteils zu täuschen. Er ist seit alters ein Wohnort böser Geister, ein alter Dachsbau, eine Falle, die Menschen einfängt und lebendig in sich begräbt. Auch wenn ihr diese »reglose Stille« hochhaltet und bis ans Ende der Zeit verteidigen wolltet, sie bliebe doch immer nur das Bruchstück eines alten Sarges. Sie läuft auch unter dem Namen »dunkle Höhle des achten oder Ālaya-Bewußtseins«.[10] Die Alten haben sich durch eine Vielzahl von Mühsalen hindurchgelitten, als sie den beschwerlichen Pfad der Wahrheitssuche gegangen sind, und das alles nur zu dem einen Zweck, sich aus solch stinkenden alten Nestern wie diesen zu befreien.

Sobald aber jemand imstande ist, in seiner Übung wahre Zielstrebigkeit zu entwickeln und das alte Nest des Ālaya-Bewußtseins, in dem er sich festgesetzt hatte, ein für allemal zu zerschlagen, dann stellt sich unverzüglich die »Große vollkommene Spiegel-Weisheit« ein, beginnen die anderen drei großen Weisheiten zu wirken, und öffnet sich weit das »allumfassende Fünffache Auge«.

Wer es sich andererseits erlaubt, sich von diesen Teufeln der letzten Tage dazu verführen zu lassen, in einem alten Nest breitärschig Platz zu nehmen und sich darin häuslich einzurichten, indem er es in seine persönliche Schatzkammer verwandelt und fortan seine ganze Zeit damit verbringt, Staub zu wischen, auf Hochglanz zu polieren und sauber zu fegen und zu bürsten – was könnte der zu erreichen hoffen? Absolut nichts! Im Grunde ist es lediglich ein Stück des Achten Bewußtseins, desselben Achten Bewußtseins, das in den Mutterschoß eines Esels und den Bauch eines Pferdes eingeht. Und deshalb ermahne ich euch mit Nachdruck, alles zu tun, was ihr könnt, und euch mit all eurer Kraft anzustrengen, jene dunkle Höhle aufzubrechen und euch euren Weg hinaus in die Freiheit zu erkämpfen!

Zu jener Zeit in ferner Vergangenheit, als der Weltverehrte sein Großes Erwachen erlangt und sich in das kostbare himmlische Gewand gekleidet hat, um das wahre Herz des umfassenden »Blumengirlanden-Sūtra« darzulegen, da predigte er drei ganze Wochen lang zu einer Zuhörerschaft, die ohne jedes Verständnis dagestanden hat, als bestünde sie aus lauter Taubstummen.[11] Daraufhin hat er, um Erlösung auch den Menschen von mittlerer oder geringer Begabung zugänglich zu machen, einen vorübergehenden Ruheplatz für sie eingerichtet, den sie auf ihrem Weg zur äußersten Verwirklichung benutzen können. Er nannte diesen provisorischen Aufenthaltsort eine »Phantom-Wohnstätte«. Danach aber tat Shākyamuni sein Bestes, diesen Wohnsitz wieder zu zerstören, indem er vom Inneren des buddhistischen Mönchsordens her dagegen predigte. Der Laie Vimalakīrti versuchte dasselbe zu erreichen, indem er von außerhalb dagegen anschimpfte. Beide haben sie sogar diejenigen, die von dem provisorischen Rastplatz nicht lassen wollten, nämlich die Anhänger der Zwei Fahrzeuge [diejenigen, denen es genügt, die Worte des Buddha bloß zu hören, sowie diejenigen, die sich damit zufriedengeben, ihre persönliche Erleuchtung zu genießen], mit »eiternden alten Stinktieren« verglichen. Doch am Ende haben sie es trotz gemeinsamer Bemühungen nicht geschafft, diesen »Phantom-Wohnort« an seinem Ursprung im Ālaya-Bewußtsein auszurotten.

Allmählich haben sich also die Pflegekinder, die von den Anhängern der Zwei Fahrzeuge in die Welt gesetzt wurden, vervielfacht. Langsam und unmerklich breiteten sie sich über Indien und die westlichen Regionen aus. Im Laufe der Zeit füllte sich auch China mit ihnen. Dort haben ehrwürdige Meister wie Ci-ming, Xin-jing, Yuan-wu und Da-hui ihre Kinnbacken geschlossen, die Zähne zusammengebissen und sich tapfer bemüht, sie auszurotten. Doch sogar für diese Männer war das wie der Versuch, eine wilde alte Ratte durch Händeklatschen zu vertreiben: Sie verschwindet zwar an der einen Stelle, aber nur, um an einer anderen wieder aufzutauchen. So schleicht sie, so schleichen diese Leute immer irgendwo lauernd herum und setzen heimlich den echten, unübertragbaren Stil der Patriarchen-Meister herab. Wie beklagenswert das ist!

In Japan haben während der Jōkyū- (1219–1221), der Katei- (1235–1237), der Karyaku- (1326–1328) und der Kembu-Ära (1334–1335) 24 weitsichtige Zen-Weise ihr Leben dem gefährlichen walrücken-artigen Ostmeer anvertraut und sich leibhaftig in die

Höhle des Tigers hineingewagt, um die kaum glaublichen Methoden unserer authentischen Tradition hierher zu holen. Sie waren von dem glühenden Wunsch erfüllt, die Sonne der Weisheit für alle Zeit an den höchsten Zweigen des Göttlichen Maulbeerbaumes zu befestigen und so eine kostbare Dharma-Lampe aufzuhängen, die für immer die dunklen Weiler der Libellenprovinzen erleuchten sollte.[12] Wie hätte einer dieser Männer vorhersehen können, daß ihre Übertragung von diesen quietistischen Pseudo-Zen-Anhängern verleumdet und schlechtgemacht werden und daß in weniger als 300 Jahren das Zen, das sie herübergebracht haben, im Staub liegen würde? Daß es nicht mehr Leben in sich tragen würde als die Asche der letzten Nacht? Nichts könnte einen eher zur Verzweiflung treiben, als mitansehen zu müssen, wie der wahre Dharma in einem entarteten Zeitalter wie diesem dahinschwindet.

Wenn andererseits ein einzelner von überlegener Fähigkeit sich der Aufgabe widmet, dem WEG in authentischer Weise zu folgen, und in anhaltender Anstrengung, angeleitet von einem wahren Meister, die Kraft reiner Zielstrebigkeit in sich ansammelt, dann werden die normalen Prozesse seines Denkens, seiner Wahrnehmung, seines Bewußtseins und seines Fühlens aufhören, und er wird die Grenzen der Worte und des Verstandes erreichen. Er wird einem reinen Toren gleichen, wenn alles, einschließlich seiner vormaligen Entschlossenheit, dem WEG zu folgen, verschwindet und selbst sein Atem beinahe aussetzt. Wie bedauerlich ist es, wenn an diesem Punkt ein buddhistischer Lehrer – einer, von dem man annehmen müßte, daß er sich als der »große und gute Freund« des Betreffenden erweist – gar nicht bemerken sollte, daß dies der Augenblick ist, wo die Schale der Schildkröte aufbrechen will, wo der Phönix dabei ist, sich aus seinem Ei zu befreien; wenn er nicht wissen sollte, daß all diese befremdlichen Veränderungen nur günstige Vorzeichen sind, wie sie sich an denen zeigen, die sprungbereit an der Schwelle zur Erleuchtung stehen; wenn er sich von der Anwandlung zu großmütterlicher Freundlichkeit rühren ließe und sofort weichen, liebevollen Gefühlen des Mitleids mit dem Schüler nachgäbe und anfinge, ihm geradewegs den Grund für dieses und das Prinzip für jenes zu erklären, und ihn so hinabzöge zum Wohnort trügerischer Mutmaßungen, ihn hineintriebe in die Höhle des intellektuellen Verstehens. Bedauerlich, wenn er dann ein falsches Siegel aus Wintermelone nähme und ihm mit den Worten: »Du bist wie dies. Ich bin auch wie dies. Bewahre es mit Sorgfalt!«[13] seine Erleuchtung bestätigte. Ach herrje! Dabei ist es doch ihre, der Lehrer, Sache, »es« zu bewahren. Das Problem ist, diese Lehrer sind selbst immer noch so weit von den Hainen der Patriarchen entfernt wie die Erde vom Himmel. Was allem Anschein nach wie ein Akt der Freundlichkeit von seiten des Lehrers aussieht, der seinem Schüler helfen will, das stellt in Wahrheit ein Verhalten dar, das den Schüler in sein Verderben stürzt. Der Schüler andererseits nickt voll Befriedigung und hüpft und tollt herum, ohne die geringste Ahnung von dem Unrecht, das ihm widerfahren ist, und wedelt wie ein Hund mit dem Schwanz, in dem stolzen Bewußtsein: »Jetzt habe ich das Geheimnis begriffen, das im Kommen des Bodhidharma aus dem Westen liegt!«

Wie können solche Schüler wissen, daß sie keine einzige der Sperren der Patriarchen überwunden haben? Daß die dornigen Wälder des Zen viel, viel tiefer sind, als sie es sich auch nur vorstellen können? Was für eine schreckliche Schande für Männer von bewundernswerten Gaben, von unübertroffener Fähigkeit, die die Anlage besitzen, starke Balken und Pfeiler des Zen-Hauses zu werden, wenn sie sich diesen verderblichen Winden beugen und den Rest ihres Lebens in einem halb wachen, halb trunkenen Zustand verbringen und sich in nichts von jenem schwerfälligen und schwachsinnigen Menschenschlag unterscheiden, der niemals dazu kommt, sich seinen Weg durch irgend etwas hindurchzuzweifeln! Ist es da ein Wunder, daß die Haine des Zen so arm an wirklichen Menschen sind? Jemand, der sich an Halbwahrheiten dieser Art hängt und glaubt, sie seien wesentlich und letztgültig, der wird wahrscheinlich nicht einmal wissen, daß er damit unter die unselige Kategorie der »verwelkten Knospen und ausgetrockneten Samen« gefallen ist.

Vor langer Zeit, als der Zen-Meister Nan-yue Huai-rang vor der Einsiedlerhütte des Ma-zu saß und anfing, einen Ziegel zu polieren, da tat er das aus dem Wunsch heraus, daß Ma-zu seine wahre Absicht begreifen möge. Wenn Meister der Vergangenheit Aussprüche hinterließen, schwer zu begreifende Kōan, die den Geist ihrer Schüler von der chronischen Neigung befreien sollten, sich an irgend etwas festzuhalten, so verfolgten sie damit die Absicht, jenen komfortablen alten Nistplatz im Ālaya-Bewußtsein zu zerstören. Deshalb hat ein Meister der Vergangenheit einmal gesagt: »Ich habe den Fehler begangen, mich für mehr als dreißig Jahre in eine alte Schakal-Höhle hinabzugraben; da ist es für mich kein Wunder, warum so viele Schüler dasselbe tun.«[14]

Es kann keinen Zweifel daran geben: Die Zen-Übung ist ein ungeheures Unterfangen.

In seinen späteren Jahren machte sich der Zen-Meister Fa-yan einen Spaß daraus, im südlichen Verbindungsgang seines Klosters auf dem Berg Wu-zu-shan hin und her zu schlendern. Eines Tages sah er einen Besucher-Mönch, der gerade an ihm vorbeigehen wollte, in einem Buch lesen. Er nahm es ihm weg, warf einen Blick hinein und stieß dabei auf eine Passage, die seine Aufmerksamkeit fesselte:

> Die meisten heutigen Zen-Schüler sind zwar imstande, einen Zustand der Gelassenheit zu erreichen, in dem ihr Geist und ihr Körper nicht länger von bedrängenden Leidenschaften beunruhigt werden und ihr Haften an Vergangenheit und Zukunft abgeschnitten ist, so daß jeder einzelne Augenblick die gesamte Zeit umspannt. Dort aber bleiben sie stehen und verweilen zufrieden, wie Räuchergefäße, die nutzlos und vergessen auf einem alten Friedhof herumliegen, kalt und leblos, und nichts außer dem Schluchzen der Totengeister unterbricht die Friedhofsstille. Und weil sie annehmen, dies sei das Äußerste, was Zen ihnen zu bieten hat, entgeht ihnen zwangsläufig, daß das, was sie für eine nicht zu übertreffende Errungenschaft halten, in Wirklichkeit ihr wahres Selbst behindert, so daß wahres Begreifen und wahre Einsicht nicht zum Vorschein kommen können und das strahlende Licht der außerordentlichen spirituellen Kraft (*jinzū*) sich nicht frei entfalten kann.[15]

Fa-yan schloß das Buch, hob mit einer Geste der Selbstanklage ob seiner eigenen Unwissenheit die Arme empor und rief aus: »Außerordentlich! Hier ist ein wahrer Meister! Wie gut er die Essenz der Zen-Schule auszudrücken vermag!«

Er eilte zu den Räumen seines Schülers Yuan-wu Ke-qin, der als Hauptmönch Dienst tat, und rief ihm zu: »Das hier ist außerordentlich! Wirklich und wahrhaftig außerordentlich!« Und damit legte er das Buch Yuan-wu in die Hände und forderte ihn auf, es gleichfalls zu lesen, und zwar sofort. Dann spendeten Dharma-Vater und Dharma-Sohn, unfähig, ihre Freude zu unterdrücken, dem Verfasser begeistert allerhöchstes Lob.

Als Da-hui Zong-gao sich das erste Mal anschickte, unter Zen-Meister Yuan-wu zu üben, hatte er sich bereits auf eine bestimmte Vorgehensweise festgelegt: »Nach dem Ende dieser 90-Tage-Sommerklausur«, sagte er zu sich selbst, »wenn Yuan-wu wie all die anderen Meister, bei denen ich bisher gewesen bin, mein Verständnis bestätigt hat, werde ich eine Abhandlung schreiben und darin Zen entlarven!«

Da-hui, hast du wirklich geglaubt, Yuan-wu werde nicht imstande sein, die grundlegende Angelegenheit zu durchschauen, die du wie einen Schatz heimlich mit dir herumtrugst? Wenn du dabei geblieben wärest, dich derart an ihm festzuklammern, ihn für den Rest deines Lebens hingebungsvoll zu hegen und zu pflegen, wie hätte dann der große »Verunglimpfer des Himmels« je hervortreten können?

Doch glücklicherweise hat eine giftige Brise von Süden her Da-huis Leben bis auf den Grund vernichtet und ihm Vergangenheit und Zukunft weggeschnitten.[16] Als sich das ereignet hatte, sagte sein Meister Yuan-wu zu ihm: »Was du da erreicht hast, ist nichts Leichtes. Und doch bist du lediglich damit fertig geworden, dein Selbst zu töten. Du bist aber nicht imstande, ins Leben zurückzukehren und die Worte und Aussprüche der Alten anzuzweifeln. Deine Krankheit ist ernst. Kennst Du den Ausspruch: ›Hör' auf, dich an der Kante der Steilwand festzuhalten! Stirb und laß dich wiedergeboren werden!‹? An diese Worte mußt du glauben!«

Später, als Da-hui Yuan-wu sagen hörte: »Was passiert, wenn der Baum stürzt und die Glyzinie vertrocknet? Eben dies passiert!«, erlangte Da-hui plötzlich große Erleuchtung. Und als Yuan-wu ihn daraufhin mit verschiedenen Kōan auf die Probe stellte, hat er sie alle leichthin bewältigt.[17]

Da-hui gewann an Statur und wurde schließlich Abt des Jing-shan-Klosters, des bedeutendsten im ganzen Land, mit einem ganzen Tausend residierender Mönche. Als er über diese gediegene Ansammlung von Drachen und Elefanten die Aufsicht führte, war er wie ein hungriger Adler, der auf eine Kette Rebhühner oder ein Rudel Kaninchen herabschaut. Wir sollten uns geehrt fühlen, einen Mann von solch vollkommener Verwirklichung unter den Meistern unserer Schule zu haben. Und doch gibt es da einige Leute, die, wie wir gesehen haben, eine solche Verwirklichung für unbedeutend halten - für eine unwichtige »Nebensache«. Was hingegen sie selbst für wesentlich halten und insgeheim hegen und pflegen, das ist so wertlos, daß du, selbst wenn du es zusammen mit einer Million Goldstücke feilbötest, keinen Käufer dafür fändest.

Yuan-wu hat einmal gesagt:

> Wenn die Alten erst einmal das Erwachen erreicht hatten, gingen sie auf und davon, lebten in strohgedeckten Hütten oder in Höhlen und kochten sich wilde Gemüsewurzeln in Töpfen mit zerbrochenen Ständern. Sie waren nicht daran interessiert, sich einen Namen zu machen oder eine einflußreiche Stellung zu erringen. Vollkommen frei von Bindungen jeder Art, hinterließen sie ihren Nachkommen Wende-Wörter, weil sie auf diese Weise den Buddha-Patriarchen ihre tiefe Schuld erstatten wollten.[18]

Der Priester Wan-an Dao-yan hat zu dem Kōan »Nan-quan auf dem Berge« einen Zwei-Zeilen-Kommentar verfaßt:

> Auf einem Kopfkissen von Korallen, die Augen tränengefüllt –
> Teils, weil er dich mag, teils aus Ärger über dich.

Als Da-hui von diesen Versen Kenntnis bekam, gab er auf der Stelle seinem Aufwärter den Befehl, den Stundenplan für die Übung von der Wand zu nehmen [womit er seinen Mönchen einen Tag Ruhe schenkte] und erklärte dazu: »Mit diesem einen Wende-Wort hat Wan-an den Buddhas seine Schuld reichlich vergolten!«[19]

Die meisten Priester statten ihre Altäre mit Lampen und Behältern für Räucherwerk aus und stellen Tee, Blumen und Süßigkeiten als Opfergaben hin. Sie werfen sich vor dem Altar wieder und wieder zu Boden und führen rund um die Uhr verschiedene andere religiöse Zeremonien aus. Einige bringen sich sogar Brandwunden an Fingern, Armen und am übrigen Körper bei. Doch nichts davon vermag auch nur ein Zehntel der Schuld abzutragen, die sie den Buddhas schulden. Wie also ist es möglich, mit einem einzigen Verspaar aus einem alten Gedicht alle Verwicklungen und Verstrickungen zu durchschneiden und auf einen Schlag eben diese Schuld zurückzuzahlen – und sie sogar zur Gänze zurückzuzahlen? Diese Frage ist ganz und gar nicht müßig oder belanglos. Da-hui war sozusagen das Drachentor seiner Zeit, ein turmhoher Schattenbaum, der mehr als 1700 Schülern Schutz bot. Glaubst du, ein Mann von seiner Statur würde Worte wie die obigen leichtfertig äußern?

Der Priester Ba-ling Hao-jian besaß drei Wende-Worte.[20] Sein Meister, der große Zen-Meister Yun-men Wen-yan, sagte zu seinen Schülern: »Wenn ich sterbe, veranstaltet bitte keine Begräbnisfeierlichkeiten, gleich welcher Art. Statt dessen wünsche ich mir, daß jeder von euch sich dieser drei Wende-Wörter annimmt.«

Glaubt ihr wirklich, ein so großer Patriarch wie Yun-men habe seine Schüler nur deshalb gedrängt, sich mit Dingen zu beschäftigen, die diese Leute »unwichtig« nennen, weil er sie zufällig höher geschätzt hat als Begräbnisbeigaben wie Blumen, Süßigkeiten und seltene Speisen?

Yuan-wu hat erklärt: »Wenn einer von meinen Mönchen zu mir käme und fragte: ›Wenn es da im Grunde keine Bewegung vorwärts zum Satori gibt und keine Bewegung zurück zum alltäglichen Leben, was ist denn dann der Nutzen der Zen-Übung?‹, dann würde ich ihm einfach sagen: ›Ich sehe, du lebst da unten in dieser pechschwarzen Höhle, zusammen mit den anderen toten Seelen‹«.[21] Was für ein bemitleidenswerter Anblick!

Yuan-wu hat auch gesagt:

Viele Leute zitieren gern die Aussprüche der buddhistischen Weisen oder eine Redewendung aus den Sūtras wie etwa: »Gewöhnliche Sprache, scharfsinnige Sprache – alles kommt aus demselben letzten Grund«, fest davon überzeugt, daß sie die Bedeutung solcher Worte tatsächlich verstehen. Wenn irgendeiner von euch hier bei seiner Arbeit von einer solchen Voraussetzung ausgeht, dann wäre er gut beraten, Zen ganz und gar aufzugeben. Er mag sein Leben der Gelehrsamkeit widmen und ein gefeierter Schriftausleger werden.

Heutzutage kann man oft Leute sagen hören: »Es gibt im Grunde kein solches Ding wie Satori. Das Tor zum und die Lehre vom Satori sind geschaffen worden als eine Möglichkeit, eben diese Tatsache den Menschen zur Kenntnis zu bringen.« Wenn das die Art ist, wie ihr denkt, dann seid ihr wie ein Floh, der auf dem Leib eines Löwen sitzt und sich dadurch am Leben erhält, daß er dessen Lebenssaft trinkt. Wißt ihr denn nicht, daß der alte Ehrwürdige gesagt hat: »Wenn die Quelle nicht tief ist, wird der Fluß nicht lang sein. Wenn die Weisheit nicht groß ist, wird das Unterscheidungsvermögen nicht weit reichen«? Wenn es sich beim Dharma des Buddha um eine Lehre handelt, die so geschaffen oder zusammengezimmert worden ist, wie diese Leute es behaupten, wie könnte er da bis auf den heutigen Tag überlebt haben?

Chang-sha Jing-cen schickte einst einen Mönch zu dem Priester Dong-si Ru-hui, der wie sein eigener Meister Nan-quan Pu-yuan ein Schüler des Ma-zu gewesen war. Der Mönch fragte Ru-hui: »Wie war das, nachdem ihr Nan-quan getroffen hattet?« Ru-hui verharrte in Schweigen.

»Und wie war das, bevor ihr Nan-quan getroffen hattet?«, fragte er weiter. »Nicht anders, als nachdem ich ihn getroffen hatte,« sagte Ru-hui. Der Mönch kehrte zu Chang-sha zurück und überbrachte ihm Ru-hui's Antwort. Chang-sha gab daraufhin seinen eigenen Gedanken in einem Vierzeiler Ausdruck:

Hockt reglos auf der Spitze einer hundert Fuß hohen Stange –
der Mann hat es erreicht und hat doch nichts draus gemacht.

Er muß noch einen Schritt hinausgehen über die Spitze,
und seinen ganzen Leib offenbaren in alle zehn Richtungen.

Später schickte San-sheng Hui-ran einen Mönchsältesten mit Namen Xui zu Chang-sha, um ihm einige Fragen zu stellen. »Als Nan-quan starb, wohin ist er da gegangen?«[22] fragte Xui. »Als Shi-tou noch ein ganz junger Mönch war, besuchte er den Sechsten Patriarchen«, erwiderte Chang-sha.

»Ich frage nicht danach, was Shi-tou getan hat, als er ein junger Mönch war«, entgegnete Xui. »Ich möchte vielmehr wissen, wohin Nan-quan gegangen ist, als er starb.« – »Erforsche ihn gründlich«, beschied ihn Chang-sha.[23]

»Ihr seid wie eine edle alte Kiefer, die Tausende von Fuß hoch in den Winterhimmel aufragt«, sagte Xui. »Ihr seid aber nicht wie ein Bambus-Sprößling, der geradewegs aus dem Felsen hervorsprießt.« Chang-sha verharrte in Schweigen. »Vielen Dank für eure Antworten«, schloß Xui. Chang-sha schwieg weiter.

Xui kehrte zu San-sheng zurück und erzählte ihm von seiner Begegnung mit Chang-sha. »Wenn es so steht mit Chang-sha«, sagte San-sheng, »dann steht er noch gut sieben Stufen über Lin-ji.«

Nun sind aber sowohl Lin-ji als auch Chang-sha ohne Frage echte Drachen im Buddha-Ozean. Sie sind der himmlische Phönix und das sagenhafte Einhorn, die immer wieder in die Zen-Gärten der Patriarchen einkehren. Es gibt niemanden, der ihnen vergleichbar wäre. Nachdem sie alle Formen und Erscheinungen weit hinter sich gelassen haben, bewegen sie sich schnell oder bewegen sich langsam, je nach den Erfordernissen der sich wandelnden Umstände, wie riesige Massen lodernden Feuers, wie Eisenstangen in funkensprühender Weißglut. Weder Götter noch Dämonen können ihren Spuren folgen, weder Teufel noch Nicht-Buddhisten können ihr Wirken wahrnehmen. Wer vermöchte ihre Grenzen zu erkennen? Wer könnte zwischen ihnen auch nur den geringsten Unterschied ausmachen?

Und doch hat San-sheng, der selbst ein direkter Dharma-Erbe des Lin-ji war, als er die Antworten Chang-sha's vernommen hatte, diesen als seinem eigenen Meister überlegen gepriesen! Wie können nur

Worte so ehrfurchtgebietend schwierig sein? Ihr müßt gleichwohl verstehen, daß in dem, was für euch nur ein Haufen verwirrender verbaler Verwicklungen ist, ein kleines, aber wundersames Etwas ist, das Wunder zu wirken vermag.

Als der Zen-Meister Shi-shuang Qing-zhu gestorben war und die gesamte Bruderschaft den Hauptmönch bat, ihm als Abt nachzufolgen, trat der spätere Zen-Meister Jiu-feng Dao-qian, der zuvor als Aufwärter des Meisters Dienst getan hatte, vor und sprach ihn an. Er stellte dem Hauptmönch die folgende Frage: »Der Meister hat uns oft aufgefordert, ›alles Handeln aufzugeben‹, ›nichts, rein gar nichts zu tun‹, ›so kalt und leblos zu werden, daß die Geister der Toten kommen, um euch zu beweinen‹, ›ein Ballen feiner weißer Seide zu werden‹, ›zu toter Asche in einem Räuchergefäß auf einem vergessenen alten Friedhof zu werden‹, ›so zu werden, daß ebendieser Augenblick zehntausend Jahre währt‹:
Was ist der Sinn all dieser Anweisungen? Wenn du den Beweis erbringst, daß du sie verstehst, bist du der nächste Abt. Wenn sich herausstellt, daß du sie nicht verstehst, bist du nicht der richtige Mann für diese Aufgabe.«

»Seine Worte«, entgegnete der Hauptmönch, »beziehen sich auf die Wesens-Einheit aller Dinge.« – »Es ist dir nicht gelungen, den Sinn [der Worte] des Meisters zu erfassen«, erklärte Jiu-feng.

»Stell ein Räucherstäbchen auf«, gab der Hauptmönch zur Antwort. »Wenn ich innerhalb der Zeitspanne, die das Räucherstäbchen braucht, um niederzubrennen, meinem Leben ein Ende gemacht habe, dann soll das bedeuten, daß ich den Sinn des Meisters verstanden habe. Wenn ich aber immer noch lebe, soll das heißen, daß ich es nicht getan habe.«

Jiu-feng zündete ein Räucherstäbchen an, und noch bevor es niedergebrannt war, hatte der Hauptmönch aufgehört zu atmen. Jiu-feng klopfte dem toten Mann auf den Rücken und sagte: »Andere Mönche sind beim Sitzen gestorben, einige im Stehen. Doch du hast gerade eben den Beweis erbracht, daß du den Sinn des Meisters nicht einmal in deinen Träumen hast erfassen können.«

Wenn Männer, die sich unbeirrt der Übung des WEGES gewidmet haben, sich dem Ende ihres Lebens nähern, betrachten sie oft die Einsamkeit ihrer letzten Stunden, wie sie so dasitzen im Licht einer einzelnen Lampe, als die letzte große und schwierige Schranke ihrer religiösen Suche. Und während das Räucherstäbchen allmählich niederbrennt, gleiten sie ruhig und sanft in den Tod hinüber – ohne je auch nur irgendeine authentische Zen-Wendung geäußert zu haben. Diese Männer sind es, denen Jiu-feng auf den Rücken klopft, wenn er sagt: »Du hast den Sinn deines verstorbenen Meisters nicht begriffen.« Auch ihr solltet diese Worte gründlich in euch bewegen!

Einst ließ der Zen-Meister Yun-ju Dao-ying aus Hong-zhou einen Diener eine Hose zu einem Mönch bringen, der ganz allein in einer Strohhütte lebte. Der Mönch wies die Hose zurück. Er erklärte, daß »er bereits das Paar besitze, mit dem er geboren sei.« Als Yun-ju von der Antwort des Mönches erfuhr, schickte er seinen Aufwärter noch einmal hin mit der Frage: »Und was hast du vor deiner Geburt getragen?« Später, als der Mönch gestorben und seine Leiche verbrannt war, fand man in seiner Asche Reliquien.[24] Als diese Yun-ju vorgelegt wurden, sagte er: »Ich hätte viel lieber einen Satz von ihm gehabt als Antwort auf die Frage, die ich ihm gestellt hatte, als er noch am Leben war, viel lieber als zehn Scheffel Reliquien von einem Toten!«

Die Reliquien, die manchmal in der Asche von tugendhaften Priestern gefunden werden, sollen als natürliches Resultat des großen Verdienstes entstehen, das sie in früheren Leben durch Meditation und Weisheit erworben haben. Wann immer man nach einer Einäscherung eine solche Reliquie entdeckt, auch wenn sie nur die Größe eines Hirsekorns oder eines Senfkorns besitzt, eilen Scharen von Leuten herbei, Männer und Frauen, Junge und Alte, Priester und Laien, um sie zu begaffen. Sie drängen sich darum herum, sie zu bestaunen und mit dem Ausdruck tiefer Verehrung anzubeten. Und doch erklärt Yun-ju, daß selbst zehn Scheffel solcher Reliquien nicht eine einzige Redewendung aufwiegen, geäußert, solange der betreffende Mönch noch am Leben war. Was ist diese »eine Redewendung«, daß sie sogar eine höhere Wertschätzung verdiente als eine echte buddhistische Reliquie, die jedermann so tief verehrt? Diese Frage hat mich lange Zeit vor ein Rätsel gestellt.

Nachdem der Priester Po-an Zu-xian sich in den Zu-fu-yuan-Tempel zurückgezogen hatte, lud der Abt Meng-an Yuan-cong des Klosters auf dem Berg Jing-shan ihn ein, das Amt des Hauptmönches zu übernehmen. Unter der Bruderschaft dieses Klosters befand sich ein Mann von durchdringender Einsicht, der als der Mönchsälteste Bao bekannt war. Immer, wenn der Abt oder der Hauptmönch Schüler empfingen, kam er hinzu, und indem er noch die geringfügigste Chance wahrnahm und die Vorstöße der anderen mit einer plötzlichen, blitzschnellen Attacke abwendete, hat er sie unweigerlich noch allemal untergekriegt.
  Eines Tages nun kam Bao dazu, als Po-an in seinen Räumen Schüler empfing. Po-an zitierte gerade eine Stelle aus der »Abhandlung vom kostbaren Schatz«: »Zwischen Himmel und Erde, hier in der Mitte des Universums, da gibt es...«[25] Bao wollte schon zu einer Bemerkung ansetzen; doch bevor er etwas sagen konnte, schlug Po-an unverzüglich auf ihn ein und trieb ihn so aus dem Zimmer.
  In der Tat hatte Bao vorgehabt, in dem Augenblick einen Kommentar einzuwerfen, da Po-an sein Zitat beendet haben würde, doch Po-an war ihm zuvorgekommen. Bao war fest davon überzeugt, daß Po-an mit voller Absicht darauf aus war, ihn zu demütigen. Und so kehrte er, nachdem er Po-an's Raum verlassen hatte, zu seinem Platz in der Meditationshalle zurück, setzte sich hin und gab seinen Geist auf. Als sein Leichnam verbrannt worden war, fanden Bauern aus der Nachbarschaft einige Reliquien in seiner Asche. Sie sammelten sie auf und präsentierten sie Po-an. Der nahm sie auf und sagte: »Mönchsältester Bao, auch wenn sich zehn Scheffel solcher Reliquien in deiner Asche gefunden hätten, würde ich sie doch beiseite tun. Ich wünschte mir vielmehr nur dieses eine Wende-Wort, solange du noch am Leben warst.« Damit schleuderte er die Reliquien auf den Boden. Dabei stellte sich heraus, daß sie nichts anderes waren als winzige Stückchen von Eiter und Blut!

Ein alter Ehrwürdiger hat dazu geschrieben:

Von den 1700 berühmten Meistern, wie sie in der »Überlieferung der Lampe« vorkommen, wurden nur bei 14 Reliquien in der Asche gefunden. Ebenso wurden sie nur bei einer Handvoll der 80 Priester entdeckt, die in den »Biographien von Mönchen aus den Hainen des Zen« erwähnt werden. Was aber noch wichtiger ist: Wir in unserer Schule halten nur zwei Dinge für entscheidend, die vollständige Verwirklichung der Selbst-Erkenntnis und die völlige Meisterschaft in der Unterweisung anderer. Das bedeutet, mit den Fängen und Klauen bewaffnet zu sein, die den Schülern weiterhelfen, indem sie ihre Verhaftungen auflösen und ihre Ketten zerbrechen. Buddhisten nennen das auch die »Übertragung des Dharma, das Übersetzen von Menschen ans andere Ufer«. Alles andere ist unwichtig.[26]

Die Meister unserer Zen-Schule verfügen über Maßnahmen und Manöver, die unglaublich sind, schwer verständlich, schwer zu durchdringen und schwer zu verwirklichen. Sie können sich jemanden vornehmen, dessen Geist tot erscheint, des Bewußtseins beraubt, und ihn in einen Mönch mit strahlendem Blick und von ehrfurchtgebietender Vitalität verwandeln. Diese Methoden nennen wir die »Fänge und Klauen der Dharma-Höhle«. Es ist, als stieße ein alter Tiger ein lang anhaltendes Brüllen aus, das das Blut in den Adern gerinnen läßt, und träte so aus dem Wald hervor: Er jagt den Kaninchen, Füchsen, Dachsen und dergleichen solch eine Todesfurcht ein, daß sie hilflos, mit weichen Knien, hin und her laufen, ihre Leber versteinert, die Augen starr in glasigem Blick, und unwillkürlich Urin und Kot ausscheiden. Warum sie auf diese Weise reagieren? Weil der Tiger mit Klauen aus Stahl und einem Satz von goldglänzenden Reißzähnen, wie ein Wald aus rasiermesserscharfen Schwertern, bewaffnet ist. Ohne diese Waffen würden sich Tiger in nichts von anderen Lebewesen unterscheiden.

Daher auch die folgenden Worte eines Zen-Meisters der Vergangenheit: »Im ersten Jahr der Jian-zhong-Ära (1101) fiel mir im Haus eines nunmehr verstorbenen Freundes ein Exemplar der gesammelten Aussprüche des Zen-Meisters Dong-shan Shou-chu in die Hände, zusammengestellt von seinem Schüler Fu-yan Liang-ya. Es enthielt Worte und Sätze von großer Scharfsinnigkeit und Tiefgründigkeit – die wahrhaften Klauen und Fänge der Dharma-Höhle.«[27]

Zu Beginn der Jian-dao-Ära (1165–1174), als Xia-dao Hui-yuan Abt am Guo-qing-Tempel war, sah er zufällig ein Widmungsgedicht, das Huo-an Shi-ti auf ein Bildnis des Bodhisattva Avalokiteshvara (Kannon) geschrieben hatte:

> Er verharrt nicht im Haus seines ursprünglichen Seins
> und stiftet überall Verwirrung unter den Menschen der Welt.
> Wie sie da zu ihm aufblicken, in ehrfürchtiger Anbetung,
> haben sie zwar Augen und können ihn doch nicht sehen.
> Die natürlichen Schönheiten von Chang-an sind zeitlos,
> warum nur tasten die Leute sich blind an seinen Mauern entlang?

Xia-dao war außer sich vor Freude. »Ich hatte keine Ahnung, daß es unter den Schülern des Meisters Shui-an Shi-yi jemanden von solchen Fähigkeiten gibt«, rief er aus. Er ließ nach Huo-an suchen und entdeckte ihn schließlich im Jiang-xin-Tempel. Dort bat er Huo-an in Gegenwart einer großen Menschenmenge, mit ihm zu kommen und als Hauptmönch seines Klosters Dienst zu tun.[28]

Oft höre ich Leute sagen, wie schwer es doch sei, andere richtig zu beurteilen. Das war auch für die Weisen der alten Zeit nicht anders. Und doch haben wir hier den Meister Xia-dao, der einen Mann preist, von dem er nur die paar Zeilen eines Gedichts gelesen hat, und ihn schon daraufhin bittet, der Hauptmönch seines Klosters zu werden! War das wirklich so einfach? Vielleicht hat ja Xia-dao mit ungebührlicher Hast gehandelt? Oder ist da vielleicht wirklich etwas Geheimnisvolles in diesem Gedicht enthalten? Das sind Fragen, die unser genauestes Nachforschen verdienen.

Zen-Meister Shui-an Shi-yi vom Jing-ci-yuan-Kloster hat einmal, als er in seinen Räumen vor Schülern sprach, behauptet: »Der Barbar aus dem Westen hat keinen Bart.« Einer der Mönche ging daraufhin zu Huo-an Shi-ti und erzählte ihm, was Shui-an gesagt hatte. »Ein hungriger Hund wird sogar Baumwolle fressen«, erklärte Huo-an, »auch wenn sie längst verfault ist!«

Der Mönch zog sich zurück, eilte heimwärts und überbrachte Shui-an die Antwort Huo-an's. »Der Mann, der das gesagt hat, ist fähig, eine Versammlung von 500 Mönchen zu unterweisen«, sagte Shui-an.

Als Tou-zu Da-dong aus Shu-zhou jemanden die Worte des Zen-Meisters Da-sui zitieren hörte: »Es geht dahin«, zündete er ein Räucherstäbchen an, machte eine tiefe Verbeugung in Richtung von Da-sui's Kloster und sagte: »Im Westlichen Shu ist ein alter Buddha erschienen.«[29]

Seht ihr, wie ein klarsichtiger Zen-Meister imstande ist, alles mit einem einzigen schnellen Blick zu erfassen, ohne sich im geringsten zu irren? Genauso wie der berühmte Spiegel des Kaisers von Jin, der dem Hineinschauenden alle seine lebenswichtigen Organe zeigte.

Einst, als Dong-shan Xiao-cong gerade angefangen hatte, sich unter dem Zen-Meister Wen-zhu Ying-xin zu schulen, stellte letzterer zur Unterweisung seiner Mönche die folgende Frage: »Gerade Haken fangen schwarze Drachen, gebogene Haken fangen Frösche und Regenwürmer. Hat irgend jemand einen Drachen am Haken?« Es entstand eine ziemlich lange Pause, und dann sagte Wen-zhu: »Dies ist reine Zeitverschwendung. Das Haar der Schildkröte wird von Minute zu Minute länger.« Bei diesen Worten hatte Xiao-zong eine plötzliche Einsicht.[30]

Später, als Xiao-cong am Berg Yun-ju-shan als Lampenwart Dienst tat, hörte er einen Besucher-Mönch sagen, der »Große Weise von Si-zhou« (eine Inkarnation des Bodhisattva Avalokiteshvara) habe sich jüngst in Yang-zhou gezeigt.[31] Daran schloß der Mönch die Frage an: »Was, meint ihr, hatte der Große Weise vor, als er sich so in Ying-zhou gezeigt hat?« Xiao-cong antwortete: »Selbst ein Mann von überragenden Fertigkeiten verspürt eine Liebe zum Reichtum; doch kennt er den richtigen Weg, ihn zu erlangen.«[32]

Später berichtete derselbe Mönch Xiao-cong's Worte dem Xiang An-zhu auf der Lotos-Spitze. »Die Nachfahren des Yun-men leben und gedeihen noch immer!«, rief Xiang voller Erstaunen aus. Obwohl es schon spät am Abend war, zündete er eine Räucheropfergabe an und verbeugte sich tief in Richtung des Berges Yun-ju.

Ich habe über Xiang An-zhu einiges gelesen. Er war ein Dharma-Sohn des Feng-xian Dao-shen. Und ein Dharma-Enkel von Yun-men selbst. Die Schärfe seiner Zen-Tätigkeit war unübertroffen. Er erprobte sie in Dharma-Gefechten mehr als 20 Jahre lang und fand doch niemanden, der seine Hiebe hätte einstecken können. Selbst wenn sämtliche Buddhas der zehn Richtungen aus ihren zahllosen Buddha-Ländern erschienen wären, unendlichen Glanz ausgestrahlt und unvorstellbare Siddhis [»übernatürliche Kräfte«] manifestiert hätten und unter Anwendung der acht wunderbaren Tugenden, die ihrer Stimme innewohnen, sowie ihrer vier Arten ungehinderter Beredsamkeit den Dharma so gepredigt hätten, daß er wie Regen niederfiel – dieses hartschädelige alte Rhinozeros von einem Bonzen hätte sich nicht einmal nach ihnen umgedreht. Doch jetzt hört er ein paar Worte, die dem Xiao-cong aus dem Mund gerutscht sind, und auf der Stelle zündet er Räucherwerk an und wirft sich nieder in Richtung des Klosters von Xiao-cong. Warum wohl? Was hat das zu bedeuten? Die Worte, die Xiao-cong geäußert hat, finden sich in der Sammlung von Aussprüchen des Konfuzius.[33] Xiang muß sie längst gekannt haben. Und doch war er, als er sie jetzt wieder hörte, vor Erstaunen von den Socken. Er überschlug sich geradezu vor Freude. Hatte er den Verstand verloren? Oder liegt hier vielmehr etwas vor, dem wir höchste Wertschätzung entgegenbringen sollten? Auf jeden Fall ist das eine Sache, die uns zutiefst zu denken geben sollte.

Einst, als der Zen-Meister Fo-yan Qing-yuan am Long-men-Kloster Dienst tat, wurde einer der Mönche von einer Schlange gebissen. Der Meister griff den Vorfall auf, als er in seinen Räumen Unterweisung erteilte:[34] »Wie konnte sich ein Mönch vom Drachentor (Long-men) von einer Schlange beißen lassen?«, fragte er. Keine der Antworten, die ihm die Mönche anboten, fiel zu Fo-yan's Zufriedenheit aus. Da sagte Gao-an Shan-wu: »Er hat damit sämtliche Merkmale des großen Mannes an den Tag gelegt, der er ist.« Der Meister nickte auf der Stelle Zustimmung.[35]

Als Gao-an's Worte dem Zen-Meister Yuan-wu Ke-qin am Zhao-jue-Kloster zur Kenntnis kamen, erklärte er voller Bewunderung: »Wenn so einer im Long-men-Kloster lebt, dann sind die Pfade des Ost-Berges noch nicht verarmt.«[36]

Kann mir irgend jemand sagen, was Yuan-wu mit »verarmt« gemeint hat? Beschreibt er einen Zustand von Unfruchtbarkeit oder einen der Not? Oder bezieht er sich auf die Abwesenheit von geräuschvoller Tätigkeit, wie sie durch eine große Menschenmenge verursacht wird?

Ich habe gelesen, daß »der Buddha-Dharma im Tun dessen besteht, was richtig und angemessen ist, und nicht im Wohlstand«.[37] Und folglich gilt: Auch wenn ein Kloster mit mehreren Hunderten blinder Auberginen und Flaschenkürbisse angefüllt wäre [womit Mönche gemeint sind], die kübelweise den weißen Reis verzehren, der ihnen vorgesetzt wird, gierig wie ausgehungerte Wölfe oder heißhungrige Seidenraupen, und auch wenn sie einer rigorosen Disziplin unterworfen würden, täglich zwölf Stunden Zazen ohne auszuruhen – falls keiner von all diesen Mönchen dem WEG wahrhaft ergeben wäre, würde Yuan-wu dieses Kloster unzweifelhaft für unfruchtbar halten, in einem Zustand des Elends und der Not. Doch wenn da auch nur ein halber Mönch wäre, und er krumm dasäße und mit verbogenen Knien und eingezogenem Kinn Zazen praktizierte, so würde es nichts ausmachen, auch wenn er in einem winzig kleinen alten Raum mit undichtem Dach und durchnäßtem Fußboden in einer schmutzigen abgelegenen Seitenstraße lebte: Wenn er sich nur unbeirrbar dem Erforschen der Wahrheit widmete, ich garantiere euch, daß Yuan-wu diesen Ort als eine Stätte blühenden Reichtums ansehen würde.

Das sollte uns deutlich machen, daß das, was die Alten als »einsam und arm« betrachteten, bei den Heutigen als blühender Wohlstand gelten würde, und daß umgekehrt das, was die Menschen von heute für blühenden Wohlstand halten, in den Augen der Alten »einsam und arm« wäre. Wie konnte unsere Schule nur einem so schmerzlichen Verfall anheimfallen?

Der wahre und unübertragbare Dharma

I.

Huang-long Hui-nan, ein Dharma-Erbe des Shi-shuang Chū-yuan, erhielt seine erste Bestätigung von dem Meister Le-tan Huai-cheng.[1] Daraufhin brach er auf, von Enthusiasmus und höchstem Selbstvertrauen erfüllt, und begab sich an der Spitze einer Gruppe von Mönchen auf eine Pilgerfahrt kreuz und quer durchs Land, um andere Meister aufzusuchen. Im Verlauf dieser Reisen begegnete er zufällig dem Mönch Yun-feng Wen-yue, und gemeinsam wanderten sie weiter, um den Berg Xi-shan zu besuchen. Einmal, bei einer nächtlichen Unterhaltung, fragte Yun-feng Hui-nan nach der Unterweisung, die er von seinem Meister Le-tan empfangen habe. Nachdem Hui-nan die Grundzüge des Zen des Le-tan dargelegt hatte, erklärte Yun-feng: »Le-tan mag ja zur Linie des Meisters Yun-men gehören, doch die Art und Weise, wie diese beiden Männer den Dharma zum Ausdruck bringen, ist völlig verschieden.«

Auf die Bitte hin, den Unterschied zu erläutern, fuhr Yun-feng fort: »Yun-men ist wie das Elixier der Unsterblichkeit; neunmal nacheinander geläutert bis zur vollkommenen Durchsichtigkeit, vermag es, Eisen in Gold zu verwandeln. Le-tan ist wie Quecksilber: gut genug, seinen Spaß daran zu haben; doch in dem Augenblick, da es in den Schmelzofen kommt, verflüchtigt es sich.«

Empört über diese Herabsetzung seines Meisters, ergriff Hui-nan eine hölzerne Nackenstütze und schleuderte sie voller Zorn auf Yun-feng.

Am nächsten Morgen entschuldigte sich Yun-feng bei Hui-nan; doch stellte er noch einmal fest: »Yun-men hat die Geistesgröße eines Königs. Glaubst du, ein solcher Mann würde je tote Worte über seine Lippen kommen lassen? Ich bin sicher, daß Le-tan Erleuchtung erlangt hat, doch was er sagt, hat kein Leben in sich. Wenn aber die

Worte, die er spricht, tot sind, wie kann er dann hoffen, seinen Schülern Leben einzuflößen?«

Er drehte sich um und wollte schon fortgehen, da hielt Hui-nan ihn zurück und wollte von ihm wissen: »Wen hältst du für einen guten Meister?« – »Shi-shuang Chū-yuan«, lautete seine Antwort. »In der Weise, wie er mit Schülern umgeht, übertrifft er bei weitem alle übrigen Meister der Gegenwart. Wenn du ihn aufsuchen willst, solltest du keine Zeit mehr vergeuden.«

Hui-nan schwieg und dachte über Yun-fengs Äußerung nach: »Das ist genau der Grund, weshalb ich meinen Meister verlassen habe und auf diese Pilgerfahrt gegangen bin. Yun-feng hat seine eigene Schulung unter dem Meister Cui-yan absolviert, und dennoch drängt er mich mit Nachdruck dazu, Shi-shuang aufzusuchen. Er versichert mir, daß ich davon profitieren werde. Was für einen Vorteil könnte er selbst davon haben, wenn ich seinem Rat folgte und meine Ausbildung unter Shi-shuang fortsetzte?«

Er packte noch am selben Tag sein Reisebündel und machte sich auf den Weg zum Tempel des Chū-yuan auf dem Berge Shi-shuang.

Ihr Mönche, gebt bitte genau acht: Die Alten haben sich niemals auf Täuschungen eingelassen, weder darauf, sich selbst zu täuschen, noch auf die Täuschung anderer. Wie aber steht es mit den Priestern von heute? Sie klammern sich starrsinnig an alte Sichtweisen und Anschauungen und benutzen die Unterweisungen, die ihre eigenen Lehrer ihnen anvertraut haben, wie eine Krücke. Um ihr Gesicht zu wahren, lassen sie nichts unversucht, ihren Mangel an wirklicher Erleuchtung zu kaschieren. Wenn sie nicht damit aufhören, solchermaßen sich selbst zu betrügen, wie sollen da die Schüler, die zu ihnen kommen, um sich unter ihrer Anleitung zu schulen, je ihr Ziel erreichen können? Später, als Hui-nan Shi-shuang's Unterweisungen lauschte und hörte, wie er beinahe jeden Zen-Lehrer rings im Lande herabsetzte, indem er auf seine Irrtümer hinwies und darlegte, wo ein jeder von ihnen auf Abwege geraten war, da erkannte Hui-nan, daß die Dinge, die Shi-shuang mit seinem Tadel bedachte, ebendiejenigen waren, die Le-tan ihm unter vier Augen übertragen hatte.

Daraufhin verließ er Shi-shuang's Kloster in großer Niedergeschlagenheit. Doch als er sich ins Gedächtnis rief, was ihm Yunfeng über Shi-shuang's Fähigkeiten als Meister erzählt hatte, besann er sich eines Besseren. Er fragte sich selbst: »Sollte jemand, der entschlossen ist, die Große Angelegenheit von Leben und Tod zu bewältigen, in seinem Herzen irgendwelche Zweifel sich festsetzen lassen?« Und alsbald eilte er zurück zu Shi-shuang und suchte ihn in seinem Raum auf.

»Ich bin unwissend und unerfahren«, entschuldigte er sich bei Shi-shuang. »Obwohl ich darauf hoffe, den WEG zu erlangen, habe ich bisher nicht viel Fortschritte gemacht. Als ich heute nacht eure Darlegung hörte, fühlte ich mich wie ein Mensch, der einen Kompaß in die Hände bekommen hat, der ihm in seiner Verirrung aufs neue den Weg weisen kann. Bitte habt Mitleid mit mir! Unterweist mich und helft mir, die Zweifel meines Geistes zu vertreiben!«

Shi-shuang lachte: »Wir wissen hier in den Übungshallen über euch Bescheid, Bibliothekar Hui-nan. Ihr seid mit einer Gruppe von Mönchen umhergezogen und habt alle möglichen Lehrer besucht. Wenn ihr Zweifel habt, warum wollt ihr sie mit euch herumtragen, bis ihr alt geworden seid, und ihnen erlauben, euch die Lebenskraft zu rauben? Warum bleibt ihr nicht hier bei mir und übt für eine Weile, damit wir euch die Zweifel austreiben können?«

Shi-shuang rief nach seinem Aufwärter und ließ ihn einen Stuhl herbeibringen, damit Hui-nan sich setzen könne. Doch Hui-nan weigerte sich, Platz zu nehmen, und flehte ihn nur um so dringlicher an, ihm zu helfen.

»Da Ihr ein Schüler des Zen des Yun-men seid«, sagte Shi-shuang, »müßt Ihr euch mit dessen wichtigsten Grundsätzen auskennen. Erinnert Ihr euch daran, wie Yun-men dem Dong-shan Shou-chū die dreimal zwanzig Stockhiebe erspart hat? Was denkt Ihr, hätte Dong-shan diese Schläge bekommen müssen? Oder glaubt Ihr, daß es richtig war, daß er sie nicht bekommen hat?«[2]

»Selbstverständlich hätte er sie bekommen müssen«, antwortete Hui-nan. Shi-shuang's Gesichtsausdruck verfinsterte sich: »Du hörst nur das Wort ›Stock‹«, sagte er, »und schon folgerst du daraus, daß er Schläge damit bekommen sollte. In diesem Fall hätte Dong-shan von

Sonnenaufgang bis Sonnenuntergang Schläge bekommen müssen, jedesmal, wenn eine Krähe krächzte, eine Elster kreischte, die Tempelglocke erklang oder das Holzbrett geschlagen wurde. Yun-men hätte ohne Unterbrechung auf ihn einschlagen müssen, nicht wahr?«

Hui-nan glotzte ihn verständnislos an, und deshalb fuhr Shi-shuang fort: »Als ich Euch zum ersten Mal sah, war ich mir keineswegs sicher, ob ich Euch unterweisen könne. Jetzt weiß ich, daß ich es kann.« Er ließ Hui-nan die förmlichen Niederwerfungen ausführen, die ihn zu seinem Schüler machten. Als Hui-nan sich vom Boden erhoben hatte, fuhr Shi-shuang fort: »Wenn du wirklich die Bedeutung des Zen des Yun-men verstehst, dann solltest du in der Lage sein, mir folgendes zu erklären: Als Zhao-zhou die alte Frau am Berg Tai-shan traf, behauptete er hinterher, daß er sie völlig durchschaut habe. Was war es, das er da durchschaut hat?«[3]

Hui-nan bekam einen roten Kopf, und der Schweiß brach ihm in Strömen aus. Er hatte nicht die geringste Ahnung, was er darauf antworten sollte. Zutiefst gedemütigt, sprang er auf und stürzte aus dem Zimmer.

Als Hui-nan am folgenden Tag wieder zu Shi-shuang ging, wurde er mit einer neuen Runde von Beschimpfungen begrüßt. In seiner Verlegenheit vermied er es, Shi-shuang ins Gesicht zu sehen, und sagte: »Eben, weil ich ratlos bin, bin ich hierher gekommen, um eine Antwort zu finden. Nennt Ihr das Mitgefühl, Schüler derartig zu behandeln? Wie kann denn der Dharma auf solche Weise weitergegeben werden?«

Shi-shuang lachte nur. Und in eben dem Augenblick erfaßte Hui-nan urplötzlich, was Shi-shuang ihm vermitteln wollte: »Ja, Ihr hattet recht«, schrie er. »Es waren nur tote Worte, die Le-tan gesprochen hat!« Er verfaßte ein kurzes Gedicht und zeigte es Shi-shuang:

Zhao-zhou stand auf dem Gipfel der Zen-Welt,
kein Wunder, daß er das wahre Gesicht der alten Frau sah.
Heute besitzt die ganze Welt die Klarheit eines Spiegels;
Pilger, betrachtet den WEG nicht als euren Feind.

Hui-nan war damals 35 Jahre alt. Seht ihr, wie bitter das Elend war, das die Alten erdulden mußten, wenn sie sich dazu entschlossen hatten, sich der Zen-Schulung zu unterwerfen? Hui-nan ist wie ein großartiger Phönix aus dem stinkenden Ei einer Eule hervorgegangen und in den Himmel aufgestiegen. Die beiden Linien des Lin-ji-Zen, die er und Yang-qi Fang-hui begründet haben, haben sich vom Meister Shi-shuang aus wie die zwei Spitzen eines Schwalbenschwanzes voneinander getrennt.

II.

Als Bao-feng Ke-wen noch am Anfang seiner Zen-Laufbahn stand, begab er sich nach Xiang-cheng, um den Priester Shang-lan aufzusuchen. Der fragte ihn bei seiner Ankunft, woher er gekommen sei. »Ich komme von Hui-nan«, antwortete Bao-feng. »Was erzählt denn Hui-nan heutzutage so seinen Mönchen?«, fragte Shang-lan weiter.

Seht ihr, worum es da geht? Wenn sich das in der Übungshalle eines der heutigen Klöster abgespielt hätte, dann hätte die Frage gelautet: »Wieviele Räucherstäbchen lang sitzt Hui-nan denn dieser Tage?«, »Wieviele Sūtras rezitiert er täglich?«, »Welchem Buddha-Bildnis erweist er seine Verehrung?«, »Welche Vorschriften beachtet er?« Was, meint ihr, hatte Shang-lan im Sinn, als er schnurstracks fragte: »Was erzählt denn Hui-nan heutzutage so seinen Mönchen?«

Bao-feng erwiderte: » Jüngst erhielt Priester Hui-nan ein Ersuchen seitens der Behörden der Präfektur, er solle aus der Schar seiner Mönche jemanden für den Posten des Abtes im Huang-bo-Kloster auswählen. Hui-nan verfaßte daraufhin einen Zweizeiler:

Oben im Glockenturm die Sūtras rezitieren,
unter dem Zazen-Kissen grünes Gemüse züchten.

Dann sagte er zu seinen Mönchen: »Wer auch immer mit einer Bemerkung aufwarten kann, die der Bedeutung dieser Zeilen gerecht wird, der wird noch heute dieses Kloster verlassen, um Abt im Huang-bo-Kloster zu werden.«

In einem anderen Fall, der sich vor noch längerer Zeit ereignet hat, wanderte ein asketischer Mönch namens Si-ma den ganzen langen Weg von Hu-nan nach Norden, um den großen Meister Bai-zhang Huai-hai zu besuchen.[4] Als er dem Meister gegenüberstand, sagte er: »Die Szenerie am Berg Gui-shan ist außerordentlich schön. Ich wette, ihr könntet 1500 Mönche zusammenbekommen, die bereit wären, sich dort zu üben.«

Bai-zhang antwortete: »Wenn irgendein Mönch aus der Schar meiner Schüler ein echtes Wende-Wort zu sprechen imstande ist, werde ich ihn zum Gui-shan schicken, damit er dort die Leitung des Klosters übernehme.« Und indem er auf einen Wasserkrug zeigte, sagte er: »Ihr könnt das da nicht einen Wasserkrug nennen! Wie also wollt Ihr es nennen?«

Hua-lin, der damals unter den Mönchen den höchsten Rang einnahm, trat vor und sagte: »Man kann es nicht einen Türriegel nennen.« Doch Bai-zhang ließ diese Antwort nicht gelten. Vielmehr gab er seine Frage an Ling-yu weiter, der damals als Koch des Klosters arbeitete [und später ›Gui-shan‹ genannt wurde]. Ling-yu trat zu dem Wasserkrug und stieß ihn mit einem Fußtritt um.

»Der Mönchsälteste hat gegen den Koch verloren«, erklärte Bai-zhang mit einem Lachen. So wurde Ling-yu zum Abt des Klosters auf dem Berg Gui-shan.

Wenn heutzutage Zen-Leute daran gehen, einen Priester für die Leitung eines Klosters auszuwählen, dann fragen sie ihn, woher er kommt. Sie wollen von seiner Familie und von seinem Werdegang erfahren. Sie wollen wissen, wie groß die finanzielle Unterstützung ist, die der Betreffende für den Tempel aufbringen kann. Und wie groß das Vermögen seiner Angehörigen ist. Kann der Kandidat gute Gedichte verfassen? Verfügt er über einen guten Prosa-Stil? Dieser Kandidat hat zwar das richtige Aussehen, doch er ist zu klein. Jener da ist zwar groß genug, doch fehlt ihm das richtige Aussehen. Dieser Bursche hier ist ein guter Kalligraph, doch der da ist ein besserer Redner. Und so überlegen sie hin und her und geraten dadurch nur immer weiter in immer tieferen Unverstand. Wie wohltuend ist es da, einem Menschen zu begegnen, der nicht solche Jauche verspritzt, sondern ganz einfach seine Mönche um ein kurzes Gedicht bittet.

[Doch zurück zur Geschichte des Bao-feng:] Der Mönchsälteste Wei-sheng hatte zu dem Zweizeiler des Hui-nan folgendes zu sagen: »Ein wilder Tiger sitzt da und versperrt den Weg.« Hui-nan ließ diese Antwort gelten, und so wurde Wei-sheng Abt des Huang-bo-Klosters.

Als einer der Mönche in Shang-lan's Kloster diese Geschichte hörte, platzte er mit der Bemerkung heraus: »Der Mönchsälteste Wei-sheng mag ja für diesen Satz die Abtswürde erhalten haben, doch vom Buddha-Dharma weiß er nicht einmal die einfachsten Dinge!«

Als Bao-feng diese Worte hörte, erfuhr er tiefe Erleuchtung und erkannte mit vollkommener Klarheit das Zen-Wirken in den Zeilen des Hui-nan.

Wenn in früheren Zeiten Zen-Schüler sich daran machten, die Tiefen des Dharma auszuloten, dann wählten sie ihr Kloster nicht danach aus, ob es bei anderen Mönchen beliebt war; sie verschwendeten keinen Gedanken daran, ob die Übungshalle voll war oder nicht. Ihr ganzes Trachten war nur auf eines ausgerichtet: die Große Angelegenheit zu bewältigen.

Heutzutage können die Zen-Leute, unfähig, Herren von Knechten und gewöhnliche Steine von Jade zu unterscheiden, nur noch drauflos faseln. Sie geben Sachen von sich wie: »Priester A behandelt seine Mönche so besorgt, als wären sie pflegebedürftig«, »Priester B hält Niederwerfungen vor einer Buddha-Statue für das Wichtigste der buddhistischen Übung«, »Priester C nimmt nur eine Mahlzeit am Tag zu sich«, »Priester D sitzt lange Perioden in einem Stück, ohne sich je hinzulegen: Er ist ein lebender Buddha!« – Es tut einem weh, sehen zu müssen, wohin es mit der Zen-Schule gekommen ist!

Vor langer Zeit, während der Dynastie der Südlichen Song, überquerte der Zen-Meister Mi-an Xian-jie, gebürtig aus dem Staate Min, das Gebirge nach Wu-zhou, um den Meister Zhi-zhe Yuan-an aufzusuchen. Eines Tages, als er unterwegs so dasaß und sich in der Sonne wärmte, näherte sich ihm ein älterer Mönch, der ganz offensichtlich ein Veteran in Dharma-Kämpfen war. »Wohin wirst du gehen, wenn du gleich wieder aufbrichst?«, fragte er ihn.

»Ich will nach Si-mei wandern, um Fo-zhi Tuan-yu im Kloster auf dem Berg A-yu-wang zu besuchen«, antwortete Mi-an. »Wenn das Land in geistigen Verfall gerät, werden selbst junge Mönche auf ihrer Pilgerreise davon betroffen«, erklärte der Mönch. »Sie achten dann nur auf das, was sie hören, aber vernachlässigen das, was sie sehen.«

»Was meint Ihr damit?«, wollte Mi-an wissen. Der Mönch erwiderte: »Zur Zeit lebt auf dem A-yu-wang ein gutes Tausend Mönche. Der Abt kann unmöglich jedem einzelnen von ihnen persönliche Unterweisung erteilen. Glaubst du etwa, er wird die Zeit finden, sich mit so jemandem wie dir abzugeben, der sehr wohl auch allein zurechtkommt?«

»Wohin soll ich denn dann gehen?«, fragte Mi-an, dem dabei die Tränen in die Augen traten. »Es gibt da einen Priester namens Ying-an Tan-hua in Mei-guo, Chū-zhou. Er ist zwar noch jung, doch in seinem Urteilsvermögen steht er niemandem nach. Zu ihm solltest du gehen!«

Mi-an folgte dem Rat des Mönches. Er übte sich unter Ying-ans Leitung vier Jahre lang und war schließlich imstande, den Durchbruch zu bewältigen und den Lebensquell der Buddha-Patriarchen anzuzapfen.

Heutzutage wandern die Übenden von einem Kloster zum andern und suchen nach einem Ort, der ihnen angenehme Lebensbedingungen und zu den Mahlzeiten Schüsseln mit dickem Haferbrei bietet. Sie kümmern sich wenig um das Problem von Leben und Tod oder darum, in die geheimen Tiefen einzudringen. Sie nähern sich den Klöstern wie wandernde Rudel von Hirschen oder Rehen, sie fallen wie ein Ameisenvolk in sie ein. Es besteht ein weltweiter Unterschied zwischen Übenden, wie sie es sind, und einem wahren Dharma-Sucher wie Mi-an.

III.

Priester Wu-zu Fa-yan richtete einmal folgende Bemerkungen an seine Schüler:

> Vor zwanzig oder dreißig Jahren reiste ich kreuz und quer durchs Land und suchte nach einem Meister. Nachdem ich eine Zeitlang unter verschiedenen erfahrenen Meistern geübt hatte, dachte ich, meine Schulung sei zu Ende. Doch als ich den Berg Fu-shan erreichte und mich der Mönchsgemeinde unter Meister Yuan-jian anschloß, mußte ich feststellen, daß ich nicht einmal meinen Mund öffnen konnte. Später, als ich unter Meister Bai-yun Shou-duan übte, bissen meine Zähne auf ein Stück Kuchen aus reinem Eisen. Als ich endlich soweit war, es aufbeißen zu können, entdeckte ich, daß es einen wunderbaren Geschmack von hundertfacher Vielfalt besaß. Wie sollte ich das in Worte fassen? Ich müßte sagen:

> Die Blüten auf dem Hahnenkamm krönen den Frühherbst –
> wer färbte den Purpur in ihre seidig glänzenden Spitzen?
> Bald wird Sturm aufkommen, ihre Kämme werden zusammenprallen,
> und Kampf ohne Ende entbrennt vor den Stufen des Klosters.

Habt ihr gehört? ›Ich dachte, meine Schulung sei zu Ende!‹ Nun, wenn Fa-yan, als er glaubte, mit seiner Schulung fertig zu sein, nicht den Raum des Yuan-jian betreten hätte, und wenn er nicht unter die Fittiche Bai-yun's geraten wäre, dann hätte er seine Irrtümer bis in sein Grab mit sich herumgeschleppt. Was für ein kostbares Ding ist doch ein Zen-Meister, dessen Augen wirklich geöffnet sind! Ein unschätzbarer Schatz nicht nur für Menschen, sondern nicht minder auch für Götter. Doch nicht einmal das wissen jene Heutigen, die ihr Leben wegwerfen, weil sie vorzeitig glauben, sie hätten ihre Schulung bereits hinter sich.

Eines Tages, noch zu Beginn seines Werdegangs, als Fa-yan noch unter Yuan-jian übte, sagte der zu ihm: »Ich werde nun mal nicht jünger. Wenn du hier bei mir bleibst, vergeudest du möglicherweise kostbare Zeit. Ich möchte, daß du zu Bai-yun Shou-duan gehst. Er ist noch jung an Jahren, und ich bin ihm zwar selbst nie begegnet, doch nach den Versen zu urteilen, mit denen er die dreimalige Tracht Prügel kommentiert hat, die Lin-ji von Huang-bo einstecken mußte, ist er ein außergewöhnlicher Mönch.[5] Wenn du dich unter seiner Führung weiter übst, dann wirst du, da bin ich mir ganz sicher, deine Große Angelegenheit zum Abschluß bringen!«

Fa-yan wußte tief in seinem Herzen, daß sein Meister recht hatte. Er verabschiedete sich von ihm und brach auf zum Berg Bai-yun-shan.

Welche Großmut! Yuan-jian's völlige Selbstlosigkeit verdient unseren höchsten Respekt. Wie verschieden von den Zen-Lehrern heutzutage! Wenn die einem Schüler die Bestätigung geben, dann händigen sie ihm ein Stück Papier aus, mit ein oder zwei Zeilen irgendwelcher lebloser Worte, die sie daraufgepinselt haben, und sagen zu ihm: »Du bist wie dies. Ich bin auch wie dies. Bewahre es sorgfältig. Ändere es niemals und weiche nie davon ab!«

Die Schüler nehmen solche Bestätigungen mit tiefen Verbeugungen der Dankbarkeit entgegen und halten sie, zum Zeichen ihrer Ehrfurcht, hoch über den Kopf empor. Sie hüten sie treu und brav rund um die Uhr im Wachen und im Schlafen, bis zum Tage ihres Todes – und mit alledem vergeuden sie nur ihr ganzes Leben. Ihr wahres Antlitz bleibt ihnen so für immer unbekannt! Der Grund, weshalb Yuan-jian gerade das Kloster des Bai-yun ausgewählt hat, um Fa-yan dorthin zu schicken, liegt in seinem Mißtrauen gegenüber Übungshallen, in denen sich die Mönche drängen, sowie darin, daß ihm nur eins am Herzen lag: den Zen-Geist vor dem Aussterben zu bewahren. Eines Tages, als Fa-yan gerade als Vorsteher des Schuppens, in dem der Reis gemahlen wurde, bei der Arbeit war, zeigte einer der Mönche plötzlich auf den sich drehenden Mühlstein und sagte: »Dreht sich das da durch übernatürliche Kraft? Oder bewegt es sich auf natürliche Weise?« Fa-yan hob den Saum seiner Kutte und umwandelte den Stein. Der Mönch sagte nichts.

Später kam der Meister Bai-yun in den Schuppen und sagte zu Fa-yan: »Ich hatte hier einige Mönche vom Berg Lu-shan zu Besuch.

Sie alle hatten Erleuchtung erfahren. Als ich sie aufforderte, ihr Verständnis darzustellen, taten sie das einwandfrei, mit Worten von Gewicht. Als ich sie nach Begebenheiten fragte, an denen Zen-Meister der Vergangenheit beteiligt waren, hatten sie keine Schwierigkeiten, sie näher zu erläutern. Und als ich von ihnen Erläuterungen zu bekannten Zen-Aussprüchen verlangte, waren die Erklärungen, die sie vortrugen, ganz und gar akzeptabel. Und trotz alledem waren sie noch nicht angekommen.«[6]

Bai-yun's Worte stürzten Fa-yan in tiefen Zweifel. »Sie hatten also Erleuchtung erlangt«, überlegter er sich. »Sie waren imstande, ihr Verständnis in Worten auszudrücken. Sie konnten die Geschichten erläutern, die der Meister ihnen aufgab. Warum hat er dann gesagt, daß sie noch etwas vermissen ließen?« Nachdem er sich einige Tage lang damit abgequält hatte, erfuhr er plötzlich den Durchbruch zur Erleuchtung. Alles, was ihm bis dahin wichtig erschienen war, es fiel plötzlich von ihm ab, als er jetzt in Bai-yun's Raum stürmte. Als Bai-yun seiner ansichtig wurde, sprang er auf und tanzte vor ihm herum, wobei er mit den Armen schlenkerte und mit den Füßen auf den Boden stampfte. Fa-yan sah bloß zu und lachte.

Hinterher erklärte Fa-yan: »In großen Perlen brach der Schweiß aus mir hervor, und dann erlebte ich plötzlich am eigenen Leibe die ›frische Brise, die sich erhebt, wenn eine große Last von dir genommen wird‹.«[7]

Das Beispiel Fa-yan's verdient höchste Anerkennung unsererseits. Nach nur wenigen Tagen intensiver Anstrengung übersprang er mit einem einzigen Satz alle Stufen gradueller Erleuchtung – die Drei Weisheiten und die Vier Früchte – und drang unmittelbar in das Herz aller 28 indischen und der 6 chinesischen Zen-Patriarchen ein. Anschließend sprach er, wann immer er seinen Mund öffnete, mit einer Freiheit, die keine Anstrengung mehr kannte. Dabei raubte er seinen Schülern jegliches Bewußtsein, wenn er auf ihre Fragen einging, und riß ihnen mit seinen eigenen Fragen den Grund unter den Füßen weg. Denkt gründlich darüber nach, und ihr werdet erkennen, daß dies genau der Punkt ist, worin sich Männer von außerordentlicher Statur vor den zahllosen Abstufungen der Durchschnittsmenschen auszeichnen; und daß dies genau die Stelle ist, wo die Laxen und Lauen jegliche Hoffnung verlieren.

Vor langer, langer Zeit bewahrte der Kaiser Yu hundert Provinzen davor, weiterhin durch Überschwemmungen verwüstet zu werden, indem er dem Gelben Fluß am Drachentor einen Durchstich hat graben lassen. Doch dieses Unternehmen dauerte Jahre, erforderte die Zwangsarbeit zahlloser Männer und Frauen und kostete vielen von ihnen das Leben. Kaiser Gao-zu mußte sich durch einen langen Zeitraum voller Aufruhr hindurchkämpfen, um die Grundlagen für die Herrscher der Han-Zeit zu schaffen, die vierhundert Jahre regierten. Doch die Politik, die er während der vierzig Jahre seiner Herrschaft verfolgte, resultierte in Leiden und Tod ungezählter Millionen seiner Untertanen. Was diese beiden Kaiser erreicht haben, hat ihre Namen in der ganzen Welt bekanntgemacht. Und doch waren ihre Errungenschaften mit dem Makel der trügerischen Leidenschaften behaftet, denen sie ihre Entstehung verdankten. Der Unterschied zwischen solchen weltlichen Leistungen und den spirituellen Heldentaten eines Zen-Meisters wie Fa-yan, die von entstellenden Leidenschaften völlig frei waren, ist größer als der zwischen Himmel und Meer.

Unglücklicherweise haben wir heutzutage eine ganz andere Sorte von Lehrern in unserer Zen-Schule. Eine Sorte, die aufgeblasen und wichtigtuerisch daherkommt, wenn sie auch nur imstande ist, sieben oder acht Mönche um sich zu scharen. Ein solcher Lehrer schleicht sich an wie ein Tiger, mit einem bösartigen Glitzern in seinen Augen; er stolziert umher wie ein Elefant, seine Nase arrogant in die Höhe gestreckt. Dabei sondert er gefällige Urteile ab wie:

Meister So-und-so ist ein ausgezeichneter Priester. Seine Gedichte erinnern an Li Yu-lin. Er schreibt eine Prosa wie Yuan Zhong-lan. Und die großartige Kost, die du in seinem Tempel bekommst, hat nicht ihresgleichen sonstwo im Lande. Da gibt es eine Morgenmahlzeit, ein Mittagsmahl, Tee und Kuchen dreimal am Tag. Ehe noch die nachmittägliche Teepause so recht vorüber ist, ertönt schon das Holzbrett, das die Abendmahlzeit ankündigt. Der Meister lehrt haargenau den Dharma des »direkten Zeigens« und verhilft seinen Schülern mit nicht mehr

Mühe zur Erleuchtung, als es kosten würde, einen Erdklumpen am Straßenrand aufzuheben. Herrn Kobayashis dritter Sohn hat sich ihm anvertraut und ist auf der Stelle erleuchtet worden. Herrn Suzukis vierter Sohn ging hin und erfaßte den Dharma schnurstracks. Samurais und Bauern, Handwerker und Kaufleute, sogar Schlachter, Schankwirte und Hausierer, auch jedermann sonst, der nur durch das Tor seines Klosters tritt – er führt sie alle geradewegs ins Reich der Wahrheit. Ich kenne keine Übungshalle in der ganzen Welt, die sich mit seinem Kloster vergleichen ließe. Jeder Mönch, der es auf seiner Pilgerfahrt versäumt, das Tor von So-und-so zu passieren, begeht den Fehler seines Lebens; er wirft sein ganzes Streben nach Satori förmlich aus dem Fenster.

Baaah! Von welchem Friedhof hast du dir derlei vergammelte Überbleibsel irgendwelcher Opfergaben unter den Nagel gerissen? Von wem hast du diesen Ausdruck des »direkten Zeigens« zugesteckt bekommen? Wie kannst du behaupten, die Erleuchtung stelle sich mit solcher Mühelosigkeit ein wie das Aufheben eines Erdklumpens? Redest du wirklich von der »geheimen Übertragung« des Sechsten Patriarchen? Von der »alles entscheidenden Sache«, die Lin-ji weitergegeben hat? Wenn es so leicht wäre, wie du behauptest, daß es sei, und wenn es für einen Schüler genügte, lediglich eine Belehrung zu empfangen und sie sich zu eigen zu machen, nachdem sein Lehrer sie ihm einmal dargelegt hat, warum sprechen dann die Zen-Leute von dem »wunderbaren Dharma, das die Buddhas und Patriarchen nicht übertragen«?

IV.

Vor langer Zeit, als der spätere Zen-Meister Xiang-yan Zhi-xian sich unter Gui-shan Ling-yu übte, richtete der die folgende Frage an ihn: »Ich habe gehört, du hättest einen brillanten Verstand. Man sagt, du seiest so scharfsinnig, daß du während deines Aufenthalts bei deinem verstorbenen Meister Bai-zhang Antworten für zehn gabst, wenn er dich nach einer gefragt hatte, und Antworten für ein ganzes

Hundert, wenn er dich nach zehnen gefragt hat. Doch eben dieser Scharfsinn und dieser Wissensreichtum ist zugleich die Ursache für Leben und Tod. Was ich in diesem Augenblick von dir möchte, ist ein einziger Satz, der aus der Zeit vor deiner Geburt stammt.«

Zhi-xian kehrte völlig verwirrt in die Mönchsquartiere zurück. Er nahm die Schriften zur Hand, die er bislang studiert hatte, und fing an, sie nach einem Satz zu durchforsten, den er Ling-yu vortragen könnte. Doch er vermochte keinen einzigen solchen Satz zu entdecken. Seufzend sagte er zu sich selbst: »Du kannst Hunger nicht mit einem gemalten Reiskuchen stillen!«

Er bat Ling-yu um einen Fingerzeig, der ihm zu einer Antwort verhelfen könnte. Doch Ling-yu erwiderte: »Wenn ich dir jetzt etwas verriete, würdest du mich später für den Rest deines Lebens verfluchen. Was auch immer ich sagte, es gehörte zu mir und hätte nichts mit dir zu tun!«

Zhi-xian nahm schließlich all seine Schriften und Arbeits-Notizen und warf sie ins Feuer: »Ich werde in diesem Leben niemals wieder Zen studieren«, sagte er. »Ich glaube, ich begebe mich auf eine ausgedehnte Pilgerreise. Ich kann mich als Bettelmönch durchschlagen und zumindest vermeiden, mich selbst kaputtzumachen, wie ich es jetzt tue.«

Er nahm mit Tränen in den Augen Abschied von Ling-yu und ging geradewegs zum Xiang-yan-Tempel in Nan-yang, um dem Stupa des Landesmeisters Hui-zhong[8] seine Ehrerbietung zu erweisen. Als er dort angekommen war, beschloß er, für eine Weile zu bleiben und sich von seiner langen Wanderschaft auszuruhen. Eines Tages, als er gerade damit beschäftigt war, Unkraut zu jäten und Unterholz zu entfernen, streifte seine Sichel einen Kieselstein und schleuderte ihn mit einem lauten »Tock« gegen einen Bambusstamm. In diesem Augenblick erlangte er Erleuchtung. Er eilte zurück in die Mönchsunterkunft, unterzog sich einer zeremoniellen Waschung, zündete ein paar Räucherstäbchen an und verbeugte sich tief in Richtung auf den weit entfernten Berg Gui-shan mit dem Kloster, in dem Ling-yu residierte. »Die Dankbarkeit, die ich Euch für Euer großes Erbarmen schulde, ist weitaus größer als die, die ich meinen Eltern schulde«, sagte er dabei. »Wenn Ihr an jenem Tag meinen Bitten nachgegeben und irgend etwas gesagt hättet, um mir zu helfen, dann wäre dieser Augenblick niemals eingetreten.«

Versteht ihr? Die Meister unserer Schule haben niemals auch nur einen Fetzen des Dharma an ihre Schüler weitergegeben. Nicht, weil es ihnen darauf ankam, den Dharma vor Schaden zu bewahren, sondern weil sie umgekehrt von ihren Schülern jeglichen Schaden abwenden wollten.

Die Mönche, mit denen es die Lehrer heutzutage zu tun haben, sind im allgemeinen ungehobelte, widerspenstige, unmotivierte Kerle, die nicht einmal imstande sind, auch nur für die Dauer eines einzigen Räucherstäbchens Zazen durchzuhalten. Solchen Leuten erteilen sie Unterweisungen und umhegen sie mit geradezu liebevoller Besorgtheit. Und doch könnten sie genausogut eine Ladung abgeschlagener Kuhschädel nehmen, sie in einer Reihe aufstellen und versuchen, sie dazu zu bringen, Gras zu fressen. Die Lehrer pfuschen herum, probieren bald dies, bald das, bestrebt, diese Burschen von sich selbst zu befreien. Statt dessen laden sie ihnen nur eine Riesenlast an Scheiße auf. Dann erteilen sie ihnen die Bestätigung, händigen ihnen wunderschöne Zertifikate ihrer Erleuchtung aus und lassen sie auf die Menschheit los. Der Unterschied zwischen solchen Lehrern und Priestern wie Ling-yu und Zhi-xian ist der zwischen Schlamm und leuchtend weißen Wolken.

Wenn irgend jemand zu dir sagt: »Ich kann einen Dharma predigen, der die Leute zur Erleuchtung bringt«, dann kannst du dir zweier Dinge sicher sein: erstens, daß der Betreffende kein echter Meister ist, und zweitens, daß er selbst niemals in das Geheimnis des Dharma eingedrungen ist. Selbst wenn er die Weisheit eines Shāriputra oder die Beredsamkeit eines Purna besäße, so könnte er doch unmöglich seinen elenden Schnabel in die wunderbare und unübertragbare Essenz des Zen eintauchen, welche die Zen-Meister über die Jahrhunderte von Dharma-Vater auf Dharma-Sohn übertragen haben.

Der verehrungswürdige Ānanda war ein Vetter des Shākyamuni Buddha. Er folgte ihm, noch jung an Jahren, in den Mönchsstand und wurde sein persönlicher Aufwärter, in welcher Eigenschaft er beständig an der Seite des Buddha Dienst tat. So war er nicht nur über viele Jahre hinweg ständig dem tugendhaften Einfluß des Tathāgata ausgesetzt, er wurde ohne Zweifel auch in nicht geringem Maße durch die persönliche Unterweisung beeinflußt, die er im täglichen Umgang mit dem Buddha erhalten haben muß. Und trotzdem war Ānanda nicht imstande, die Schranke zur Erleuchtung zu durchbrechen. Erst lange nach dem Tod des Buddha, als er sich seinem früheren Mitschüler Kāshyapa angeschlossen hatte, um bei ihm seine Schulung fortzusetzen, hat er es geschafft, »sein Selbst zu vergessen und sein Leben aufzugeben«.

Wenn wir uns das alles vor Augen halten, wie steht es dann damit, daß Erleuchtung, die für die Alten so schwer zu erreichen war, von den Heutigen so ohne jede Anstrengung erlangt werden kann? Könnte es sein, daß die Alten kraftlos oder unfähig waren? Oder könnte es sein, daß die heutigen Schüler soviel reifer sind und in spiritueller Hinsicht weiter fortgeschritten? Oder könnte es sein, daß die Lehrmethoden, deren sich die Alten bedient haben, soviel schlechter waren als die von heute?

Hui-ke schnitt sich den einen Arm ab. Shi-shuang stieß sich einen Handbohrer in den Oberschenkel. Ein anderer Mönch praktizierte ununterbrochen Zazen, ohne sich je zur Ruhe hinzulegen. Ein weiterer schloß sich in einer Eremitenhütte ein und verließ sie nicht ein einziges Mal. Warum haben all diese Männer sich solchen Widrigkeiten unterzogen? Wenn die mühelose Erleuchtung der Heutigen eine echte Erleuchtung ist, dann waren die Entbehrungen der Alten nur ein Irrtum. Wenn die Entbehrungen, die die Alten erduldeten, kein bloßer Irrtum waren, dann stimmt etwas nicht mit der Erleuchtung der Heutigen.

Wenn ein Mensch von großer Entschlossenheit danach strebt, zur Erleuchtung durchzubrechen, und doch scheitert, so konnte das nicht anders sein. Indessen, wenn jemand das Gelübde abgelegt hat, Erleuchtung zu erlangen, gleichgültig, welchen Schwierigkeiten er dabei begegnen mag, und selbst wenn es ihn 30 oder auch 40 Jahre harter Anstrengung kostet, dann sollte er wohl unfehlbar sein Ziel erreichen und in die Tiefe des Erwachens eindringen, die von den

Zen-Patriarchen vor ihm verwirklicht und damit jedesmal aufs neue bestätigt worden ist. Wie kann denn ebendiese Tiefe des Erwachens von irgendeinem dieser Heutigen erreicht werden, die in einem Zustand der Halbtrunken- und Halbnüchternheit dahinleben und ihr Leben vergeuden, weil sie einer weitverbreiteten, gleichwohl durch und durch irrigen Sichtweise vertrauen, die da meint, Erleuchtung lasse sich ohne Anstrengung erlangen, so leicht, wie wenn man einen Klumpen Erde vom Boden aufhebt? Unterscheiden sich solche Leute irgendwie von dem sprichwörtlichen Mann aus Qi, der immer, wenn er hungrig war, auf einen Friedhof lief, um sich von den Leidtragenden irgendwelche Überreste zu erbetteln?[9]

In ebendiesem Zusammenhang hat Seng-zhao in seiner »Abhandlung über den Kostbaren Schatz« festgestellt:

> Es gibt zehntausend Wege, die zur Erleuchtung führen. Ein Fisch, dem die Kräfte ausgehen, bleibt in seinem Fluß, auch wenn der versiegt. Ein kranker Vogel läßt sich nieder und versteckt sich im Schilf. Der eine wird niemals die Unermeßlichkeit des Ozeans erfahren, der andere niemals das ungeheure Ausmaß der großen Wälder. Ganz genauso geht es mit den Übenden, die sich vom großen WEG abwenden und kleine, unbedeutende Seitenpfade einschlagen. Nachdem sie sich abgemüht und ein gewisses Maß an Verdienst erworben haben, bleiben sie einfach stehen, obwohl sie erst die Hälfte des Weges zu ihrer letzten Bestimmung hinter sich gebracht haben und auf diese Weise niemals die endgültige Wahrheit der äußersten Soheit erreichen. Indem sie dem großen WEG abschwören, um kleinen, unbedeutenden Nebenpfaden zu folgen, und sich mit einem geringen Maß an Vollendung zufriedengeben, erreichen sie niemals die vollständige Befriedigung des großen und uneingeschränkten Friedens.

Wer sind denn nun die Leute, die den »großen WEG« verfolgen? Das sind jene wahren Sucher, die ein echtes Kenshō erreichen und sich ganz und gar hindurchgraben bis in den tiefsten Grund des großen Dharma. Und wer sind diejenigen, die die »kleinen, unbedeutenden Nebenpfade« einschlagen? Das sind Pseudo-Zen-Anhänger, die sich an ihre Wahrnehmungen und ihr Sinnesbewußtsein halten, ihr Sehen und Hören, als bestünde darin sozusagen die höchste Vollendung.

Seng-zhao war ein Mann von überragenden Fähigkeiten, einer von denen, die er selbst »echte Gefäße des Mahāyāna-Dharma« genannt hat. Er lebte während der Dynastie der Östlichen Jin, noch bevor der Erste Patriarch aus dem Westen kam und das Zen nach China brachte. Er fand sich allein inmitten eines ungeheuren Ozeans noch ungeklärter buddhistischer Lehre und legte einen tiefsinnigen, absolut korrekten Dharma von unüberbietbarer Größe dar. Welch ein weltweiter Unterschied zwischen ihm und den Zen-Leuten von heute. Das ist so, als wollte man Gold mit Zinn gleichsetzen oder Herren mit Dienern. Seng-zhao verdient unseren tiefsten Respekt.

V.

Qing-si, ein Mönch aus Gu-tian im Königreich Min, hatte als Aufwärter bei Shi-shuang gedient.[10] In seinen späteren Jahren zog er sich nach Lu-yuan, Xiang-xi, zurück, lebte dort ganz für sich allein und führte ein ruhiges, weltabgewandtes Leben. Dou-shuai Congyue, der sich damals noch in der Schulung befand, bewohnte eine Hütte in unmittelbarer Nachbarschaft. Eines Tages schenkte ein Besucher Dou-shuai einige Litschi-Früchte. Da rief der Qing-si herbei: »Jemand hat mir aus deiner Heimatprovinz ein paar Früchte mitgebracht, alter Mann. Wir wollen sie uns teilen!«

»Ich habe seit dem Tod meines Meisters keine Litschis mehr gesehen«, antwortete Qing-si mit trauriger Miene. – »Wer war denn dein Meister«, fragte Dou-shuai. »Meister Shi-shuang«, bekam er zur Antwort.

Wann immer sich eine Gelegenheit bot, lud Dou-shuai Qing-si zu sich ein und fragte ihn weiter aus nach seinem Leben und seiner Schulung. Qing-si seinerseits befragte Dou-shuai, unter wem er sich geschult habe. »Unter Bao-feng Ke-wen«, erwiderte der. »Und wer war dessen Lehrer«, fragte Qing-si weiter. »Huang-long Hui-nan«, gab Dou-shuai zur Antwort.

»Der junge Hui-nan war nur kurze Zeit mit Shi-shuang zusammen«, sagte Qing-si, »und doch erfreuen er und seine Schüler sich heute eines großen Erfolges.«

Diese Bemerkung überraschte Dou-shuai. »Das ist kein gewöhnlicher Mönch«, dachte er bei sich. Später tat er ein paar Stücke Räucherwerk in seinen Ärmel, ging zu Qing-si hinüber und bat ihn um Unterweisung.

»Ein Mann von meinen geringen Fähigkeiten, der nie die Gelegenheit gehabt hat, andere Leute zu treffen, sollte sich wirklich nicht anmaßen, andere unterweisen zu wollen«, erklärte Qing-si. »Doch wenn es das ist, was du willst, warum trägst du dann nicht das Verständnis, das du bisher erlangt hast, so freimütig vor, wie du kannst?«

Dou-shuai tat wie geheißen, und als er damit zu Ende war, sagte Qing-si: »Das mag dir den Eintritt in das Reich der Buddhas verschafft haben, doch es wird dir niemals aus den Toren von Māras Reich heraushelfen. Ein Großer der Vergangenheit hat einmal gesagt: ›Die schwierige Schranke ist erst dann erreicht, wenn du ein Letztes Wort[11] zu sagen vermagst‹, und genau das ist es, was du noch lernen mußt.«

Dou-shuai wollte schon darauf antworten, doch Qing-si kam ihm zuvor und fragte: »Wie würdest du etwas sagen, ohne deinen Mund in Bewegung zu setzen?« Noch einmal setzte Dou-shuai zum Sprechen an, doch Qing-si schnitt ihm seine Worte mit einem schrillen Lachen ab. Da erfuhr Dou-shuai ganz plötzlich Erleuchtung.

Einige Monate später bestätigte Qing-si Dou-shuais Erleuchtung. Er fügte freilich eine Warnung hinzu: »Alles, was Bao-feng dich gelehrt hat, war vollkommen wahr und richtig; doch du hast ihn viel zu früh verlassen, bevor du noch das wunderbare Wirken in seiner Zen-Unterweisung endgültig hast erfassen können. Was ich jetzt getan habe, ist, dir dieses Wirken zu enthüllen und dich zu befähigen, es frei und uneingeschränkt zu gebrauchen. Doch ich möchte nicht, daß du noch länger hier verweilst und mein Dharma-Erbe wirst. Dein Meister ist nun einmal Bao-feng!« Und schließlich empfing Dou-shuai tatsächlich Bao-feng's Dharma-Übertragung.

Später, als Dou-shuai längst Meister war und der Laie Wu-jin bei ihm übte, erzählte Dou-shuai, was Qing-si ihm über das Letzte Wort gesagt hatte. Und wieder einige Zeit später, als Wu-jin von seinem Amt als Großminister [Oberhaupt der Staatskanzlei] zurücktrat und auf dem Heimweg am Gui-zong-Tempel vorbeikam, wo Bao-feng lebte, da unterbrach er seine Reise, um diesem einen Besuch abzustatten. Eines Nachts, als die beiden Männer sich unterhielten und Wu-jin nun seinerseits Bao-feng erzählen wollte, was Qing-si zum Letzten Wort gesagt hatte, da bekam Bao-feng urplötzlich einen Wutanfall: »Was für eine widerliche Schweinerei von blutigem Auswurf hat dieser Bonze da ausgespien! Glaub' bloß kein Wort davon! Das ist nichts als ein Haufen Lügen!« So kam Wu-jin nicht dazu, das, was er hatte sagen wollen, zu Ende zu bringen.

Im dritten Regierungsjahr des Kaisers Hui-zong – Bao-feng war inzwischen verstorben – stattete Jue-fan Hui-hong dem Laien Wu-jin in Jing-xi, Xia-zhou, einen Besuch ab. Wu-jin sagte bei dieser Gelegenheit: »Es ist zu schade, daß Bao-feng den wahren Sinn der Worte des Qing-si nicht verstanden hat.«

»Ihr habt nur erfaßt, was Qing-si über das Letzte Wort gesagt hat«, erklärte daraufhin Jue-fan. »Doch Ihr müßt erst noch begreifen, daß Bao-feng seine drastische Zen-Medizin direkt vor Euren Augen ausgeteilt hat!« – »Stimmt das wirklich?«, rief da Wu-jin aus, voll Betroffenheit. »Wenn Ihr Euch nicht sicher seid, dann denkt noch einmal gründlich nach. Geht das Zusammentreffen, das Ihr mit Bao-feng gehabt habt, nochmals von vorn bis hinten durch«, erwiderte Jue-fan.

Im selben Augenblick, da der Laie Wu-jin Jue-fan dies sagen hörte, verstand er die wahre Bedeutung im Verhalten des Meisters Bao-feng. Er zündete ein Räucherstäbchen an und warf sich in Richtung des Gui-zong-Tempels zu Boden, bereute seinen Irrtum und bat den verstorbenen Zen-Meister um Vergebung. Er holte ein Porträt Bao-fengs hervor, das er sorgfältig verwahrt hatte, verbeugte sich davor und schrieb ein Loblied auf das Bild. Dann überreichte er es Jue-fan.

Ach, Dou-shuai! Du warst klug genug, Qing-si zu besuchen, und du hast seine Unterweisung erhalten. Doch du warst nicht in der Lage, die Spuren davon wieder loszuwerden: all die Furchen und

Rillen, die sie deinem Geist aufgeprägt hatte. Das ist der Grund, weshalb auch der Laie Wu-jin, als er bei dir vorbeikam, sich in ihnen verfing. Und wäre es Jue-fan nicht gelungen, Bao-fengs drastische Medizin treffend und genau zur rechten Zeit anzuwenden, so hätte sich Wu-jin niemals von der unheilbaren Krankheit befreien können, mit der er sich infiziert hatte.[12]

Jeder Zen-Meister hat seine eigenen Wege und Methoden, zum Segen seiner Schüler von seiner Einsicht Gebrauch zu machen und sie zur Erleuchtung zu bringen. Wie dürften da andere darauf hoffen, den grenzenlosen Handlungsspielraum dieser Männer abschätzen zu können?

Meine eigene Meinung dazu ist: Wenn auch die obige Beurteilung durchaus zutreffend sein mag, so halte ich es doch immer noch für bedauerlich, daß, als Jue-fan dem Wu-jin die drastische Medizin des Bao-feng so deutlich vor Augen geführt hatte, diese dennoch mit nicht größerer Kraft gewirkt zu haben scheint als eine durchlöcherte Trommel!

Einen Mann von so außergewöhnlichem Kaliber wie den Laien Wu-jin findet man nur selten in der Welt. Er stieg zum Großminister auf und wurde fast einhundert Jahre alt. Er gewann das uneingeschränkte Vertrauen des Kaisers, wurde von allen Ministern, die ihm unterstanden, sehr geschätzt, von den gebildeten Schichten hoch geachtet und vom gewöhnlichen Volk geliebt. Seine Weisheit war unübertroffen, seine Güte unermeßlich. Kurz, er war ein Mann, der es verdiente, an der Seite des Kaisers zu dienen. Der Zen-Meister Jue-fan machte eigens eine Reise, um ihn zu besuchen. Der Zen-Meister Da-hui Zong-gao begab sich ebenfalls auf die Reise, um ihm einen Besuch abzustatten. Was für einen Fehler könnte ein Mann von seiner Statur begangen haben, der ihn veranlaßte, damals, als er sich Bao-fengs Zornesausbruch ins Gedächtnis rief, in die sternklare Nacht hinauszugehen, Räucherwerk anzuzünden und sich reumütig in Richtung des Gui-zong-Tempels niederzuwerfen? Jeder, der zur Zen-Schule gehört, sollte verstehen: Es gibt da in unserer Schulrichtung eine wesentliche Sache, die nur in großer Erleuchtung erfaßt werden kann.

Als sich Bai-zhang seine Nase von Ma-zu hatte verdrehen lassen müssen, kostete ihn das allen Frieden und alle Gelassenheit, die er zuvor erworben hatte. Als Lin-ji von der Faust des Huang-bo getroffen wurde, verlor er sowohl Haus wie Heimat. Als Feng-xues Stolz von Nan-yuan zertreten wurde, riß ihm das sein Gesicht herunter. Als Xue-feng Yan-tous »KHAT« hörte, legte ihm das sein Gehirn trocken. Als Yun-men aus der Tür gedrängt wurde und sich das Bein brach, verlor er, vom Schmerz betäubt, das Bewußtsein. Für Zhi-xian war es ein Kiesel, der gegen einen Bambusstamm schlug. Für Shi-shuang war es Fen-yangs Hand auf seinem Mund, die ihm die Sprache nahm. Den Cui-yan hat ein Stück Dachziegel geschafft, und Yuan-wu wurde durch ein Liebesgedicht zu Tränen gerührt. Da-yuans Herz brach beim Klang einer Flöte, und Da-hui wurde von der giftigen Hitze des Südwinds zu Boden gestreckt.[13]

Die Umstände, unter denen diese Priester zu sich selbst gekommen sind, indem sie vergaßen, was sich einst im Himalaja ereignet hatte, als der Weltverehrte vom Licht eines giftigen Sterns überwältigt wurde[14] – sie sind etwas, das sogar die Götter des Himmels und Könige der Hölle nicht berechnen können.

VI.

Als Si-shan Guang-ren Zhi-xian sagen hörte, daß »Wörter aus Lauten bestehen, doch Laute keine Wörter sind, und daß Formen und Gestalten wirklich zu sein scheinen, es gleichwohl nicht sind«, da glaubte er, daß Zhi-xian die Wahrheit des Dharma vollständig ausgesprochen habe. Und deshalb gab er, als für ihn die Zeit gekommen war, Zhi-xian zu verlassen, diesem das Versprechen: »Ich werde warten, bis Ihr Abt geworden seid, und dann werde ich zu diesem Kloster zurückkehren, um für Euch Brennholz zu sammeln und Wasser zu schöpfen.«

Doch später, als Si-shan auf Ming-zhao De-jian traf, erlitt er einen schweren Rückschlag. Er erfuhr zum ersten Mal, wie es einem Zen-Anhänger wirklich ergeht: Als er zu Zhi-xian zurückgekehrt war und ihn seine Schüler belehren hörte, wurde er von heftigem Widerwillen gepackt – so wie sich ein hochgebildeter Minister fühlen mag, wenn er dem unflätigen Gerede eines Bauern zuhören muß. Si-shan gab Geräusche des Würgens von sich, als müsse er sich erbrechen. Er hatte damals sein Wort gegeben, Zhi-xian als Schüler zu dienen, weil er geglaubt hatte, daß dieser das einzige wirklich erleuchtete Mitglied in der Bruderschaft des Ling-yu sei. Jetzt aber, da er imstande war, den wahren Gehalt von Zhi-xians Belehrungen zu erkennen, hatte sich für ihn alles von Grund auf geändert.

Ich möchte, daß ihr euch alle dessen bewußt seid, daß die Übung des Zen eine wunderbare Verwandlung zu bewirken vermag, die euch bis ins Mark eurer Knochen hinein verändern wird. Wenn Si-shan nicht mühsam das dichte Wirrwarr von Schlingpflanzen hinaufgeklettert wäre, das ihm Ming-zhao von oben herabgelassen hatte, wie hätte er da je zu dem großen Gefäß reifen können, das er später geworden ist?

Als Long-ya Ju-dun vom Zen-Meister Lin-ji geschlagen worden war, sagte er: »Wenn Ihr mich schlagen wollt, nur zu! Doch ich werde weiterhin behaupten, daß kein Sinn darin liegt, daß der Erste Patriarch aus dem Westen gekommen ist!« Und als er vom Zen-Meister Cui-wei ebenfalls geschlagen wurde, sagte er wiederum: »Wenn Ihr mich schlagen wollt – nur zu! Doch ich werde weiterhin behaupten, daß kein Sinn darin liegt, daß der Erste Patriarch aus dem Westen gekommen ist!« Dort, wo Long-ya stand, sah er keine Buddhas über sich und keine fühlenden Wesen unter sich. Da war kein Himmel über seinem Kopf und keine Erde unter seinen Füßen. Das ganze Universum, die ganze große Erde – das alles war nur ein einziger eiserner Hammerkopf ohne Loch. Das ist auch der Grund gewesen, weshalb Xue-dou ihn einen »blinden Drachen« genannt hat, für den es weder einen Sehenden noch ein Gesehenes gibt.[15] Die bedauerliche Wahrheit bei der Sache ist, daß Long-ya das Zen des Lin-ji nicht einmal im Traum begreifen konnte.

Long-ya war von einer schweren Krankheit befallen worden, einer Krankheit, von der ihn selbst die Buddhas und Patriarchen nicht befreien können. Oftmals verbeißen sich Schüler in einen Haufen von verfilztem Dreck, wie es Long-ya getan hat, und glauben hocherfreut, sie hätten das eigentliche Herz der Meister der Vergangenheit erlangt, das unschätzbare Juwel, von dem das »Lotos-Sūtra« sagt, es sei »im Futter deines eigenen Gewandes verborgen«. Ihr Unglück besteht darin, daß sie nicht einmal die blasseste Ahnung davon haben, daß das, was sie wirklich erlangt haben, genau die rostigen Nägel und Keile sind, die seinen Schülern auszureißen Meister Yun-men so unablässig bemüht war.

Doch selbst wenn sie das Vorhandensein dieser Nägel und Keile erkennen und versuchen, sie aus eigener Kraft zu entfernen, ergeht es ihnen schließlich nur wie Papiyas, dem König der Teufel, der umherstolzierte und mit einem stinkenden Hundekadaver auf seinem Kopf protzte. Als Upagupta, der Vierte indische Patriarch, ihm diesen Kadaver verpaßt hatte, tanzte Papiyas vor Freude und dachte bei sich: »Was für einen herrlichen Kopfschmuck habe ich da doch! Jetzt besteht kein Grund mehr, auf den Kopfschmuck von Brahmā oder Indra neidisch zu sein!« Doch als er in seinen Palast zurückkehrte, flohen seine Frauen vor ihm, hielten sich die Nase zu und gingen ihm aus dem Wege, die Gesichter von Ekel verzerrt. Erst da erkannte Papiyas, daß sein Kopfschmuck nichts anderes war als drei von Maden wimmelnde Leichen – eines Menschen, eines Hundes und einer Schlange. Der König der Teufel war verblüfft und entmutigt, zerquält von der Wut und dem Haß, die in ihm brannnten.

Ungefähr das gleiche passiert so manchem Zen-Schüler. Er begegnet einem Zen-Meister und muß mitansehen, wie der alles, was ihm der Schüler vorträgt, in der Luft zerreißt. Dann empfängt er die Unterweisung seines Meisters und schließlich sogar dessen Bestätigung. Wenn er so weit gekommen ist, glaubt der Schüler: »Ich habe das Ziel erreicht und die Große Angelegenheit ein für allemal hinter mich gebracht. Selbst die Buddha-Patriarchen sind für mich kein Anlaß mehr zum Neid.«

Unglücklicherweise kann sich solche Selbsteinschätzung nicht auf Dauer halten; sie welkt dahin, verkümmert, trocknet aus. Der Schüler entdeckt, daß er mit sich selbst nicht klarkommt, zu keiner Zeit, ob er nun tätig ist oder sich ausruht. Das Licht, das seine Finsternis erhellt zu haben schien, es leuchtet ohne auch nur eine Spur von Kraft. Und so lebt er dahin wie tief unten im Bau eines Schakals oder in der Höhle der körperlosen Geister, niedergedrückt von der Last eines eisernen Jochs in seinem Nacken und von schweren Ketten, die um seine Arme und Beine geschlungen sind.

Wer sein Dharma-Auge wirklich geöffnet hat, erkennt hier eine Szene völliger und ungeminderter Verzweiflung. Denn dieser Schüler wird Zen niemals verstehen, weder in seinen Träumen, noch wenn er bis zum Jahr des Esels wartet.[16] Ganz im Gegenteil, noch bevor er das erkennt, liegt er mitten unter den anderen erschöpften Saatkörnern und fault vor sich hin, unfähig, neues Leben hervorzubringen. Ist so einer nicht ein Mann, der mit einem Hundekadaver auf dem Kopf herumläuft? Er könnte weglaufen bis ans Ende der Welt, stets auf der Suche nach einer Möglichkeit, sich von seiner Last zu befreien; doch in der Zwischenzeit würde die Fäulnis nur noch schlimmer werden und der Gestank nur immer noch widerlicher. Wann wird ein solcher Unglücksrabe je davon freikommen? Was kann er da nur machen?

Nun, wenn jemand tatsächlich entschlossen ist, den tiefsten Grund zu erreichen, den die Zen-Patriarchen erfahren und bestätigt haben, dann ist Rettung ganz und gar nicht ausgeschlossen. Zunächst einmal sollte der Betreffende mit dem Kōan »Hat ein Hund Buddha-Natur?« üben. Wenn er sich mit aller Entschiedenheit darauf sammelt und ohne zu wanken oder zu stocken für eine lange Zeit damit weitermacht, dann wird er ganz bestimmt zur Erleuchtung durchbrechen. Dort darf er jedoch nicht stehenbleiben. Er muß alles, was er bis dahin erreicht hat, wieder wegwerfen und eines der schwer zu passierenden Kōan in Angriff nehmen. Wenn er auf diese Weise fortfährt, wird er ganz gewiß zu der Erfahrung vorstoßen, daß der Grund, aus dem die Alten lebten und wirkten, sich nicht durch intellektuelles Verstehen, auf welcher Stufe auch immer, erreichen läßt.

Xu-tang Zhi-yu erfuhr seine erste Erleuchtung, als er das Kōan »Das alte Segel ist noch nicht gesetzt« durch und durch begriffen hatte. Doch er ruhte sich nicht dabei aus, zufrieden mit seiner ersten Erleuchtung. Er fuhr vielmehr fort und übte sich für vier weitere Jahre in sich selbst mit der »Gedächtnis-Pagode des Si-shan«. Erst als er auch dieses Kōan wirklich begriffen hatte, entwickelte er sich zu einem großen Dharma-Gefäß. Wäre er an dem Punkt seiner ersten Erleuchtung stehengeblieben und hätte sich dort niedergelassen, wo es, wie er selber gesagt hat, »nirgendwo auf der Erde einen Platz gibt, [die tote Katze des Nan-quan] abzulegen«, dann wäre er immer weiter ziellos auf einem ungeheuren Meer stehenden Wassers herumgeschwommen, ein toter Klumpen faulenden Fleisches, dem nicht einmal eine heruntergekommene alte Krähe auch nur einen zweiten Blick zuwirft. Wenn das passiert wäre, was meint ihr, hätte er sich dann zu einem großen Zen-Meiser entwickelt? Zu jemandem, der ausgewählt wurde, um an zehn verschiedenen Zen-Tempeln und -Klöstern als Abt Dienst zu tun?[17]

Genau an dieser Stelle läßt sich das Geheimnis des Durchbruchs zur endgültigen Erleuchtung lüften. Es ist viel darüber geredet worden; das meiste davon ist falsch und vieles ist unverantwortlicher Schwachsinn. Daitō Kokushi hat einmal gesagt: »Am Morgen begegnen sich unsere Augenbrauen. Am Abend streifen wir uns mit den Schultern. Wie sehe ich aus?«[18] Auf diese Worte zu vertrauen ist alles andere als eine leichte Sache, sie zu begreifen ist äußerst schwierig. Ein Ausspruch von Kanzan Kokushi lautet: »Zhao-zhou's Kōan ›Die Zypresse im Garten‹ erfüllt eine lebenswichtige Aufgabe; sie wirkt wie ein Räuber«.[19] Auch in diese Worte führt kein leichter Weg hinein; auch sie sind äußerst schwer zu durchdringen. Wir müssen dem tiefen Erbarmen dieser beiden Zen-Meister unsere Reverenz erweisen, die uns diese geheimen Schlüssel zur völligen Verwandlung hinterlassen haben, so daß sie zu Gebote stehen für den Fall, daß ein Späterer erscheint, der fähig ist, sie sich zunutze zu machen. Die Äußerungen dieser beiden Männer sind wahrhaft die Krallen und Reißzähne, denen wir in der Dharma-Höhle begegnen.

Wenn jemand erst einmal seinen Weg in diesen Granit hineingebohrt hat, wenn erst einmal sein Leib mit hellen Schweißperlen bedeckt gewesen ist, dann mag er sich zu Recht als Nachfahren des Xu-tang bezeichnen, als einer von denen, die, wie Xu-tang gesagt hat, »tagtäglich in dem Land jenseits des Ostmeeres erscheinen«.[20] Wenn er jedoch feststellen muß, daß er noch zögert oder schwankt und unfähig ist, seinen Weg durch diese Aussprüche hindurch zu nehmen, dann darf er niemals für sich den Anspruch erheben, ein Nachfahre des Kanzan Kokushi zu sein.

Heutzutage erklären die Zen-Priester, wohin auch immer du kommst: »Worte und Buchstaben, Zen-Aussprüche, das sind die Werkzeuge von Sklaven und Knechten. Ich kann damit nichts anfangen!«

Falsch! Absolut falsch! Sind etwa diese beiden großen Zen-Meister, Daitō und Kanzan, Sklaven oder Knechte? Sind sie es, dann bin ich es auch! Wenn ich mich auch keinen Deut um die große und hochherrschaftliche Haltung kümmere, die die Priester von heute auf andere herabsehen läßt, als wären die ihnen weit unterlegen, so verachte ich sie dennoch nicht deswegen. Indessen gelten sie als Nachfahren von Daitō und Kanzan, und als solche sollten sie doch wohl in der Lage sein, deren Äußerungen zu durchdringen. Was für ein Recht hätten sie andernfalls, sich selbst als »kleine Fische« zu bezeichnen, »die den Ozean des wahren Dharma bewohnen«?

Solange jemand diese Äußerungen nicht begriffen hat, mag er auch schon Erleuchtung erlangt haben, mag seine Übung auch unbeirrbar sein, so sollte er sie doch, ohne jede weitere Überlegung, sich auch noch vornehmen und beginnen, ihnen durch Versenkung in sich selbst ihr Geheimnis zu entreißen. Er sollte sich dieser Aufgabe restlos ausliefern, mit absoluter Sammlung und niemals nachlassender Anstrengung.

Es ist, als wolltest du einen riesigen Baum von ungeheurem Umfang fällen. Das schaffst du nicht mit nur einem Schlag deiner Axt. Wenn du jedoch immer weitere Stücke von ihm wegschlägst und darin nicht nachläßt, wird er schließlich, ob er nun will oder nicht, ganz plötzlich umstürzen. Wenn dieser Augenblick kommt, dann könntest du alle, die sich auftreiben lassen, zusammentrommeln und ihnen jede Menge Geld anbieten, den Baum daran zu hindern umzustürzen – sie wären dennoch nicht imstande dazu. Der Baum würde sich trotzdem neigen und zu Boden krachen.

Ein Mensch mag nicht daran zugrunde gehen, daß er eine einzelne schlechte Tat vollbracht hat. Doch wenn er damit fortfährt, Schlechtes zu tun, so wird das schließlich zu seinem Untergang führen, ob er nun will oder nicht. Wenn dieser Augenblick eintritt, wird er nicht imstande sein, das zu verhindern, mag er sich auch zu allen Göttern des Himmels und der Erde flüchten und sie mit Tränen in den Augen um ihren Beistand bitten.

Mit der Versenkung in ein Kōan ist es ganz ähnlich. Dabei geht es nicht darum, sich irgendein Kōan auszusuchen, es einmal unter die Lupe zu nehmen und es schon verstanden zu haben. Wenn du jedoch unablässig daran arbeitest, mit unermüdlicher Hingabe, dann wirst du es ganz und gar durchdringen, ob du willst oder nicht. Wenn dieser Augenblick kommt, könnten nicht einmal die vereinten Anstrengungen sämtlicher Höllenkönige aller zehn Richtungen das verhindern, weil sie nicht einmal einen Blick von dem erhaschen, was da vor sich geht. Und außerdem gibt es nichts anderes, das dir eine ebenso intensive Freude und Befriedigung bereiten könnte.

Doch wenn der Holzfäller nach einem oder zwei Schlägen mit seiner Axt innehielte, um den dritten Sohn des Herrn Zhang zu fragen: »Warum will denn dieser Baum nicht umfallen?«, und wenn er nach drei, vier weiteren Schlägen abermals innehielte, um den vierten Sohn des Herrn Li zu fragen: »Warum fällt dieser Baum immer noch nicht um?«, dann würde er niemals mit dem Fällen des Baumes zu Rande kommen. Genauso steht es mit jemandem, der sich in den WEG einübt.

Ich habe euch das alles nicht deshalb erzählt, weil ich hoffte, euch mit der Originalität meiner Gedanken zu beeindrucken. All die Dinge, die ich hier erwähnt habe, haben auch schon meinen Meister Shōju Etan in hohem Maße beschäftigt. Er war damals, vor dreißig Jahren, als ich unter seiner Anleitung übte, zutiefst über sie bekümmert und hat ständig geklagt. Immer wenn ich vor anderen darüber spreche, laufen mir die Tränen über meine alten Wangen und benetzen mein Gewand. Jetzt, da ich mir den Ernst ins Gedächtnis zurückrufe, mit dem der alte Shōju mir sein Wissen anvertraut, sowie die Art und Weise, in der er mir zu verstehen gegeben hat, wie sehr er auf mich zählt, fühle ich das dringende Verlangen, auf der Stelle wegzulaufen und mich in meiner Nichtsnutzigkeit irgendwo zu verstecken. Ich gebe euch hier meine wahren Gedanken nur deshalb preis, weil ich mir inbrünstig wünsche, daß ihr alle Mühe aufwendet, um den wahren, alles durchdringenden Wind noch einmal durch die Gärten unserer Vorfahren wehen zu lassen, und so den fundamentalen Grundsätzen unserer Schule noch einmal lebendige und anhaltende Kraft einhaucht.

Und zu guter Letzt bitte ich euch, das törichte Geschimpfe eines alten Mannes noch einmal zu überhören, und danke euch allen dafür, daß ihr während dieser langen Vorträge so geduldig und aufmerksam zugehört habt. Bitte gebt gut auf euch acht!

Im fünften Jahr der Regierungslosung Gembun (1740), während des letzten Drittels des ersten Monats.

Anmerkungen

1. Den Fuchs-Sabber des Xu-tang auflecken

1 Aus Yuan-wu Ke-qin's Darlegungen »Xue dou's Einhundert Kōan mit erläuternden Lobgesängen« ging schließlich das *Bi-yan-lu* hervor, die »Niederschrift von der Smaragdenen Felswand«, die als das bedeutendste Einzelwerk der Literatur des Rinzai-Zen gilt.
2 Da-ping Hui-qin war wie Yuan-wu ein Dharma-Erbe des Wu-zu Fa-yan. Da-ping's Brief findet sich in einer Textsammlung mit dem Titel »Anweisungen für buddhistische Mönche«, die erstmals in der Zeit der Yuan-Dynastie (1279–1368) veröffentlicht worden ist.
3 »Fuchs-Sabber« (*koen*) ist eine Metapher für ein tödliches Gift. Er vermag wunderbare Heilungen zu bewirken, indem er Schüler von ihren geistigen Krankheiten befreit und sie zu wahrer Erleuchtung führt. Hakuin schrieb einmal: »Xu-tang hat einen giftigen Sabber aus Worten, Gedanken und Taten ausgespien und ihn hinterlassen, damit er auf einen zukünftigen Nachfahren warte, der imstande sein würde, ihn dazu zu nutzen, sich von den Unterweisungen des Meisters (gemeint ist Xu-tang) abzuwenden.« Xu-tang hat während seiner Laufbahn zehn verschiedenen Klöstern als Abt vorgestanden. Das Hauptwerk seiner religiösen Unterweisung, die »Aufzeichnungen der Aussprüche des Xu-tang«, ist in zehn Kapitel aufgeteilt, von denen je eines den Darlegungen gewidmet ist, die er an den einzelnen Tempeln gegeben hat.
4 Fei Lian und Wu Lai: korrupte Minister des Herzogs von Zhou.
5 Papiyas: ein Teufels-König, der alles Gute zu vernichten sucht.
6 Eine Anspielung auf eine Geschiche aus dem »Zeughaus des Da-hui«, Kapitel 2, zusammengestellt von dem Priester Da-hui Zong-gao:
   Aufwärter Ping diente dem Zen-Meister Ming-an für mehrere Jahre. Obwohl er hart übte und es so weit gebracht hatte, die Grundzüge des Zen des Ming-an zu verstehen, war er voller Eifersucht gegenüber seinen Mit-Mönchen und nutzte jede Gelegenheit, sie in Mißkredit zu bringen. Aus diesem Grund bestimmte Ming-an ihn nicht zu seinem Nachfolger, ungeachtet der Tatsache, daß Ping älter als alle übrigen Mönche war. Ming-an verkündete seinen übrigen Schülern, daß Ping eines gewaltsamen Todes sterben werde, der ihm, wie Ming-an sagte, indem er drei Finger hoch-

hielt, »an einem Ort wie diesem« zustoßen werde. Nach Ming-an's Tod rückte Ping gleichwohl zum Meister des Tempels auf. Er erklärte, daß die Pagode mit den sterblichen Überresten Ming-an's an einem geomantisch ungünstigen Ort stehe, und ordnete an, sie niederzubrennen. Als das Feuer die Pagode ergriffen hatte, brach sie in sich zusammen und gab ihr Inneres preis, wobei auch Ming-an's Leichnam zum Vorschein kam. Zu jedermanns Erstaunen war er von den Flammen unversehrt und wirkte wie lebendig. Ping ergriff eine Hacke, zerschlug Ming-an's Schädel, nahm sein Gehirn heraus, tauchte es in Öl und warf es in die Flammen zurück, wo es zu Asche zerfiel. Seine Priester-Kollegen meldeten das den Zivil-Behörden, die Ping hart maßregelten und ihn zwangen, in den Laien-Stand zurückzukehren. Daraufhin wanderte er ziellos durchs Land und versuchte erfolglos, in eine andere buddhistische Gemeinschaft aufgenommen zu werden. Eines Tages, als er sich gerade einer Weggabelung näherte, wurde er von einem Tiger angegriffen und aufgefressen und erfüllte so die Prophezeiung seines Meisters.

7 Shōju Etan: der Priester, den Hakuin als seinen Meister betrachtete. Die Generationsfolge lautet: *Gudō Tōshoku* (1579-1661), *Shidō Mun'an* (1603-1676), *Shōju Etan* (1642-1721), *Hakuin Ekaku* (1685-1768).

8 Ein Mönch fragte Zhao-zhou: »Hat ein Hund Buddha-Natur?« Zhao-zhou antwortete: »Mu.« Vgl. *Wu-men-guan/Mumonkan*, Kōan 1. Anfänglich gab Hakuin seinen Schülern dieses als erstes Kōan auf; später, in seinen Sechzigern, setzte er den »Laut des Klatschens der einen Hand« ein.

9 Der Ausdruck »einer oder auch nur ein halber« (*ikkō hankō*) unterstreicht, wie schwierig und zugleich unbedingt notwendig es für einen Zen-Meister ist, einen Dharma-Erben zu finden, der seine Übertragung weitergibt: selbst ein halber Nachfolger ist besser als überhaupt keiner.

10 Im Volksglauben stehen Menschen, die sich bei Nacht die Fingernägel schneiden, in der Sterbestunde ihrer Eltern nicht an deren Bett. Laut Hakuin war das ein bevorzugter Ausspruch des Shōju Etan. Hier soll er davor warnen, in den Anstrengungen der religiösen Suche nachzulassen.

2. Die giftigen Abfälle der Meister der Vergangenheit

1 Dieses Wechselgespräch, den »Grundzügen der aufeinanderfolgenden Berichte über die Leuchte« entnommen (Kap. 33), gilt im Hakuin-Zen als ein »Nantō«-Kōan, d. h. als eines, das besonders schwer zu bewältigen ist.

2 Es heißt, daß ein Lehrer, der entweder falsche oder allzu deutliche Unterweisungen erteilt, seine Augenbrauen verliert.

3 Vgl. *Wu-men-guan/Mumonkan*, Kōan 2: »Bai-zhang und der Fuchs«.
4 Xu-tang Zhi-yu, »Aufzeichnungen der Aussprüche des Xū-tang«, Kapitel 4.
5 Gemeint sind die 28 indischen Patriarchen der Zen-Übertragungslinie von Shākyamuni bis Bodhidharma sowie die sechs chinesischen Patriarchen, beginnend mit Bodhidharma und bis einschließlich Hui-neng.
6 Anspielung auf den Lehrstil des Xue-feng I-cun (822–908), ein Mönch der Tang-Zeit, der mit einer Kalebassen-Schöpfkelle von Kloster zu Kloster wanderte.
7 Der »Essay über den Dharma-Pulsschlag«, der traditionellerweise Bodhidharma zugeschrieben wird, findet sich in einer japanischen Textsammlung mit dem Titel »Bodhidharmas Sechs Tore«.
8 Chang-zong Zhao-jue (1025–1091) wird in den Schriften des Da-hui als Vertreter des »Tu-nichts«- oder *Buji-Zen* mit heftiger Kritik überzogen.
9 Da-hui war ein ausgesprochener Gegner der quietistischen Spielart des Zen, die auch von Hakuin bekämpft wird. Der ganze Absatz, beginnend mit »Zhao-jue konnte das nur deshalb sagen, weil ... « ist dem »Zeughaus des Da-hui« entnommen.
10 Die drei genannten Fragen, bekannt als die »Drei Schranken des Huang-long«, wurden von Xin-jing's Lehrer, Huang-long Hui-nan, formuliert.
11 Das »Achte« oder »Ālaya«-Bewußtsein gilt als die Quelle des menschlichen Bewußtseins und aller Existenz. Wenn Übende sich zu ihm hindurchgearbeitet haben, dann gilt von ihnen, daß sie ein für allemal erfolgreich alle bösen Leidenschaften überwunden haben; wenn sie sich jedoch daran festklammern, verwandelt es sich in eine weitere Ursache für die Gefangenschaft im Kreislauf von Geburt und Tod. Hakuin ermahnt seine Schüler, die »dunkle Höhle des Achten Bewußtseins aufzusprengen«, so daß das »kostbare Licht der Großen Vollkommenen Spiegelweisheit hervorscheinen kann«.
12 Im »Sūtra der Sieben Frauen« suchen der Gott Indra und die Frauen den Buddha Kāshyapa auf. Hakuins Darstellung basiert auf der in dem »Kompendium der Fünf Leuchten«.
13 Die »vier Lebensnotwendigkeiten« sind Nahrung, Kleidung, Medizin und Schutz vor den Unbilden der Witterung. Bei den »sieben seltenen Schätzen« handelt es sich um Gold, Silber, Lapislazuli, Mondstein, Achat, Rubin und Karneol.
14 Vgl. »The Zen Teachings of Master Lin-ji«, ins Amerikanische übersetzt von Burton Watson, Shambala 1993, Seiten 76 und 127.
15 Allesamt tödliche Ingredienzen.
16 Als Nan-yue Huai-rang seinen Schüler Ma-zu Zazen praktizieren sah,

nahm er einen Ziegel und begann ihn zu polieren. Als Ma-zu ihn fragte, was er da mache, gab er zur Antwort, er wolle einen Spiegel herstellen. Ma-zu hielt ihm entgegen, es sei doch wohl unmöglich, aus einem Ziegel einen Spiegel zu machen. Darauf erwiderte Nan-yue: »Und wie kannst du erwarten, durch Zazen zu einem Buddha zu werden?« Daran schließen sich die Worte an, die Hakuin hier zitiert.

3. Authentisches Zen

1 Mit diesem Satz beginnt ein längerer Abschnitt, in dem Hakuin in chronologischer Folge eine Traditionslinie aus indischen, chinesischen und japanischen Meistern nachzeichnet (angefangen mit Shākyamuni und endend mit japanischen Priestern des 15. Jahrhunderts, die der Myōshin-ji-Linie angehören), die er unter höchstem Lob als diejenigen herausgreift, die die echten Traditionen des Zen in authentischer Weise weitergegeben haben.

2 Nach der Zen-Überlieferung ereignete sich Shākyamunis Erleuchtung, als er aus der Meditation aufschaute und den Morgenstern erblickte. Hakuin nennt ihn einen »bösen Stern« (*akusei*), vermutlich im gleichen Sinne, wie er von »Gift-Trommel« und »Gift-Worten« spricht, um die Kraft hervorzuheben, mit der er Illusionen zu zerstören und zur endgültigen Erleuchtung zu führen vermag.

3 Gemeint sind lebende Wesen, die entweder aus einem Mutterschoß oder aus einem Ei geboren werden oder aus dem Wasser hervorgehen oder aus einer Metamorphose.

4 Die »vier Stege« (des »alten Instruments«, wobei das Schriftzeichen für »Steg« auch »Pfeiler« bedeutet) sind eine Anspielung auf die »Vier Edlen Wahrheiten« vom »Leiden«, von der »Ursache des Leidens«, der »Aufhebung des Leidens« und dem »Weg zur Aufhebung des Leidens«. Die »zwölf eleganten Töne« zielen auf die zwölfgliedrige Kette des abhängigen Entstehens: Unwissenheit, Handlungen, die aus Unwissenheit hervorgehen, Auftauchen des Bewußtseins, geistige Tätigkeit, die fünf Sinne und das Denken, Berührung durch die Sinne, Wahrnehmung, Verlangen, Anhaften, Existenz, Geburt, Alter und Tod.

Das »Eine Fahrzeug« meint die Lehre des Mahāyāna-Buddhismus, wie sie im »Lotos-Sūtra« gepredigt worden ist.

Bei dem »Abschiedsgesang« handelt es sich um das »Sūtra der Vermächtnislehre«, das der Buddha vor seinem Eingang ins Nirvāna verkündet haben soll.

5 Die erste Übertragung des Zen-Dharma soll sich ereignet haben, als Shākyamuni auf dem »Geierberg«, statt die erwartete Predigt zu halten, eine Blume hochhielt, womit er sämtliche Anwesenden in verständnisloses Erstaunen versetzte. Nur einer, Kāshyapa, die »Große Schildkröte«, zeigte durch ein Lächeln an, daß er begriffen hatte. Vgl. *Wu-men-guan/ Mumonkan*, Kōan 6.

Mit den »gewaltigen Instrumenten« sind die 28 indischen Patriarchen von Shākyamuni bis Bodhidharma gemeint.

Der »blauäugige Virtuose« ist kein anderer als Bodhidharma, der in der Zen-Geschichte als ein Königssohn aus dem südlichen Indien beschrieben wird. Er besiegte in einem Lehr-Wettstreit sechs berühmte religiöse Meister, bevor er nach China aufbrach. So in den »Aufzeichnungen über die Leuchte während der Empō-Ära«, Kap. 3.

Das »Blumengirlanden-Sūtra« spricht von der Musik einer Laute, die mit Saiten aus Löwendarm bespannt war und alle übrigen Instrumente zum Schweigen brachte.

Die Zahl »acht« spielt auf die acht Übertragungen von Bodhidharma bis Ma-zu Dao-yi an.

6 Eine Anspielung auf Bodhidharmas Übertragung des Dharma auf seine vier Schüler. Nachdem er sie herbeigerufen und aufgefordert hatte, ihr Verständnis durch einen Satz auszudrücken, erklärte er dem einen: »Du hast meine Haut«, einem anderen: »Du hast mein Fleisch«, dem dritten: »Du hast meine Knochen«, und zu Hui-ke, seinem späteren Nachfolger, sagte er: »Du hast mein Knochenmark«. Nach der Legende ist Bodhidharma auf dem Bärenohren-Berg, dem Xiong-er-shan, begraben worden.

7 Der »alte Nörgler« ist Ma-zu (wörtlich übersetzt bedeutet sein Name: »Pferd-Patriarch«), ein Dharma-Erbe des Nan-yue Huai-rang in der 7. Generation nach Bodhidharma. Hui-neng, der Sechste Patriarch, vertraute seinem Schüler Nan-yue an, der indische Patriarch Prajñatara habe geweissagt, daß er, Nan-yue, ein feuriges junges Pferd hervorbringen werde, das die ganze Welt in den Staub stampfen werde. So im »Kompendium der Fünf Leuchten«, Kap. 3.

8 Yan-tou Quan-huo erteilte, nachdem er im Verlaufe der Buddhistenverfolgung von 845 gezwungenermaßen in den Laienstand zurückgekehrt war, seine Unterweisungen, während er als Fährmann an der Dai-yi-Furt Dienst tat.

9 »Elefantenknochen« war ein gebräuchlicher Name für den Berg Xue-feng-shan in der heutigen Provinz Fujian. Hier verweisen sie auf Xue-feng Yi-cun, der auf diesem Berg sein Kloster hatte.

Der »Berg Le-shan« verweist auf Le-shan Dao-xian; »Berg Si-shan«

meint den Meister Si-shan Guang-ren. »Gelbe Glocke« und »Große Harmonie« sind die Namen zweier Grundtöne der chinesischen Tonleiter; sie werden im übertragenen Sinne verwendet, um Dinge von elementarer Bedeutung zu kennzeichnen.

10 »Guang-tai-yuan«: So hieß das Kloster des Meisters Yun-men auf dem Yun-men-shan (»Wolkentor«-Berg) in Guang-nan, der heutigen Provinz Guangdong. Die »achtzig Leichen« beziehen sich vermutlich auf seine Dharma-Nachfolger, und die »wer weiß wie vielen anderen« auf diejenigen, die unter seiner Anleitung geübt haben (es heißt, Yun-men habe über 1000 Schüler gehabt), ohne von ihm die formale Bestätigung erhalten zu haben.

11 Hier sind Dong-shan Xiao-cong und Xue-dou Chong-xian, der Mit-Autor des *Bi-yan-lu*, der »Niederschrift von der Smaragdenen Felswand«, gemeint; beide gehörten der Übertragungslinie des Yun-men an.

12 Der »Eiserne Löwe« ist Fen-yang Shan-zhao, der Meister des Ci-ming Qu-yuan. Mit dem »Strohhund« ist Zi-hu Li-zong gemeint. Zi-hu pflegte den Leuten zu erzählen: »Es gibt hier in der Gegend einen Hund mit dem Kopf, dem Herz und den Füßen eines Menschen.« Wenn die Leute ihn dann nach diesem »Hund« fragten, bellte er drauflos: »Wau! Wau!«

13 Wu-zu Fa-yan war ein Sohn des Hauses Deng aus Ba-xi in Mian-zhou, dem heutigen Si-chuan. Er übte sich unter Bai-yun Shou-duan (»Bai-yun« heißt »Weiße Wolke«) und wurde schließlich sein Nachfolger. Eine Zeitlang hatte er auf der »Spitze mit gespaltenem Haupt«, dem Pai-tou-shan im Bergmassiv Huang-mei-shan gelebt. Seine letzten Jahre verbrachte er auf dem Dong-shan, dem »Ost-Berg«, im heutigen Hubei.

Die »drei Buddhas« sind Wu-zu Fa-yan's Schüler Fo-yan Tuan-yu, Fo-jian Hui-qin und der Zen-Meister Fo-guo (so der Ehrenname des Yuan-wu Ke-qin), deren Namen sämtlich mit dem Schriftzeichen »Fo« für »Buddha« beginnen.

Der »Ruhige Mann« ist Da-sui Nan-tong, ein weiterer Schüler Wu-zu Fa-yan's, dessen Ehrenname Yuan-jing das Schriftzeichen für »ruhig« enthält.

14 Da-hui Zong-gao lebte eine Zeitlang in Heng-yang, im heutigen Hu-an. Fo-jian ist der Ehrenname des Wu-zhun Shi-fan.

Die beiden Schriftzeichen »Drachenpfuhl« (Long-yuan) bildeten die Inschrift einer Tafel in Fo-jian's Räumen in seinem Kloster auf dem Berg Jing-shan.

»Tiger-Hügel« (Hu-qiu) meint Hu-qiu Shao-long, und »Gelber Drache« (Huang-long) ist Huang-long Hui-nan.

15 Ying-an Tan-hua war ein Dharma-Erbe des Hui-qiu Shao-long, Mi-an ein

Dharma-Nachfolger des Ying-an, Song-yuan Chong-yue ein Dharma-Erbe des Mi-an und Yun-an Pu-yan ein Nachfolger des Song-yuan.
16 Xi-geng (Xu-tang Zhi-yu) empfing die Übertragung von Yun-an Pu-yan. Er erlangte Erleuchtung, während er mit dem Kōan »Si-shan's Pagode« übte, in dem Si-shan erklärt: »Auf der Da-yu-Spitze gibt es einen alten Buddha, der strahlend blendendes Licht aussendet« (der vollständige Text dieses Kōan findet sich in: Isshu Miura und Ruth F. Sasaki, *The Zen Kōan*, New York 1968, S. 60). Xu-tang hat im Laufe seiner Karriere an zehn verschiedenen Klöstern Dienst getan.
17 Dieser Passus basiert auf Formulierungen in einer Prophezeiung, die Bodhidharmas Meister Prajñatara getan haben soll, als Bodhidharma sich zu seiner Reise nach China anschickte. Der »Goldene Hahn« erkannte entsetzt, daß Daiō gerade dabei war, den Dharma nach Japan zu überbringen, und die »Jade-Schildkröte« war betrübt, weil sie nicht zur Stelle war, um Daiō bei dieser wichtigen Mission übers Meer zu tragen. Vgl. Tokiwa Gishin, *Hakuin*, Tōkyō, Chuoko-ron-sha, 1988, S. 67.
18 »Liegender Berg« ist die Übersetzung für »Ōgaku-zan Sōfuku-ji«, den sog. Berg-Namen eines Klosters auf Kyūshū, das als das erste Rinzai-Kloster auf japanischem Boden gilt. Es wurde von Daiō Kokushi anläßlich seiner Rückkehr aus China gegründet, wo er sich unter Xu-tang Zhi-yu geschult hatte. Im Laufe der Zeit entwickelte sich Daiō's Übertragungslinie zum Hauptzweig der japanischen Rinzai-Schule.

Die »Purpurfelder« (Murasakino) weisen auf den Daitoku-ji hin, der von Daiō's Schüler Daitō im Stadtteil Murasakino in Kyōto gegründet wurde.

»Schnell dahinfliegende Hirsche« spielt auf den Lehrstil des chinesischen Priesters Wu-xue Zi-yuan an. Dieser war von dem Shōgun Hōjō Tokimune nach Japan eingeladen worden, der für ihn in Kamakura das Engaku-ji errichtete. Bei den Einweihungsfeierlichkeiten lief ein Rudel Hirsche über das Klostergelände, was als glücksverheißendes Vorzeichen angesehen wurde. Daraufhin erhielt das Kloster den »Berg-Namen« Zuiroku-zan, was soviel heißt wie »Glückverheißender Hirsch-Berg«. Vgl. die »Aufzeichnungen über die Leuchte während der Empō-Ära«, Kap. 2.

Die »Glänzende Perle« verweist auf das Shinju-an, die »Perlen-Einsiedelei«, ein Unterkloster des Daitoku-ji, und im übertragenen Sinne auch auf Ikkyū Sōjun, seinen Gründer.
19 Die »Blumenfelder« (Hanazono) beziehen sich auf den Myōshin-ji in Kyōto, der vom Kaiser Hanzono für Kanzan Egen errichtet wurde, einen Schüler des Daitō Kokushi.

Die »acht Klänge« zielen auf die acht Arten von Musikinstrumenten: Glocke, Trommel, Blasinstrumente usw.

Mit den »Vier Säulen« sind die Schüler des Sekkō Sōshin gemeint, desjenigen Priesters, der mit dem Wiederaufbau des Myōshin-ji nach seiner Zerstörung in den Ōnin-Kriegen (1467-1477) betraut worden war. Diese vier Schüler - Keisen Sōryū (1425-1500), Gokei Sōton (1416-1500), Tokuhō Zenketsu (1419-1506) und Tōyō Eichō (1428-1504) - begründeten die vier Hauptzweige der Myōshin-ji-Schule. Hakuin gehörte dem Zweig an, der auf Tōyō Eichō zurückging.

20 Keiner der drei genannten Priester hat, soweit bekannt, irgendwelche Beziehungen zur Lehre des »Reinen Landes«. Warum Hakuin sie hier erwähnt, bleibt unklar.

21 Diese Bemerkung beruht auf einem Gedicht des Yuan-wu Ke-qin: »Verehre den Sechsten Patriarchen, einen authentischen alten Buddha, der sich in der Welt der Menschen für achtzig Lebensspannen als ein ›guter Lehrer‹ manifestiert hat, um anderen zu helfen.« So in den »Schlangenfüßen für das Sokkō-roku kaien-fusetsu« des Torei Enji, S. 21f.

22 Das »Sūtra der Meditation über den Buddha des Grenzenlosen Lebens« ist einer der Basistexte der Schule des »Reinen Landes«.

23 Die Gleichsetzung des Rushana Buddha (der »Erleuchtung« bedeutet) mit dem Sambhogakāya und die Unterscheidung des Rushana von Birushana (dem Vairochana, der zentralen Buddha-Gestalt des »Blumengirlanden-Sūtra«), der den Dharmakāya darstellt, sowie von Shākyamuni (dem Erleuchteten oder Erwachten) als dem Nirmānakāya, ist eine Lehre der Tiantai-Schule.

24 Dieses Zitat entstammt dem »Essay über die Natur des Erwachens«.

25 Bei diesem Kommentar handelt es sich um die »Grundzüge der Geist-Übertragung«.

26 Dieses Zitat ist dem 2. Kapitel des genannten Sūtra entnommen: »Unterscheidung der drei Buddha-Körper«.

27 Die »sechs Arten von Staub« (Sanskrit: *guna*) bzw. von Gegenständen der Wahrnehmung (in Entsprechung zu den sechs Sinnesorganen) sind: Farbe und Form, Geruch, Geschmack, Klang, Körper, die Berührung zulassen, und Gegenstände des Denkens.

28 Will jemand, der das »Nembutsu« praktiziert, sich der Wiedergeburt im »Reinen Land« sicher sein, dann muß er nach dem »Meditations-Sūtra« zum einen den »dreifachen Geist« (*sanshin*) erlangen: den Geist der vollkommenen Aufrichtigkeit, den Geist der tiefen Sehnsucht nach der Wiedergeburt sowie den Geist, der gelobt, seine Verdienste dazu zu verwenden, anderen Gutes zu tun; und zum anderen muß er die »vier Praktiken« (*shishu*) beherrschen: ausschließlich das »Nembutsu« rezitieren sowie es ununterbrochen, mit Ehrfurcht und ein ganzes Leben lang rezitieren.

29 Ein Sprichwort, das sich in Yong-ming Yan-shou's »Aufzeichnungen über die Spiegel-Quelle« findet. Yan-shou machte sich für die Kombination von Zen- und »Reines Land«-Praktiken stark. »Flügel« lassen einen Tiger noch schrecklicher erscheinen!

30 »Alte Venusmuschel« (Rō-rakō) war ein Pseudonym, dessen sich der Sōtō-Priester Tenkei Denson (1648–1735) bediente. Er war Abt an verschiedenen Klöstern des Distrikts von Naniwa (Ōsaka). Muscheln, so sagt man, schlafen tausend Jahre lang, und Buddhas erscheinen nur ganz selten in der Welt.

31 Dieses Zitat findet sich in Tenkeis Kommentar zum »Plattform-Sūtra« [oder »Sūtra des Sechsten Patriarchen«], der den Titel trägt: Ein »Meerwasser-Tropfen für das »Plattform-Sūtra«, Kapitel 3 (*Zengaku Taikei*, soshibu 1, Tōkyō 1911, S. 68).

32 Mineo Daikyū schreibt diese Prophezeiung Tenkei Denson zu (*Kaien-fusetsu-kowa*, Chuobukkyo-sha, Tōkyō 1934, S. 243).

33 Eine Randbemerkung, die Hakuin in sein Exemplar des *Kaien-fusetsu* eingetragen hat, identifiziert diese Person als einen »Priester des Saigan-ji«, eines Jōdo- oder »Reines Land«-Tempels im Dorf von Nagoya, in der Nähe der Hara-Poststation, wo sich Hakuins eigener Tempel, der Shōin-ji, befand.

34 Du-zhan Xing-ying, ein chinesischer Priester der Obaku-Schule des Zen. Das Shozan (Hatsuyama) Horin-ji ist ein Tempel, den er in der heutigen Präfektur Shizuoka gegründet hat.

35 Mit dieser Feststellung antwortet der Sechste Patriarch auf die Frage eines Besuchers, der wissen wollte, ob das Anrufen des Amida Buddha den Anrufenden befähige, im »Westlichen Reinen Land« des Amida wiedergeboren zu werden. Die zehn Üblen Handlungen sind: Töten, Stehlen, Ehebrechen, Lügen, doppelzüngiges Sprechen, Fluchen, eitles Reden, Gier, Wut und falsche Ansichten. Die acht Falschen Handlungen sind diejenigen, die dem Achtfachen Heiligen Pfad zuwiderlaufen, der besteht in: rechte Sichtweise, rechtes Denken, rechte Rede, rechtes Handeln, rechte Lebensführung, rechtes Bemühen, rechte Achtsamkeit und rechte Versenkung.

36 Auch wenn Hakuin ihn in seinen Schriften häufig angreift, gilt Yun-qi Zhu-hong in China als einer der bedeutendsten Priester der Ming-Zeit. Sein Kommentar zum »Amida-Sūtra« ist eines seiner wichtigsten Werke.

37 In zwei der wichtigsten Sūtras des »Reinen Landes«, dem »Amida-Sūtra« und dem »Größeren Sūtra des Grenzenlosen Lebens«, heißt es vom »Reinen Land« des Amida Buddha, es liege fern im Westen, Millionen über

Millionen von Buddha-Ländern von hier entfernt. Das dritte wichtige Sūtra, das »Sūtra der Meditation über den Buddha des Grenzenlosen Lebens«, enthält die entgegengesetzte Feststellung, daß das »Reine Land« nicht weit von hier entfernt sei.

38 Vermutlich meint Hakuin hier sich selbst.
39 Eines der Gelübde des Amida Buddha, von denen das »Größere Sūtra des Grenzenlosen Lebens« spricht, besagt, daß Amida Buddha im Augenblick des Todes all derer, die seinen Namen gehört und über ihn meditiert haben, vor ihnen erscheinen und sie in sein »Reines Land« geleiten werde.
40 Hui-neng erhielt die Dharma-Übertragung von Hong-ren, dem Fünften Patriarchen, in dessen Kloster auf dem Berg Huang-mei-shan im heutigen Hubei.
41 Der Priester Chang-sha Jing-cen hat erklärt, daß »die Welt in allen zehn Richtungen das Auge des Zen-Mönches sei«. Ein Mönch fragte daraufhin: »Was ist das Auge des Zen-Mönches?« – »Nichts vermag es je zu verlassen«, erwiderte der Meister (»Aufzeichnungen über die Leuchte«, Kapitel 10).
42 Das »Leuchtende Land aus Lapislazuli im Osten« ist das Buddha-Land des Yakushi, des Heilenden Buddha (Bhaishajyaguru). Das »Unbefleckte Land der Reinheit im Süden« ist ein Buddha-Land, das im »Lotos-Sūtra« erwähnt wird.
43 Das »Meditations-Sūtra« teilt diejenigen, die nach der Wiedergeburt im »Reinen Land« streben, je nach ihren Fähigkeiten in 9 Rangstufen auf, beginnend mit denen des »höchsten Ranges der höchsten Geburt«.
44 Han-tan, ein armer Gelehrter auf dem Weg zu den kaiserlichen Prüfungen, legte eine Rast ein und machte ein Nickerchen. Dabei träumte er in allen Einzelheiten, wie er die Prüfungen mit fliegenden Fahnen bestand und dann eine glänzende Karriere durchlief. Als er aufwachte, erkannte er, daß das Leben nur ein nichtiger Traum ist, und kehrte nach Hause zurück.
45 Der Sechste Patriarch soll ein armer, des Lesens und Schreibens unkundiger Bauer aus dem zurückgebliebenen Süden des Landes gewesen sein.
46 Als Verfasser des Kommentars wird ein Eikijun angegeben. Der Kommentar selbst wurde erstmals im Jahre 1697 in Kyōto veröffentlicht.
47 Der legendäre Gründer einer alten chinesischen Dynastie.
48 Nan-hai Zong-bao, ein Zen-Priester aus der Zeit der Yuan-Dynastie, veranstaltete eine Ausgabe des »Plattform-Sūtra«, die im Jahre 1291 erschienen ist. Die hier zitierte Passage findet sich in Nan-hai's Nachwort zu seiner Edition.
49 Königin Vaidehi war die Frau Bimbisaras, des Königs von Maghada. Als

ihr eigener Sohn sie in Gefängnis geworfen hatte, ist ihr, als Antwort auf ihre Gebete, aus seinem unendlichen Mitgefühl heraus der Buddha erschienen und hat sie gelehrt, wie sie das »Reine Land« des Amida Buddha erlangen könne. Diese Geschichte bildet die Grundlage des »Sūtra der Meditation über den Buddha des Grenzenlosen Lebens«.

50 Der Kommentar stammt von Li Zong-xuan aus der Zeit der Tang-Dynastie. In diesem Kommentar zählt Li entsprechend den Fähigkeiten lebender Wesen sechs »Fahrzeuge« auf, durch die sie den »Geist des Mahāyāna« erlangen können. Die beiden ersten führen zur Wiedergeburt im »Reinen Land«, während das sechste und höchste Fahrzeug die augenblickliche Verwirklichung der Buddhaschaft vermittelt.

51 Einer der Titel des Zhu-hong.

52 Eine Höhle in der Nähe von Rajagriha, wo die erste Sammlung buddhistischer Sūtras zusammengestellt worden sein soll.

53 Es handelt sich um Qin Shi-huang-di, der im Jahre 212 vor unserer Zeitrechnung die Verbrennung sämtlicher chinesischen Klassiker angeordnet hatte.

54 Staatliche Verfolgungen des Buddhismus wurden während der Dynastien der Nördlichen Wei in den Jahren 444–446, der Nördlichen Zhou in den Jahren 574–577 und der Tang in den Jahren 843–845 durch kaiserliches Dekret ins Werk gesetzt.

55 In diesem Abschnitt paraphrasiert Hakuin Bassui Tokusho's »Betreten des Schlamms, Betreten des Wassers (Wadeigasui)«.

56 Dieser Absatz ist eine lockere Paraphrase verschiedener Texte, insbesondere der »Schrift über den Dharma-Pulsschlag« in »Bodhidharmas Sechs Tore«.

4. Von der Schwierigkeit, den Buddhas und Patriarchen unsere Dankesschuld zu erstattten

1 In den ersten Abschnitten dieses neuen Kapitels fährt Hakuin mit seiner freien Paraphrase Bodhidharma zugeschriebener Schriften fort.

2 Das Zitat stammt aus den »Aufzeichnungen der Aussprüche des Gaofeng«. Hakuin hat es den »Muster-Lehren des Zen-Hauses« entnommen.

3 Das Gleichnis vom unschätzbaren Juwel, das für die tiefste Lehre des Buddha steht, findet sich im »Lotos-Sūtra«.

4 Das »Drachentor« (Long-men) ist ein Abschnitt im Verlauf des Gelben Flusses, wo die Wassermassen mit gewaltiger Kraft durch eine enge Schlucht strömen. Es heißt, dieser Durchgang sei vom Kaiser Yu (dem

»Großen Yu«) geschaffen worden. Karpfen, die sich ihren Weg stromaufwärts bis hinter diese »Sperre« erkämpfen, sollen sich in Drachen verwandeln.

5 Die Anspielung gilt einem Storch, der die Vorführung seiner Kunststücke verweigerte, wenn die Prahlerei seines Besitzers Freunde herbeilockte, die die Kunststücke des Storches sehen wollten.
6 Diesen Abschnitt hat Hakuin dem *Leng-yan-jing si-jie meng-chao*, einem Kommentar zum *Shūrangama-Sūtra*, entnommen, den Qia Qian-yi gegen Ende der Ming-Zeit zusammengestellt hat.
7 Aus dem »Gesang über die Verwirklichung des WEGES« von Yong-jia Xuan-jue: »Sieh den Mann, der sich freigemacht hat von allem Handeln, der leicht dahinlebt im Nicht-Tun, / der weder Illusionen verscheucht noch sucht nach der Wahrheit der Erleuchtung.«
8 Der Ausdruck: »Rückkehr zur Stille und das In-ihr-Leben« (*tannyu gotan*) aus dem *Shūrangama-Sūtra* beschreibt das Erreichen eines Zustandes der Stille, der, weil in ihm das Anhaften weiterbesteht, immer noch unvollkommen ist. Vgl. die »Briefe des Da-hui« (Araki Kengo, *Daie-sho*, Chikuma-shobo, Tōkyō 1969, S. 27).
9 »Briefe des Da-hui«, a.a.O., S. 206.
10 Von den acht Stufen des Bewußtseins, von denen die Yogāchāra-Schule spricht, stellt die achte, das »Ālaya«- oder »Speicher«-Bewußtsein, das unterhalb des bewußten Gewahrseins angesiedelt ist, den tiefsten Grund des Selbst und die Quelle der ersten sieben Bewußtseinsarten dar, die sämtlich aus den »Samen« hervorgehen, die im »Speicher« aufbewahrt sind. Als die Voraussetzung der Illusionen derer, die noch nicht voll erwacht sind, gilt es als dasjenige, was dem Durchgang durch Geburt und Tod zugrunde liegt. Hakuins Äußerungen zielen auf Schüler, die einen Zustand der Stille erreicht haben und an ihm festhalten, weil sie ihn für das äußerstenfalls zu Erreichende halten; von ihnen sagt Hakuin, sie nisteten in der »dunklen Höhle des Achten Bewußtseins«. Wenn diese »dunkle Höhle« vollständig »auf den Kopf gestellt« oder »nach außen gekehrt« wird, verwandelt sie sich in die sogenannte »Große vollkommene Spiegel-Weisheit« (*dai-enkyochi*), die frei ist von aller verunreinigenden Illusion und die Dinge so widerspiegelt, wie sie sind. Das »fünffache Auge« (*go-gen*) befähigt zu Sehen und Einsicht jeder Art: des menschlichen und des Götter-Auges, des Weisheits-Auges, des Dharma-Auges und des Buddha-Auges.
11 Der Überlieferung zufolge hat Shākyamuni das »Blumengirlanden-Sūtra«, das die Essenz seiner Verwirklichung enthält, unmittelbar nach seiner Erleuchtung gepredigt. Nachdem er feststellen mußte, daß es das Begriffsvermögen der gewöhnlichen Leute überstieg, entschloß er sich, auf wei-

tere Darlegungen zu verzichten. Doch später besann er sich eines anderen und paßte seine Predigten den jeweiligen Zuhörern an, um sie ihnen verständlicher zu machen. Im Kōan 6 des *Bi-yan-lu* spricht Yuan-wu Ke-qin davon, daß der Buddha sich eines vornehmen Gewandes, besetzt mit kostbaren (Dharma-)Edelsteinen, das viel zu prächtig war, als daß gewöhnliche Sterbliche es hätten würdigen können, entledigt und für seine Predigten in der unreinen Welt gewöhnliche Kleidung angelegt habe.

12 Eine Anspielung auf 24 Zen-Priester, 14 chinesische und 10 japanische, die innerhalb des erwähnten Zeitraumes von gut 100 Jahren jeweils eigene Lehr-Richtungen nach Japan eingeführt haben sollen. Der »Göttliche Maulbeerbaum« und die »Libellenprovinzen« sind poetische Umschreibungen für Japan.

13 Diese Formulierung ähnelt derjenigen, die der Sechste Patriarch benutzte, als er den Dharma auf seinen Schüler Nan-yue Huai-rang übertrug.

14 Hier hat Hakuin ein japanisches Waka (ein 31-Silben-Gedicht), das Daitō Kokushi zugeschrieben wird, ins Chinesische übersetzt und paraphrasiert [notabene: das vorliegende Buch ist von Hakuin in chinesischen Schriftzeichen abgefaßt worden, A.d.Ü.].

15 Da-hui Zong-gao, ein Schüler des Yuan-wu, identifiziert das fragliche Buch als die »Zen-Aufzeichnungen des Xin-jing Ke-wen«. Vgl. Tokiwa, *Hakuin*, S. 285.

16 Eines Tages erklärte Yuan-wu anläßlich einer Ansprache an die Versammlung seiner Mönche: »Als ein Mönch Yun-men fragte: ›Woher kommen all die Buddhas?‹, entgegnete dieser: ›Der Ost-Berg wandelt über das Wasser.‹ Ich persönlich sehe das anders. Ich würde vielmehr sagen: ›Eine duftende Brise weht ganz von selbst aus dem Süden, und im kaiserlichen Pavillon kommt erfrischende Kühlung auf« (Miura/Sasaki, *Das Zen-Kōan*, S. 163 f.). Bei diesen Worten erlangte Da-hui, »am ganzen Körper schweißüberströmt«, plötzlich Erleuchtung, und »es gab keine Unterschiede zwischen Vergangenheit, Gegenwart und Zukunft mehr«. So im »Kompendium der Fünf Leuchten«, Kap. 15.

17 Als Yuan-wu erkannte, daß Da-hui sich an seine Erleuchtung klammerte, machte er ihn zu seinem besonderen Aufwärter und befreite ihn von allen Pflichten, so daß er drei- oder viermal am Tag zu Yuan-wu in die Abts-Räume gehen und persönliche Unterweisung einholen konnte. Jedesmal zitierte Yuan-wu dann ein Zen-Wort des Tang-zeitlichen Meisters Chang-qing Da-an: »Sein und Nicht-Sein sind wie eine Glyzinie, die sich um einen Baum rankt« und fragte: »Was bedeutet das?« Was auch immer Da-hui daraufhin antwortete oder tat, Yuan-wu sagte auf der Stelle: »Nein, das ist es nicht!« Sechs Monate später, als er völlig feststeckte, fragte Da-

hui Yuan-wu: »Als Ihr bei Eurem Meister Fa-yan wart, da habt Ihr ihm, soviel ich weiß, dieselbe Frage gestellt. Was hat er geantwortet?« Zuerst lachte Yuan-wu nur, doch schließlich gab er Da-hui Bescheid: »Er hat gesagt: ›Keine Beschreibung kann dem gerecht werden.‹ Darauf hab' ich ihn gefragt: ›Und was passiert, wenn der Baum stürzt und die Glyzinie vertrocknet?‹ Da hat er geantwortet: ›Eben das passiert.‹« Als Da-hui diese Worte hörte, war er endgültig erleuchtet.

18 *Bi-yan-lu*, Kōan 25.

19 Als Nan-quan Pu-yuan allein in einer kleinen Hütte lebte, erhielt er einmal Besuch von einem Mönch. Nan-quan erklärte ihm, er habe oben im Berg zu tun, und bat ihn, ihm mittags etwas zu essen zu bringen. Als der Mönch nicht erschien, kehrte Nan-quan zu seiner Hütte zurück und fand die Kochgefäße zerschlagen und den Mönch in tiefem Schlaf. Daraufhin machte er gleichfalls ein Nickerchen, und als er aufwachte, war der Mönch verschwunden. In späteren Jahren pflegte Nan-quan zu sagen: »Als ich früher ganz für mich allein lebte, hatte ich einmal Besuch von einem hervorragenden Mönch. Ich habe ihn seither nicht wiedergesehen.«

Tokiwa unterstellt einen möglichen Zusammenhang zwischen Wan-an Dao-yan's Vers-Kommentar und der folgenden Geschichte. Unter den Schülern des Da-hui befand sich zu der Zeit, da Wan-an der Hauptmönch des Klosters war, eine Laienschülerin. Entgegen Wan-an's Einwänden erlaubte Da-hui der Frau, in den Mönchsquartieren zu übernachten, mit der Begründung, sie sei »keine gewöhnliche Frau«. Schließlich begab sich Wan-an auf Da-hui's Drängen zu der Frau, um mit ihr zu reden. Sie fragte ihn, ob er eine weltliche oder eine spirituelle Begegnung wünsche. Wan-an sagte: »Das letztere«, doch als er ihr Zimmer betrat, fand er sie flach auf dem Rücken liegen, splitternackt. »Was für ein Ort ist das hier?«, fragte Wan-an, indem er mit dem Finger auf sie zeigte. »Der Ort, von dem alle Buddhas der Drei Welten, alle sechs Patriarchen und alle ehrwürdigen Priester dieses Landes in die Welt getreten sind«, erwiderte sie. »Erlaubst du mir, daß ich eintrete?«, fragte er weiter. »Es ist kein Ort, den Esel und Pferde betreten dürfen«, antwortete sie. Wan-an fand keine Antwort. »Die Begegnung ist vorüber«, erklärte sie daraufhin und drehte ihm den Rücken zu. (Tokiwa, *»Hakuin Zenji Sokkō-roku kaien-fusetsu o yonde«*, *Annual Reports of Researches of Matsugaoka Bunko*, Nr. 4, 1990, S. 105–107).

20 Diese drei Wende-Worte lauten:

1. Was ist mit dem Weg? Ein hellsichtiger Mann fällt in einen Brunnenschacht.

2. Was ist mit dem Schwert, gegen das der Wind ein Haar bläst? Jeder Zweig der Koralle trägt auf seiner Spitze den Mond.

3. Ein Mönch fragte Ba-ling: »Was ist mit der Devadatta-Schule?« Er antwortete: »Sie füllt eine silberne Schale mit Schnee.« (*Bi-yan-lu*, Kōan 13).

21 Dieser Absatz sowie die beiden folgenden sind unterschiedlichen Stellen des *Bi-yan-lu* entnommen: Der erste Absatz stammt (bis auf Hakuins Zusatz: »Was für ein bemitleidenswerter Anblick!«) aus Yuan-wu's »Einleitenden Bemerkungen« zum Kōan 77; der nachfolgende Absatz ist dem Kōan 77 selbst entnommen, und der dritte Absatz geht auf das Kōan 53 zurück.

22 Die Geschichte vom Tod des Nan-quan ist ein berühmtes Nantō-Kōan: Als Nan-quan dem Tode nahe war, fragte ihn der Hauptmönch, wo er in hundert Jahren sein werde. »Ein Wasserbüffel am Fuß des Berges«, antwortete Nan-quan. »Habt Ihr etwas dagegen, daß ich Euch folge?«, fragte der Hauptmönch weiter. »Wenn du das tun willst«, erwiderte Nan-quan, »dann mußt du ein Grasbüschel in deinem Maul halten.«

23 Als sich das Leben des Hui-neng dem Ende zuneigte, kam Shi-tou, damals ein junger Mönch im Noviziat, und fragte ihn, wo er seine Übung fortsetzen solle. »Erforsche es gründlich!«, gab ihm Hui-neng zur Antwort. Chang-sha's Erwiderung: »Erforsche ihn gründlich« entspricht der Antwort Hui-neng's.

24 »Reliquien« sind winzige edelsteinartige Überreste, die so hart sein sollen, daß sie praktisch unzerstörbar sind, und die sich bei Menschen von ganz besonderer Tugend nach der Verbrennung der Leiche in der Asche finden.

25 Das vollständige Zitat lautet: »Zwischen Himmel und Erde, hier in der Mitte des Universums, da gibt es ein kostbares Juwel, das im Innern eines Berges als Form verborgen liegt.« Die »Abhandlung vom kostbaren Schatz« ist dem chinesischen Mönchsgelehrten Seng-zhao (374–414) zugeschrieben worden.

26 Das Zitat stammt aus den »Vermischten Schriften aus der Bergeinsiedelei«, einer Ming-zeitlichen Sammlung von Zen-Anekdoten, zusammengestellt von Shu-zhong Wu-yun (1309–1386).

27 Aus den »Aufzeichnungen aus den Hainen des Zen« von Jue-fan Hui-hong (1071–1128).

28 Aus den »Kostbaren Lehren der Zen-Schule«, Kap. 2.

29 Ein Mönch fragte Da-sui Fa-zhen: »Wenn am Ende der Zeit der Weltenbrand ausbricht und alles in den Flammen untergeht, wird ›dies hier‹ dann auch vernichtet?« – »Ja, es wird auch vernichtet«, entgegnete Da-sui. »Dann geht ›es‹ also zusammen mit dem Rest dahin?«, fragte der Mönch weiter. »›Es‹ geht dahin«, gab Da-sui zur Antwort. (*Bi-yan-lu*, Kōan 29).

30 Diese Geschiche findet sich im »Lobpreis der Fünf Häuser«, Kap. 4.
31 Der zentral-asiatische Mönch Seng-qie (628-710) lebte in Si-zhou (in der heutigen Provinz Jiang-su). Er half den in Not Geratenen und trug immer einen Weidenzweig in der Hand. Wenn die Leute ihn fragten: »Was ist dein Name?«, antwortete er: »›Was‹ ist mein Name!«, und wenn sie ihn fragten: »Aus welchem Land bist du?«, dann gab er zur Antwort: »Aus dem ›aus welchem Land‹!« Er war als der »Große Weise aus Si-zhou« in aller Munde (Si-zhou Da-sheng) und wurde als eine Inkarnation des Bodhisattva Avalokiteshvara (jap.: Kannon) verehrt.
32 Tokiwa versteht diesen Satz anders; er übersetzt ihn folgendermaßen: »Ein Edler liebt seinen Reichtum; doch gibt es stets einen Weg, ihn ihm wegzunehmen« (Tokiwa, *Hakuin*, S. 140).
33 Die Antwort des Xiao-cong (»Selbst ein Mann von überragenden Fertigkeiten verspürt eine Liebe zum Reichtum; doch kennt er den richtigen Weg, ihn zu erlangen«) kommt in der »Sammlung der Aussprüche des Konfuzius« nicht vor.
34 Das Material zu diesem Passus stammt aus dem »Lobpreis der Fünf Häuser«, Kap. 2.
35 Gao-an Shan-wu war ein Dharma-Erbe des Fo-yan Qing-yuan (s. die vier voraufgegangenen Sätze desselben Absatzes), der wie Yuan-wu Ke-qin zur Übertragungslinie des Wu-zu Fa-yan gehörte.
36 »Ost-Berg« (Dong-shan) ist ein anderer Name für den Berg Wu-zu-shan, auf dem Fa-yan lebte und lehrte.
37 Dieses Zitat stammt aus den »Aufzeichnungen der Aussprüche des Xutang«. Dort geht der Gedanke wie folgt weiter: »Wenn er wahr ist, können weder Götter noch Dämonen seinen Sinn erfassen. Wenn er gedeiht, sind sie schnell eifersüchtig auf sein Glück.« (*Kokuyaku zenshu sosho* II, Bd. 6, S. 369).

5. Der wahre und unübertragbare Dharma

1 Die folgende Episode fußt im wesentlichen auf einem Bericht, der sich im Anhang zu den »Biographien von Mönchen der Zen-Haine« findet.
2 Dong-shan Shou-chu kam zum Zen-Meister Yun-men, um unter seiner Anleitung zu üben. Yun-men fragte ihn, woher er komme. »Von der Cha-Furt.« – »Wo warst du während der letzten Sommer-Übungszeit?«, fragte Yun-men weiter. »Im Bao-ci-si-Kloster in Hu-nan«, erwiderte Dong-shan. – »Wann bist du von dort aufgebrochen?«, lautete Yun-men's nächste Frage. »Am 25. August«, gab Dong-shan zur Antwort. Daraufhin sagte

Yun-men: »Ich erpare dir die dreimal 20 Stockschläge, die du verdient hättest!« In dieser Nacht begab sich Dong-shan noch einmal zum Raum des Yun-men und fragte ihn, was er denn getan habe, daß er die Stockschläge verdient habe. »Du nichtsnutziger Reissack«, schrie Yun-men ihn an, »was rennst du da herum, westlich des Flusses und südlich des Sees!« Bei diesen Worten erlangte Dong-shan große Erleuchtung. (Vgl. *Wu-men-guan / Mumonkan*, Kōan 15).

3 Ein Mönch, der sich auf der Wanderung zum Berg Wu-tai-shan befand, fragte eine alte Frau, die er am Wegesrand antraf: »Wo ist der Weg zum Wu-tai-shan?« – »Immer geradeaus«, antwortete die Frau. Als der Mönch weitergehen wollte, sagte sie: »Und wieder ist einer darauf hereingefallen.« Als Zhao-zhou davon erfuhr, begab er sich auf der Stelle selbst dorthin und fragte die Frau: »Wo ist der Weg zum Wu-tai-shan?« – »Immer geradeaus«, erwiderte sie. Und als Zhao-zhou sich anschickte weiterzugehen, sagte sie: »Da geht wieder einer dahin.« Zhao-zhou kehrte zu seinem Kloster zurück, erzählte seinen Mönchen, was geschehen war, und sagte: »Heute habe ich diese alte Frau ganz und gar durchschaut.« (Vgl. *Wu-men-guan*, Kōan 31 bzw. das »Kompendium der Fünf Leuchten«, Kap. 4).

4 An dieser Stelle unterbricht Hakuin den Dialog zwischen Bao-feng und Shang-lan und fügt ein in sich geschlossenes Gespräch zwischen Bai-zhang und seinen Mönchen ein, das sich auch noch über die nächsten vier Absätze erstreckt. Danach greift Hakuin den unterbrochenen Dialog zwischen Bai-feng und Shang-lan wieder auf.

5 Als Lin-ji unter Huang-bo übte, fragte er ihn dreimal nach dem Sinn des Buddha-Dharma, und jedesmal versetzte ihm Huang-bo einen kräftigen Hieb. Bai-yun Shou-duan verfaßte einen Vers dazu: »Mit einem einzigen Schlag zerstört er den Turm des Gelben Kranichs, / mit einem einzigen Fußtritt stürzt er die Papageien-Insel um. / Wenn der Geist da ist, versorge ihn mit weiterem Geist. / Und wo es an Eleganz fehlt, auch da ist Eleganz.« Die beiden ersten Zeilen entstammen einem berühmten Gedicht des Dichters und Staatsmannes Cui Hao.

6 Hakuin zählt dieses Kōan, Bai-yun's »Noch nicht angekommen«, zu den Nantō-Kōan.

7 Bei der »frischen Brise, die sich erhebt, wenn eine große Last von dir genommen wird«, handelt es sich um einen Ausspruch des Zhao-zhou.

8 Nan-yang Hui-zhong (gest. 775) war ein Schüler des Sechsten Patriarchen und hat vierzig Jahre lang auf dem Berg Bai-ai-shan in Nan-yang gelebt. Er hielt vor den Kaisern Su-zong (711–762) und De-zong (742–805) Lehrvorträge und bekam von letzterem den Ehrentitel »Landesmeister« ver-

liehen. Das Kōan »Nan-yang's nahtlose Pagode« bildet das Kōan 18 im *Bi-yan-lu*.

9 Ein Mann aus Qi lebte mit seiner Frau und seiner Konkubine. Jedesmal, wenn er ausging, kehrte er vollbeladen mit Speisen und Getränken zurück und erklärte auf die neugierigen Fragen seiner Frau und seiner Konkubine, er habe mit reichen und bedeutenden Männern gespeist. Doch die beiden schöpften Verdacht, weil sich niemals einer dieser vornehmen Männer in ihr Haus verirrte. Deshalb ging ihm seine Frau eines Tages, als er wieder das Haus verließ, heimlich nach. Er führte sie, ohne von ihr zu wissen, durch die ganze Stadt und kam schließlich zu einem Friedhof in den Randbezirken. Dort begann er, sich von den Familien, die dort ihren Toten Opfergaben darbrachten, die Überreste zu erbetteln. Als die Frau nach Hause zurückkam, sagte sie zu der Konkubine: »Wir haben immer zu unserem Mann in hoffnungsvoller Erwartung aufgeschaut. Wir haben uns ihm auf Lebenszeit anvertraut. Und nun dies!« (*Mengzi*, IV, 33).

10 Mit dem folgenden Bericht über die Begegnung des Dou-shuai mit Qingsi beginnt eine längere Passage, in der Hakuin Geschichten aus verschiedenen Quellen zusammenstückelt. Dabei stützt er sich hauptsächlich auf die »Ländlichen Aufzeichnungen aus Le-hu« (Kap. 2), einer Sammlung von Zen-Anekdoten aus dem 12. Jahrhundert, in der der Kompilator Shuzhong Wu-yun die einzelnen Geschichten mit Erläuterungen versehen hat.

11 Ein Ausspruch des Le-pu Yuan-an aus den »Aufzeichnungen über die Leuchte der Jing-de-Ära«, Kap. 16.

12 Die Einschätzung, die dieser Absatz Jue-fan und dem Laien Wu-jin zuteil werden läßt, stammt, ohne daß Hakuin darauf hinweist, aus den »Ländlichen Aufzeichnungen aus Le-hu« des Shu-zhong Wu-yun, Kap. 2.

13 Der Vorfall zwischen Bai-zhang und Ma-zu findet sich im *Bi-yan-lu*, Kōan 53: »Bai-zhang's Wildenten«.

Die Geschichte von Lin-ji und Huang-bo findet sich im Kapitel »Wanderschaft« der »Aufzeichnungen der Aussprüche des Lin-ji«. Die Wendung »Haus und Heimat verlieren« spielt auf das Kōan 61 des *Bi-yan-lu* an: »Falls du ein einziges Staubkörnchen errichtest, werden Haus und Land in voller Blüte stehen. Falls du aber nicht ein einziges Staubkörnchen errichtest, werden Haus und Land zugrunde gehen.«

Feng-xue's Begegnung mit Nan-quan wird in Yuan-wu's Erläuterungen zum Kōan 38 des *Bi-yan-lu* behandelt.

Xue-feng und Yan-tou waren einmal in einem abgelegenen Bergkloster eingeschneit. Während Yan-tou schlief, widmete sich Xue-feng gewissenhaft dem Zazen. Dann beklagte er sich, daß er trotz all seiner

Bemühung keinerlei Fortschritte mache. Yan-tou riet ihm, sich gleichfalls schlafen zu legen. Xue-feng erwiderte, er könne nicht, weil sein Geist noch nicht zur Ruhe gekommen sei. Da stieß Yan-tou ein lautes »KHAT« aus, und Xue-feng erfuhr Erleuchtung. So im »Kompendium der Fünf Leuchten«, Kap. 7.

Yun-men suchte Mu-zhou auf und bat ihn wiederholt um seine Unterweisung, doch Mu-zhou wies ihn immer nur ab. Schließlich gelang es Yun-men, sich in Mu-zhou's Klause einzuschleichen. Als Mu-zhou ihn entdeckte, forderte er Yun-men auf, ein Wort zu sagen. Als der gerade ansetzen wollte, stieß Mu-zhou ihn aus dem Raum und schlug so heftig die Tür zu, daß sich Yun-men ein Bein brach. In dem Augenblick erfuhr Yun-men Erleuchtung (*Bi-yan-lu*, Kōan 6).

Zu Zhi-xian's Geschichte siehe Hakuins eigenen Text, weiter oben in diesem Kapitel.

In den beiden ersten Jahren, die Shi-shuang sich unter Fen-yang schulte, verweigerte dieser ihm den Zutritt zu seinem Raum, schalt ihn, wann immer er ihn zu Gesicht bekam, und gab ihm nur die allereinfachsten Unterweisungen. Als sich Shi-shuang schließlich beklagte, daß er keinerlei Fortschritte mache, begann Fen-yang, ihn voller Zorn mit Beschimpfungen zu überhäufen. Dabei hob er seinen Stab und wollte Shi-shuang aus dem Zimmer treiben. Shi-shuang riß die Arme hoch, um den Schlag abzuwehren, und in dem Augenblick hielt ihm Fen-yang plötzlich mit der Hand den Mund zu. Da erfuhr Shi-shuang Erleuchtung. (»Kompendium der Fünf Leuchten«, Kap. 12).

Cui-yan Ke-xin war ein Dharma-Erbe des Shi-shuang. Als junger Mönch mit einer übertrieben hohen Meinung von dem, was er bis dahin an Verwirklichung erreicht hatte, nahm er zusammen mit einem Aufwärter namens Shan an einer Sommer-Klausur teil. Eines Tages, als die beiden Mönche in ein Gespräch vertieft einen Bergpfad abwärts wanderten, nahm Shan einen zerbrochenen Ziegel auf, legte ihn oben auf einen großen Felsbrocken und sagte: »Wenn du ein Wende-Wort sagen kannst, dann weiß ich, daß du dich wirklich unter Meister Shi-shuang geschult hast.« Cui-yan konnte darauf keine Antwort geben. (»Kompendium der Fünf Leuchten«, Kap. 12).

Ein hoher Beamter namens Chang kam zu Wu-zu Fa-yan in das Kloster, um ihn über Zen zu befragen. Fa-yan fragte ihn: »Habt Ihr als junger Mann je das Liebesgedicht über eine schöne Frau gelesen, in dem die Verse vorkommen: ›Immer wieder ruft sie nach ihrer Dienerin Xiao Yu, ohne doch ihrer Dienste zu bedürfen. / Sie ruft sie nur, damit ihr Liebster ihre Stimme hören kann.‹? Diese Zeilen haben große Ähnlichkeit mit

Zen.« – »Ich kenne diese Verse«, entgegnete Chang. »Dann sammelt Euch darauf, ohne nachzulassen«, sagte Fa-yan.

Fa-yan's Schüler Yuan-wu, der all das mitangehört hatte, fragte später Fa-yan: »Glaubt Ihr, daß er das Gedicht verstanden hat?« – »Er hat nur die Sache mit dem Rufen verstanden«, erwiderte Fa-yan. Als Yuan-wu weiter fragte, was ihm denn entgangen sei, entgegnete Fa-yan: »Was ist der Sinn des Kommens der Ersten Patriarchen aus dem Westen? Die Zypresse im Garten. Sieh!« Bei diesen Worten erfuhr Yuan-wu Erleuchtung (»Kompendium der Fünf Leuchten«, Kap. 19).

Die Geschichte des Da-yuan (des Mönchsältesten Fu) findet sich im Kapitel 7 des »Kompendium der Fünf Leuchten«.

Da-hui wurde erleuchtet, als er seinen Meister Yuan-wu sagen hörte: »Eine duftende Brise weht ganz von selbst aus dem Süden, und im kaiserlichen Pavillon kommt erfrischende Kühlung auf« (vgl. Anmerkung 16 zum Kapitel 4: »Von der Schwierigkeit, den Buddhas und Patriarchen unsere Dankesschuld zu erstatten«).

14 Anspielung auf die Erleuchtung Shākyamuni's, die sich ereignet haben soll, als er aufschaute und den Morgenstern erblickte.

15 Der »blinde Drache« ist ein Zitat aus dem Lobgesang des Xue-dou zum Kōan 20 des Bi-yan-lu, wo Long-ya als ein »Drache ohne Augen« bezeichnet wird.

16 Ein solches Jahr gibt es im chinesisch-japanischen Kalender nicht. Daher bedeutet »auf das Jahr des Esels warten« soviel wie »auf den ›Sankt-Nimmerleins-Tag‹ warten«.

17 Xu-tang erlangte Erleuchtung, als er an dem Kōan »Das alte Segel ist noch nicht gesetzt« arbeitete: Ein Mönch fragte Yan-tou: »Wie steht es damit, wenn das alte Segel noch nicht gesetzt ist?« – »Ein kleiner Fisch verschlingt einen großen«, gab Yan-tou zur Antwort. »Und was ist, wenn das Segel gesetzt ist?«, fragte der Mönch weiter. Yan-tou erwiderte: »Ein Esel frißt draußen im Garten hinter dem Haus sein Gras.« Xu-tang begab sich in den Raum seines Meisters Yun-an Pu-yan, um ihn von seinem Durchbruch zu unterrichten. In dem Augenblick, da er durch die Tür trat, erkannte der Meister, daß Xu-tang das Kōan durchdrungen hatte; doch statt ihn danach zu fragen, befragte er ihn nach einem anderen Kōan, »Nanquan tötet die Katze«. Xu-tang erwiderte ohne jedes Zögern: »Es gibt auf der Erde keinen Ort, wo man sie ablegen könnte«. Yun-an lächelte und bestätigte damit Xu-tangs Einsicht. Ungefähr ein halbes Jahr später hatte Xu-tang noch nicht den vollen Frieden des Geistes erlangt, und wenn er andere in ein Zwiegespräch verwickelte, fühlte er sich noch immer nicht gänzlich frei. Da verließ er Yun-an und übte vier Jahre lang mit dem Kōan

»Die Pagode des Si-shan«. Plötzlich verstand er den »Punkt, an dem der alte Buddha auf der Da-yu-Spitze Strahlen blendenden Lichtes aussendet« (eine Formulierung, die in diesem Kōan vorkommt). Von da an war er vollkommen frei, und sein großer Stolz, der ihn dazu gebracht hatte, andere Schüler zu verachten, verschwand. Wenn er sich jetzt Kōan zuwandte, die er früher schon einmal durchgearbeitet hatte, ergab sich ihm ein ganz anderes Verständnis, und er erkannte, daß dieses neue Verständnis nichts mehr mit Worten zu tun hatte. So in den »Aufzeichnungen der Aussprüche des Xu-tang«, Kap. 4. Zum Kōan »Die Pagode des Si-shan vgl. Miura/Sasaki, *Das Zen-Kōan*, S. 60.

18 Daitō Kokushi war der Gründer des Daitoku-ji in Kyōto und der Haupt-Dharma-Erbe des Daiō Kokushi, der seine Erleuchtung erlangt hatte, als er in China unter Xu-tang übte. Hakuin zitiert hier aus den »Wende-Worten«, die Daitō seine Schüler zu lehren pflegte: »Am Morgen begegnen sich unsere Augenbrauen, am Abend streifen wir uns mit den Schultern. Wie sehe ich aus? Die Klostersäulen kommen und gehen den ganzen Tag lang. Warum bewege ich mich nicht? Wenn du diese Wende-Sätze begreifen kannst, dann ist die Sache, der du dich für ein ganzes Leben voller Übung gewidmet hast, zu ihrem Abschluß gekommen.« So in den »Alltäglichen Aussprüchen und Taten des Daitō Kokushi«.

19 Es handelt sich um Kanzan Egen, den Haupt-Dharma-Erben des Daitō Kokushi und Gründer des Myōshin-ji in Kyōto. »Zhao-zhou's Zypresse im Garten« bildet das Kōan 37 des *Wu-men-guan / Mumonkan*.

20 Diese Worte gehören zu einem Gedicht, das Xu-tang seinem Schüler Nampō Jōmyō (dem späteren Daiō Kokushi) mitgab, als dieser zur Heimreise nach Japan aufbrach: »Er besuchte Zen-Meister, übte mit großer Hingabe. / Wo der Pfad sein Ende fand [bzw.: als seine Suche ihr Ende fand], dort ging er immer noch weiter [bzw.: da kehrte er in seine Heimat zurück]. / Selbstverständlich predigt Jōmyō dasselbe wie Xu-tang; / und tagtäglich werden meine Schüler zunehmen im Land jenseits des Ost-Meeres«. So in den »Aufzeichnungen der Aussprüche des Daitō« sowie den »Aufzeichnungen über die Leuchte der Empō-Ära«, Kap. 3.

Anhang

1. Hinweise zur Aussprache der chinesischen Eigennamen

Die in der deutschen Übersetzung verwendete Pin-yin-Umschrift der chinesischen Sprache, die sich in den beiden letzten Jahrzehnten gegenüber anderen, älteren Umschrift-Systemen international durchgesetzt hat, weist einige Differenzen zwischen dem Schriftbild und den entsprechenden Laut-Werten auf. Daher hier einige Hinweise zur Aussprache.

»C« wie »ts« (mit scharfem »s«) oder »tz« (wie in dt.: »Satzung«)
»Cao« ist wie »tza-o« zu sprechen (»o« wie in dt.: »Ofen«)
»Ch« wie »tsch« (z. B. in dem Namen des Tanzes »Chachacha«)
»Cheng« ist wie »tschöng« zu sprechen
»Chong« ist wie »tschung« zu sprechen
»Ci« wie »tz« mit halbverschlucktem, hinten im Rachen gesprochenen »i«, das fast wie »e« klingt
»Cong« ist wie »tzung« (z. B. in dt.: »Satzung«) zu sprechen
»Cui« wie »tzu-ei« (»ei« wie in engl.: »way«)
»Dong« wie dt.: (der) »Dung«
»Dou«: das »ou« ist wie in engl: »home« zu sprechen
»Feng« wie »föng«, manchmal wie »fung« (in dt.: »Beru-fung«)
»Gui« wie »Gu-ei« (»ei« wie in engl.: »way«)
»H« ist guttural zu sprechen, wie »ch« in flüchtig gesprochenem »ich«
»Hong« ist wie »chung« zu sprechen
»Hu« wie »chu« in dt.: »Buchung«
»Hui« wie »Chu-ei« (»ei« wie in engl.: »way«)
»J« wie »dj« in »adieu« = »adjö«
»Jian« ist wie »dji-än« zu sprechen
»Jie« ist »dji-e« zu sprechen
»Ju« ist »djü« zu sprechen
»Jue« ist »djü-e« zu sprechen
»Liang« ist wie »leang« zu sprechen
»Long« wie »lung«. z. B. in dt.: »Lunge«
»Neng« ist wie »nöng« zu sprechen
»Nian« ist wie »ni-än« zu sprechen
»Q« wie »tch«, z. B. in dt.: »Quentchen«
»Qian« ist »tchi-än« zu sprechen
»Qie« ist »tchi-e« zu sprechen
»Qiu« ist »tchi-ou« zu sprechen (»ou« wie in engl.: »home«)

»Qu« ist »tchü« zu sprechen
»R« wie weiches »sch«, z. B. in franz.: »jour«
»Ran« wie der franz. Name »Jeanne«
»Ru« ist wie franz.: »jour« ohne »r« zu sprechen
»Rui« wie franz.: »jou(r)« und »ei« (engl.: »way«)
»S« ist wie scharfes »s« zu sprechen
»Sh« ist wie »sch« in dt.: »schon« zu sprechen
»Sheng« ist wie »schöng« zu sprechen
»Shi« ist wie »sch« mit halbverschlucktem, hinten im Rachen gesprochenen »i« zu sprechen, das fast wie »e« klingt
»Shou« ist wie »sch« mit »o-u« (wie in eng.: »home«) zu sprechen
»Shui« ist wie dt.: »Schuh« und »ei« (wie engl.: »way«) zu sprechen
»Si« ist wie scharfes »s« mit halbverschlucktem, hinten im Rachen gesprochenen »i« zu sprechen, das fast wie »e« klingt
»Song« wie »sung« mit scharfem »s«
»Sui« ist wie »su-ei« mit scharfem »s« und »ei« (wie in engl. »way«) zu sprechen
»Tian« ist wie »ti-än« zu sprechen
»W« wird wie »u« gesprochen
»Wan« ist wie »u-an« zu sprechen
»Wei« ist wie »u-ei« (ähnlich. engl.: »way«) zu sprechen
»Wen« ist wie »u-en« zu sprechen (ähnlich engl: »when«)
»Wu« ist wie langes »u« zu sprechen
»X« ist wie scharfes »sch«, z. B. in dem heftig hervorgestoßenen Fluch »Scheiße« zu sprechen
»Xi« ist wie dt.: »Ski« zu sprechen
»Xian« ist wie »schi-än« zu sprechen
»Xu« ist wie »schü« in dt.: »Schüler« zu sprechen
»Xuan« ist wie »schü-än« zu sprechen
»Xue« ist wie »schü-e« zu sprechen
»Xui« ist wie »schu-ei« (»ei« wie engl.: »way«) zu sprechen
»Yan« ist wie »i-än« zu sprechen
»Yang« ist wie engl.: »young« zu sprechen
»Yi« ist wie langes »i« zu sprechen
»Yong« ist wie der dt. Name »Jung« zu sprechen
»Yu« ist wie langes »ü« zu sprechen
»Yuan« ist wie »ü-än« zu sprechen
»Yue« ist wie »ü-e« zu sprechen
»Yun« ist wie »ün« zu sprechen
»Z« ist wie »d« mit weichem »s« zu sprechen

»Zh« ist wie »d« mit weichem »sch« (z. B. in engl.: »journey«) zu sprechen
»Zhao« ist wie »dscha-o« zu sprechen
»Zhe« ist wie »dsche« mit langem, dunklen »e« zu sprechen
»Zhong« ist wie die erste Silbe von »Dschungel« zu sprechen
»Zhou« ist wie »dsch-o-u« (»ou« wie in engl.: »home«) zu sprechen
»Zi« ist wie »ds« (mit weichem »s«) mit halbverschlucktem, hinten im Rachen gesprochenen »i« zu sprechen, das fast wie »e« klingt
»Zong« ist wie »dsung« (mit weichem »s«) zu sprechen

2. Verzeichnis der Namen von Zen-Patriarchen, -Meistern und -Mönchen sowie Vertretern sonstiger buddhistischer Schulen

(Bei chinesischen Namen japanische Lesart in Klammern)

Ba-ling Hao-jian, 10. Jh. (Haryō Kōkan)
Bai-yun Shou-duan, 1025-1072 (Hakuun Shūtan)
Bai-zhang Huai-hai, 720-814 (Hyakujō Ekai)
Bao, Mönchsältester, Daten unbek. (Hō)
Bao-feng Ke-wen, 1025-1102 (Hōhō Kokumon)
Bassui Tokushō, 1327-1387
Bodhidharma, gest. 532

Cao-shan Ben-ji, 840-901 (Sōzan Honjaku)
Chang-qing Da-an, 793-883 (Chōkei Daian)
Chang-sha Jing-cen, gest. 868 (Chōsha Keijin)
Chang-zong Zhao-jue, 1025-1091 (Jōsō Shōgaku)
Chen Zun-si, 780-877 (Chin Sonshuku)
Chong-xian: s. Xue-dou Chong-xian
Ci-ming Chū-yuan: s. Shi-shuang Chū-yuan
Cui-wei Wu-xue, 9. Jh. (Suibi Mugaku)
Cui-yan Ke-xin, gest. 1064 (Suigan Kashin)
Cui-yan Shou-zhi, Daten unbek. (Suigan Shūshi)

Da-gui Mu-zhe, Daten unbekannt (Taii Botetsu)
Da-hui Zong-gao, 1089-1163 (Daie Sōkō)
Da-ping Hui-qin, 1059-1117 (Taihei Egon)
Da-sui Fa-zhen, 878-963 (Daizui Hōshin)
Da-yuan: s. Fu, Mönchsältester
Dao-wu Yuan-zhi, 769-835 (Dōgō Enchi)
Dao-xin, der Vierte Patriarch, 580-651 (Dōshin)
De-shan Xuan-jian, 780-865 (Tokusan Senkan)
Dong-shan Liang-jie, 807-869 (Tōzan Ryōkai)
Dong-shan Shou-chu, 910-990 (Tōzan Shusho)
Dong-shan Xiao-cong, Daten unbek. (Tōzan Gyōsō)
Dong-si Ru-hui, 758-823 (Tōji Nyoe)
Dou-shuai Cong-yue, 1044-1091 (Tosotsu Jūetsu)
Du-zhan Xing-ying, 1628-1706 (Dokutan Shōkei)
Duan-ya Liao-yi, 1263-1334 (Dangai Ryōgi)

Engū, Daten unbek.
Enjo, Daten unbek.
Eshin Sōzu, 942-1017 (»Genshin«)

Fa-yan: s. Wu-zu Fa-yan
Fen-yang Shan-zhao, 947-1024 (Fun'yō Zenshō)
Feng-xian Dao-shen, Daten unbek. (Busen Dōshin)
Feng-xue Yan-zhao, 896-973 (Fūketsu Enshō)
Fo-guo: s. Yuan-wu Ke-qin
Fo-yan Qing-yuan, 1067-1120 (Butsugen Seion)
Fo-zhi Tuan-yu, 1085-1150 (Butchi Tan'yū)
Fu, Mönchsältester, Daten unbek. (Fu Jōza)
Fu-shan Yuan-jian, 991-1067 (Fusan Enkan)
Fu-yan Liang-ya, Daten unbek. (Fukugon Ryōga)

Gao-an Shan-wu, 1074-1132 (Kōan Zengo)
Gao-feng Yuan-miao, 1238-1295 (Kōhō Gemmyō)
Genshoku, Daten unbek.
Gokei Sōton, 1416-1500
Gudō Tōshoku, 1579-1661 (»Gudo Kokushi«)
Gui-shan Ling-yu, 771-853 (Isan Reiyū)

Hakuin Ekaku, 1685-1768
Hong-ren, der Fünfte Patriarch, 601-674 (Gunin)
Hua-lin, Hauptmönch: s. Hua-lin Shan-jue
Hua-lin Shan-jue, Daten unbek. (Karin Zenkaku)
Huang-bo Xi-yuan, gest. 850 (Ōbaku Kiun)
Huang-long Hui-nan, 1002-1069 (Ōryō E'nan)
Hui-ke, der Zweite Patriarch, Daten unbek. (Eka)
Hui-neng, der Sechste Patriarch, 638-713 (Enō)
Hui-qiu Shao-long, 1077-1136 (Kukyū Jōryū)
Hui-tang Zu-xin, 1025-1100 (Maidō Sōshin)
Hui-zhong: s. Nan-yang Hui-zhong
Huo-an Shi-ti, 1108-1179 (Wakuan Shitai)

Ikkyū Sōjun, 1394-1481

Jie vom Berg Wu-shan: s. Wu-zu Shi-jie
Jin-feng Dao-qian, Daten unbek. (Kyūhō Dōken)
Jue-fan Hui-hong, 1071-1128 (Kakuhan Ekō)

Kanzan Egen, 1277-1360 (»Kanzan Kokushi«)
Keisen Sōryū, 1425-1500

Le-pu Yuan-an, 834-898 (Rakufu Gen'an)
Le-shan Dao-xian, Daten unbek. (Rasan Dōkan)
Le-tan Huai-cheng, Daten unbek. (Rokutan Kaichō)
Lin-ji Yi-xuan, gest. 866 (Rinzai Gigen)
Ling-yu: s. Gui-shan Ling-yu
Long-ya Ju-dun, 835-923 (Ryūge Koton)

Ma-zu Dao-yi, 709-788 (Baso Dōitsu)
Meng-an Yuan-cong, gest. 1209 (Mōan Gensō)
Mi-an Xian-jie, 1118-1186 (Mittan Kanketsu)
Ming-an, Zen-Meister, Daten unbek. (Myōan)
Ming-zhao De-jian, Daten unbek. (Myōshō Tokken)
Mu-zhou: s. Chen Zun-si

Nampo Jōmyō, 1235-1309 (»Daiō Kokushi«)
Nan-hai Zong-bao, 13. Jahrh. (Nankai Sōhō)
Nan-quan Pu-yuan, 748-835 (Nansen Fugan)
Nan-tong Yuan-jing, 1065-1135 (Nandō Genjō)
Nan-yang Hui-zhong, gest. 775 (Nan'yō Echū)
Nan-yuan Hui-yong, gest. 930 (Nan'in Egyō)
Nan-yue Huai-rang, 677-744 (Nangaku Ejō)

Ping, Aufwärter, Daten unbek. (Hei)
Po-an Zu-xian, 1136-1211 (Hōan Sōsen)

Qian-feng: S. Yue-zhou Qian-feng
Qing-si, Mönch, Daten unbek. (Shōso)
Qing-yuan Xing-si, 660-740 (Seigan Gyōshi)

Ru-hui: s. Dong-si Ru-hui

San-sheng Hui-ran, Daten unbek. (Sanshō E'nen)
Sekkō Sōshin, 1408-1486
Seng-qie, 628-710 (Sanga)
Seng-zhao, 384-414 (Sōjō)
Shan, Aufwärter, Daten unbek. (Zen)
Shang-lan, Priester, Daten unbek. (Jōran)

Shidō Mun'an, 1603-1676
Shi-shuang Chu-yuan, 986-1039 (Sekisō Sōen)
Shi-shuang Qing-zhu, 807-888 (Sekisō Keishō)
Shi-tou Xi-qian, 700-790 (Sekitō Kisen)
Shōju Etan, 1642-1721 (»Shōju Rōjin«, »Dōkyō Etan«)
Shou-chu: s. Dong-shan Shou-chu
Shou-shan Sheng-nian, 926-993 (Shuzan Shōnen)
Shu-zhong Wu-yun, 1309-1386 (Jōchū Muon)
Shūhō Myōchō, 1282-1338 (»Daitō Kokushi«)
Shui-an Shi-yi, 1107-1176 (Suian Shiichi)
Shun, Mönch, Daten unbek. (Jun)
Si-ma, Mönch, Daten unbek. (Shiba)
Si-ming (»Xi-geng«)
Si-shan Guang-ren, 837-909 (Sōzan Kōnin)
Si-zhou Da-sheng: s. Seng-qie
Song-yuan Chong-yue, 1139-1209 (Shōgen Sugaku)

Takuan Sōhō, 1573-1645
Tanrei Soden, gest. 1701
Tenkei Denson, 1648-1735
Tettō Gikō, 1295-1369
Tian-mu Liao-yi, Daten unbek. (Tenmoku Ryōkai)
Tokuhō Zenketsu, 1419-1506
Tōrei Enji, 1721-1792
Tou-zu Da-dong, 819-914 (Tōsu Daidō)
Tōyō Eichu, 1428-1504

Wan-an Dao-yan, 1094-1164 (Mannan Dōgan)
Wei, Hauptmönch, Daten unbek. (Ishō)
Wei-sheng Xin-jue, Daten unbek. (Ishō Shinkaku)
Wen-zhu Ying-xin, Daten unbek. (Monju Ōshin)
Wu-jin, Laie, 1043-1121 (Mujin Kōji)
Wu-ming Hui-jing, 1548-1618 (Mumyō Ekyō)
Wu-xue Zi-yuan, 1226-1286 (Mugaku Sōgen)
Wu-zhun Shi-fan, 1177-1249 (Bushun Shihan)
Wu-zu Fa-yan, 1024-1104 (Goso Hōen)
Wu-zu Shi-jie, Daten unbek. (Goso Shikai)

Xi-geng (Sokkō): s. Xu-tang Zhi-yu
Xia-dao Hui-yuan, 1103-1176 (Katsudō Eon)

Xiang An-zhu, Daten unbek. (Shō Anju)
Xiang-yan Zhi-xian, gest. 898 (Kyōgen Chikan)
Xiao-cong: s. Dong-shan Xiao-cong
Xiao-ying Zhong-wen, 12. Jahrh. (Gyōei Chūon)
Xin-jing Ke-wen, 1025–1102 (Shinjō Kokubun: »Kokumon«)
Xin-ru Zhe: s. Da-gui Mu-zhe
Xu-tang Zhi-yu, 1185–1269 (Kidō Chigū)
Xue-dou Chong-xian, 980–1052 (Setchō Jūken)
Xue-feng Yi-cun, 822–908 (Seppō Gizon)
Xui, Mönchsältester, Daten unbek. (Shū)

Yamada Mumon Rōshi
Yan-tou Quan-huo, 828–887 (Gantō Zenkatsu)
Yang-qi Fang-hui 992–1049 (Yōgi Hōe)
Yi: s. Duan-ya Liao-yi
Ying-an Tan-hua, 1103–1163 (Ō'an Donge)
Yong-jia Xuan-jue, 675–713 (Yōka Genkaku)
Yong-ming Yan-shou, 904–974 (Yōmei Enju)
Yuan-jian Fa-yuan (Enkan Hōen): s. Fu-shan Yuan-jian
Yuan-wu Ke-qin, 1063–1135 (Engo Kokugon)
Yuan-xian Yong-jiao, 1578–1657 (Genken Yōkaku)
Yue-zhou Qian-feng, 9. Jahrh. (Kempo)
Yun-an Pu-yan, 1156–1226 (Un'an Fugan)
Yun-feng Wen-yue, 998–1062 (Umpō Bun'etsu)
Yun-ju Dao-ying, gest. 902 (Ungo Dōyō)
Yun-men Wen-yan, 862–949 (Ummon Bu'nen)
Yun-qi Zhu-hong, 1535–1615 (Unsei Shukō)

Zhan-tang, Wen-zhun, 1061–1115 (Tandō Bunjun)
Zhao-jue: s. Chang-zong Zhao-jue
Zhao-zhou Cong-shen, 778–897 (Jōshū Jūshin)
Zhi-guan: s. Xiang-yan Zhi-guan
Zhi-yi, Tian-tai-Meister, 515–577 (Chigi)
Zhi-zhe Yuan-an, Daten unbek. (Chisha Gen'an)
Zi-hu Li-zong, 800–880 (Shikō Rishō)

3. Verzeichnis der zitierten Texte

(Bei chinesischen Texten japanische Lesart nach dem Komma)

Abhandlung über den Kostbaren Schatz (*Bao-zang-lun, Hōzōron*)
Alltägliche Aussprüche und Taten des Daito Kokushi (Daitō Kokushi gyōjō)
Amida-Sūtra (*Amito-jing, Amida-kyō*)
Amida-Sūtra, Kommentar zum (*Amito-jing si-chao*)
Anweisungen für buddhistische Mönche (*Zu-men jing-xun, Shimon-keikun*)
Aufzeichnungen aus den Hainen des Zen (*Lin-guan-lu, Rinkan-roku*)
Aufzeichnungen der Aussprüche des Daiō (Daiō goroku)
Aufzeichnungen der Aussprüche des Gao-feng (*Gao-feng yu-lu, Kōhō goroku*)
Aufzeichnungen der Aussprüche des Lin-ji (*Lin-ji yu-lu, Rinzai goroku*)
Aufzeichnungen der Aussprüche des Wu-zu (*Wu-zu yu-lu, Goso goroku*)
Aufzeichnungen der Aussprüche des Xu-tang (*Xu-tang yu-lu, Kidō goroku*)
Aufzeichnungen über die Leuchte der Empō-Ära (*Empō dentōroku*)
Aufzeichnungen über die Leuchte der Jing-de-Ära (*Jing-de chuan-deng-lu, Keitoku dentō-roku*)
Aufzeichnungen über die Spiegel-Quelle (*Zong-jing-lu, Sugyō roku*)
Bericht über die Abfolge der Buddha-Patriarchen (*Fo-zu tong-ji, Busso-tōki*)
Betreten des Schlamms, Betreten des Wassers (*Wadei-gasui*)
Biographien bedeutender Mönche der Großen Ming (*Da-ming gao-seng zhuan, Dai-min kōsōden*)
Biographien bedeutender Priester, Zweite Folge, (*Xu gao-seng zhuan, Zoko kōsōden*)
Biographien von Mönchen der Zen-Haine (*Chan-lin seng-bao zhuan, Zenrin sōbōden*)
Bi-yan-lu (Niederschrift von der Smaragdenen Felswand, *Hekigan-roku*)
Blumengirlanden-Sūtra (Skrt.: *Avatamsaka-sūtra, Hua-yan-jing, Kegon-kyō*)
Blumengirlanden-Sūtra, Kommentar zum (*Hua-yan He-lun, Kegon goron*)
Bodhidharma's Sechs Tore (*Shōshitsu rokumon*)
Chan-yu nei-ji (Zen-Berichte des Yong-jiao, *Zen'yō naishu*)
Da-hui, das Zeughaus des (*Da-hui wu-ku, Daie buko*)
Da-hui, Briefe des (*Da-hui su, Dai-so*)
Dharma-Belehrungen des Fo-yan, die (*Fo-yan he-shang pu-shuo, Butsugen oshō fusetsu*)
Diamant-Sūtra (*Jin-gang-jing, Kongō-kyō*)
Essay über den Dharma-Pulsschlag (*Xue-mo-lun, Ketsumyakuron*)
Fortsetzung der Berichte von der Leuchte (*Xu Chuan-deng-lu, Zoku Dentō-roku*)

Große Ereignisse in den Zen-Hainen (*Cong-lin sheng-shi, Sōrin seiji*)
Größeres Sūtra des Grenzenlosen Lebens (*Sukhavati-vyuha, Wu-liang-shou jing, Daimuryōju-kyō*)
Grundzüge der Geist-Übertragung (*Chuan-xin fa-yao, Denshin hōyō*)
Grundzüge der Wiedergeburt (*Ōjō-yōshū*)
Grundzüge der aufeinanderfolgenden Berichte über die Leuchte (*Lian-deng hui-yao, Rentō-eyō*)
Hanshan, Gedichte des (*Han-shan-shi, Kanzan-shi*)
Kokuyaku zenshū sōshō (Eine Sammlung von Zen-Texten in japanischer Sprache)
Kompendium der Fünf Leuchten (*Wu-deng yuan-yao, Gotō-egen*)
Kostbare Lehren der Zen-Schule (*Chan-men bao-xun, Zenmon hōkun*)
Kostbarer Spiegel für Götter und Menschen (*Ren-tian bao-jian, Ninden hōkan*)
Ländliche Aufzeichnungen aus Le-hu (*Le-hu yie-lu, Ragoyaroku*)
Lied über die Verwirklichung des WEGES (*Zheng-dao-ge, Shōdōka*)
Lobpreis der Fünf Häuser (*Wu-jia zhong-zong zan, Goke shōjū-san*)
Lotos-Sūtra (*Fa-hua jing, Hoke-kyō*)
Meditations-Sūtra: s. Sūtra der Meditation über den Buddha des Grenzenlosen Lebens
Meerwasser-Tropfen für das Plattform-Sūtra (*Rokusodankyō kaisui-itteki*)
Muster-Lehren des Zen-Hauses (*Son-ga kyuigan, Zenke-kikan*)
Müßige Gespräche auf einem nächtlichen Boot (*Yasen-kanna*)
Niederschrift von der Smaragdenen Felswand: S. *Bi-yan-lu*
Nirvāna-Sūtra (*Nie-pan-jing, Nehan-gyō*)
Plattform-Sūtra (*Liu-zu tan-jing, Rokuso dankyō*)
Sammlung der Aussprüche des Konfuzius (*Lun yu*)
Schrift über die Natur des Erwachens (*Wu-xing lun, Goshō-ron*)
Shūrangama-Sūtra (*Leng-yan-jing, Ryōgon-kyō*)
Shūrangama-Sūtra, Kommentar zum (*Leng-yan-jing si-jie meng-chao, Ryōgon-kyō sokai mōshō*)
Sokkō-roku kaien fusetsu
Sokkō-roku kaien fusetsu, Schlangen-Füße für das (*Sokkō-roku kaien-fusetsu daso ku*)
Sūtra der Vermächtnis-Lehre (*Yi-jiao-jing, Yuikyō-kyō*)
Sūtra der Meditation über den Buddha des Grenzenlosen Lebens (*Guan wu-liang-shou jing, Kanmuryōju-kyō*)
Sūtra der Sieben Frauen (*Qi-yu-jing, Shichinyo-kyō*)
Sūtra der Siegreichen Könige des Goldenen Lichts (Skrt.: *Suvarna-prabha-sottoma, Jin-guang-ming zui-sheng-wang jing, Konkōmyō saishōō-kyō*)

Sūtra der Vollkommenen Erleuchtung (*Yuan-jue-jing, Engakukyō*)
Sūtra der 42 Kapitel (*Si-shi-er-zhang-jing, Shijūnishō-kyō*)
Vermischte Schriften aus der Berg-Einsiedelei (*Shan-an za-lu, Sannan zatsuroku*)
Wan-an's Worte der Unterweisung (*Wan-an he-shang fa-yu, Mannan oshō hōgo*)
Wilder Efeu (*Itsumadegusa*)
Worte aus dem Traumland (*Kaian-kokugo*)
Wu-men-guan (Die Schranke ohne Tor, *Mumonkan*)
Xue-dou's Einhundert Kōan mit erläuternden Lobgesängen (*Xue-dou bai-ze song-gu, Setchō hyakusoku juko*)

Spirit

  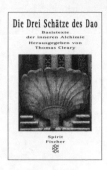

Taisha Abelar
Die Zauberin
Die magische Reise
einer Frau auf dem
toltekischen Weg
des Wissens
Band 13304

Meher Baba
**Darlegungen über
das Leben in Liebe
und Wahrheit**
Die Unterweisungen eines universellen Weisheitslehrers
Band 13209

Perle Besserman
**Der versteckte
Garten**
Die Kabbala als
Quelle spiritueller
Unterweisung
Band 13013

**Früchte vom
Baum des Lebens**
Die Weisheit der
jüdischen Mystik
Herausgegeben von
Perle Besserman
Band 13027

Dhammapada
Die Quintessenz
der Buddha-Lehre
Herausgegeben von
Thomas Cleary
Band 13156

**Die Drei Schätze
des Dao**
Basistexte der
inneren Alchimie
Herausgegeben von
Thomas Cleary
Band 12899

David Fontana
**Kursbuch
Meditation**
Die verschiedenen
Meditationstechniken und ihre
Anwendung
Band 13098

Meister Hakuin
Authentisches Zen
Herausgegeben von
Norman Waddell
Band 13333

Fischer Taschenbuch Verlag

Spirit

William Hart
**Die Kunst
des Lebens**
Vipassana-
Meditation nach
S. N. Goenka
Band 12991

John Daido Loori
**Hat ein Hund
Buddha-Natur?**
Die Kōan-
Praxis im Zen
Band 13019

Erika Lorenz
**Praxis der
Kontemplation**
Die Weisungen der
klassischen Mystik
Band 13115

**Ich singe mein
Lied für Donner,
Wind und Wolken**
Das Leben
von Fools Crow
Herausgegeben von
Thomas E. Mails
Band 13032

Raimon Panikkar
Gottes Schweigen
Die Antwort
des Buddha für
unsere Zeit
Band 13273

Ravi Ravindra
**Mystisches
Christentum**
Das Johannesevan-
gelium im Licht
östlicher Weisheit
Band 13029

Jalāluddīn Rūmī
**Die Sonne
von Tabriz**
Gedichte,
Aphorismen und
Lehrgeschichten
des großen Sufi-
Meisters
Band 13243

Fischer Taschenbuch Verlag

fi 2090 / 3 b

Die Weisheit der Upanischaden
Klassiker indischer Spiritualität
Herausgegeben und
ins Deutsche übersetzt von
Hans-Georg Türstig
Band 12896

Die Upanischaden haben seit über zweitausend Jahren das Leben, das Denken und den Glauben von Millionen von Menschen entscheidend geprägt. Als Abschluß und Krönung der großen vedischen Literatur Indiens enthalten sie Lehren, die in einer ungebrochenen mündlichen Tradition von Generation zu Generation überliefert und weiterentwickelt wurden, ehe sie in der uns heute bekannten Form schriftlich niedergelegt wurden. Der ganze Reichtum der indischen Weisheitstradition hat in diesen Schriften Niederschlag gefunden. Sie geben Auskunft über das Wesen des Göttlichen und der Welt; über den Atman, die unsterbliche individuelle Seele, und ihre Identität mit Brahman, der Weltseele; über die verschiedenen Wege und Methoden des Yoga, die zur Erlösung und Verwirklichung von Sat-Chit-Andanda, von »Sein-Bewußtsein-Glückseligkeit« führen. »Die Upanischaden sind die belohnendste und erhebendste Lektüre, die auf der Welt möglich ist«, sagte Arthur Schopenhauer, dem diese Texte selbst nur in einer unzulänglichen Drittübersetzung zugänglich waren. Die hier vorgelegte zeitgemäße Neuübertragung der wichtigsten Upanischaden aus dem Sanskrit-Original macht deutlich, daß diese Klassiker der östlichen Weisheit bis heute nichts von ihrer Relevanz für jeden Wahrheitssuchenden eingebüßt haben.

Fischer Taschenbuch Verlag

Thomas Cleary
Die Drei Schätze des Dao
Basistexte der inneren Alchemie

Aus dem Englischen
von Ingrid Fischer-Schreiber

Band 12899

Vitalität, Energie und Belebender Geist sind die zentralen Konzepte der uralten chinesischen Kunst der Harmonisierung von Körper, Geist und Seele. Von den Daoisten, die diese Kunst über Jahrtausende entwickelt und verfeinert haben, werden sie die »Drei Schätze« genannt, denn auf ihnen basiert unser Leben, unsere Gesundheit und unsere körperliche und geistige Entwicklung. Diese Drei Schätze sind auch die Grundpfeiler jener von daoistischen Weisen entwickelten Disziplinen, die heute im Abendland so großes Interesse finden. Der vorliegende Band versammelt Auszüge aus chinesischen Quellentexten, die die Theorie der Drei Schätze und die Möglichkeiten ihrer praktischen Umsetzung darlegen. Der Bogen spannt sich dabei über zweieinhalb Jahrtausende von den berühmten Klassikern der Väter des Daoismus (Laotse, Chuang-tzu u. a.) über Parabeln und satirische Lehrgeschichten von geheimnisvollen daoistischen Magiern, die Unterweisungen der chinesischen Alchemisten des Altertums sowie Anleitungen zur Komtemplation und Meditation bis hin zu den Lehren zeitgenössischer daoistischer Adepten. Für jeden, der sich für die philosphischen und spirituellen Lehren Chinas und ihre praktische Anwendung in Medizin, Energiearbeit und meditativer Schulung interessiert, ist dieser Band eine Fundgrube von zum größten Teil erstmals ins Deutsche übersetzten Basistexten.

Fischer Taschenbuch Verlag

Thomas E. Mails
*Ich singe mein Lied
für Donner, Wind und Wolken*
Das Leben von Fools Crow
Aus dem Amerikanischen von
Gisela Merz-Busch
Band 13032

Frank Fools Crow (ca. 1890-1989) war einer der letzten großen Häuptlinge und Medizinmänner der Teton-Sioux. Der Neffe und Schützling des berühmten Häuptlings Black Elk (Schwarzer Hirsch), dessen Erinnerungen *Ich rufe mein Volk* und *Die heilige Pfeife* zu den Klassikern der Indianerliteratur gehören, wurde kurze Zeit nach dem Massaker am Wounded Knee im Jahre 1890, einem historischen Wendepunkt im Leben der nordamerikanischen Indianer, geboren. Sein wechselvolles Leben umfaßt ein Jahrhundert, in dem sein Volk durch dramatische Veränderungen und Krisen ging. In einer Vision erhielt der alte Häuptling den Auftrag, sein Wissen um die heiligen Überlieferungen seines Stammes in schriftlicher Form zu bewahren, und ließ es deshalb von Thomas Mails aufzeichnen. Das geistige Vermächtnis dieses großen Häuptlings ist ein außerordentliches historisches Dokument und zugleich eine Quelle der Weisheit für alle Indianer und Nicht-Indianer, die von der »ökologischen Spiritualität« der alten indianischen Überlieferungen lernen wollen.

Fischer Taschenbuch Verlag

William Hart
Die Kunst des Lebens
Vipassana-Meditation nach S. N. Goenka
Aus dem Amerikanischen von
Heinz Bartsch
Band 12991

Vipassana, ein Wort aus dem altindischen Pali, bedeutet »die Dinge zu sehen, wie sie sind«. Es ist die Essenz der Lehre des Buddha. Vipassana ist die Wissenschaft vom Geist und der Materie und der Art, wie beide miteinander verknüpft sind. Als Vipassana-Schüler lernt man, die eigene Natur zu beobachten. Dazu muß man sich selbst erforschen und die eigenen geistigen und körperlichen Prozesse erkennen und verstehen lernen. Diese direkte Erfahrung der eigenen Realität, diese Technik der Selbstbeobachtung ist die Vipassana-Meditation. Im Laufe dieser tiefgreifenden Schulung des Geistes lernt der Meditierende, sich nach und nach von seinen geistigen Verspannungen, Konditionierungen und Illusionen zu befreien. Man lernt eine »Kunst zu leben«, mit der man beginnt, die natürlichen Qualitäten des Geistes zu entwickeln: Liebe, Mitgefühl, Freude, Gleichmut. Konkrete Fragen von Schülern und Antworten von S. N. Goenka am Ende der Kapitel zeigen die praktische, einfache und hilfreiche Natur der Vipassana-Meditation.

Fischer Taschenbuch Verlag

# Ost- westliche Philosophie im Wolfgang Krüger Verlag

Mark Epstein
Gedanken ohne den Denker
Das Wechselspiel von Buddhismus und Psychotherapie
Aus dem Amerikanischen von Barbara Brumm
240 Seiten. Geb.

Reshad Feild
Jede Reise beginnt mit einer Frage
Ein Leben in der Sufi-Tradition
Aus dem Englischen von Stefan Bommer
237 Seiten. Geb.

Georg Feuerstein
Heilige Narren
Über die Weisheit ungewöhnlicher Lehrer
Aus dem Amerikanischen von Theo Kierdorf und Hildegard Höhr
480 Seiten. Geb.

Jacob Needleman
Die sanfte Revolution des Glaubens
Die Wiederentdeckung der spirituellen Praxis im Christentum
Aus dem Amerikanischen von Theo Kierdorf und Hildegard Höhr
304 Seiten. Geb.

Das Tibetische Totenbuch
Neu übersetzt und kommentiert von Robert F. Thurman
Aus dem Amerikanischen von Thomas Geist
376 Seiten. Geb.

Rudolph Wurlitzer
Nirvana Motel
Eine spirituelle Odyssee durch Südostasien
Aus dem Amerikanischen von Michael Wallossek
184 Seiten. Geb.

Maura O'Halloran
Im Herzen der Stille
Aufzeichnungen einer Zen-Schülerin
Aus dem Amerikanischen von Ursula Gräfe
336 Seiten. Geb.

Sheldon Kopp
Anfang und Ende sind eins
Aus dem Amerikanischen von Hans Sartorius
200 Seiten. Leinen

Meister, Gurus, Menschenfänger
Über die Integrität spritueller Wege
Herausgegeben von
Ken Wilber, Bruce Ecker und Dick Anthony
Aus dem Amerikanischen von Theo Kierdorf und Hildegard Höhr
320 Seiten. Geb.

Kalu Rinpoche
Geflüsterte Weisheit
Die Lehren des Eremiten vom Berge
Aus dem Amerikanischen von Thomas Geist
352 Seiten. Geb.

Miranda Shaw
Erleuchtung durch Ekstase
Frauen im tantrischen Buddhismus
Aus dem Amerikanischen von Thomas Geist und Heike Münnich
320 Seiten. Geb.

Raymond Smullyan
Das Tao ist Stille
Aus dem Amerikanischen von Robert Riedel
304 Seiten. Leinen

Chögyam Trungpa
Die Insel des Jetzt im Strom der Zeit
Leben, Tod und andere Bardo-Erfahrungen im Buddhismus
Aus dem Amerikanischen von Jochen Eggert
368 Seiten. Geb.